本书出版受到上海政法学院青年科研基金项目
"司法鉴定技术标准制定主体多元化矛盾解决路径"
（项目编号2021XQN06）资助

我国**印章印文**阶段性特征变化规律研究

叶靖 著

中国政法大学出版社

2024·北京

序言 PREFACE

《我国印章印文阶段性特征变化规律研究》一书为叶靖博士延续其博士研究方向所作的针对印章印文阶段性特征变化规律的研究成果。当前在印章印文鉴定领域内的研究,多集中于某一具体印章印文鉴定项目展开,尚未有人从印章印文特征层面出发,系统地针对印章印文特征阶段性变化规律展开研究,本书由表及里,再映射至印章印文鉴定这一中心点,为当前印章印文鉴定实践活动中存在的相关困惑提供一种较为有效的解决思路。

首先,对印章印文特征阶段性变化规律的探讨,在此之前,均是作为印章印文司法鉴定领域中的一部分展开零星研究。尚未有学者将其作为专项,进行理论化、系统化的梳理与研究。作者在针对国内外印章印文相关领域现有文献资料进行梳理与评析的基础上,以印章印文特征之阶段性变化为研究基点,从理论分析与实证考量两个角度,对其变化规律进行归纳总结,较为准确科学地利用阶段性特征,为鉴定意见提供更具有说服力的科学依据。

其次，该书从我国印章印文的起源及印章印文检验技术的发展历程出发，对印章印文特征阶段性变化的研究现状与前景探析予以阐述。也从理论层面厘清与阐明印章印文阶段性特征概念含义及现实作用，为实证探析提供科学基础和理论支撑。印章印文的鉴定与研究，是一项实务性很强的科学技术活动。其所涉及的诸多专门性问题，都需要通过一定的科学技术手段加以验证。尤其是书中所要研究的印章印文特征阶段性变化规律，离不开实验数据的支撑与验证。印章印文检验方法，以印文特征形态学比对鉴别为主，该检验方法主要依赖于鉴定人自身经验的积累与总结。叶靖博士在通过实证方法对印章印文特征的阶段性变化规律进行检验时，采取了统计学方法对特征进行量化与分析，在某种程度上，是印章印文检验方法从传统经验型向实证数据型探索转变。通过实验归纳出的印章印文特征阶段性变化路径，为构建印章印文特征阶段性变化规律体系打下基础，也为鉴定实务提供有力的科学支撑。

最后，该书在作者充分阐释印章印文特征变化的性质及形成原因的基础上，进一步提供探索如何合理构建与完善印章印文特征阶段性变化规律的应用，为印章印文同一认定提供重要判断依据，为盖印时间判断提供辅助参考。作者还从印章印文鉴定技术标准出发，进一步探讨了印章印文鉴定质量监控的问题，可为促进我国司法鉴定标准化事业提供支撑，以及增强我国参与司法鉴定标准化国际活动话语权。

叶靖博士自攻读博士学位伊始，就专注于印章印文鉴定的

序 言

理论与实务研究，非常勤奋，勇于思考，主要精力都倾注在相关研究中。"宝剑锋从磨砺出，梅花香自苦寒来"，经过几年时间的沉淀与反复打磨，形成较为完整的研究成果，并形成本书的书稿。作为青年学者，其见解有独到之处，颇具锐气。希望她能在工作生活中，延续读博期间的勤奋与刻苦，为我国司法鉴定事业添砖加瓦！

杜志淳

2024 年 2 月 27 日

目录

序　言 ·· 001

第一章　绪　论 ·· 001

第一节　研究背景与意义 ································ 002
一、印章印文特征阶段性变化规律研究背景 ················· 002
二、印章印文特征阶段性变化规律意义探索 ················· 007

第二节　研究现状 ····································· 010
一、国内现有相关研究成果梳理与评析 ····················· 010
二、国外相关领域研究成果统计及阐释 ····················· 014

第三节　研究方法与研究内容 ··························· 020
一、印章印文特征阶段性变化规律的研究方法 ··············· 020
二、印章印文特征阶段性变化规律的研究内容 ··············· 022

第二章　印章印文特征阶段性变化规律研究理论支撑 ····· 024

第一节　印章印文阶段性特征研究现状与前景深析 ········ 024
一、印章印文的起源与演变过程 ··························· 025

二、印章印文检验技术发展历程·······················028
三、印章印文特征阶段性变化规律体系建设的现实困境······048
第二节　印章印文阶段性特征机理阐释······················057
一、阶段性特征语义厘清···························057
二、阶段性特征的现实含义与学理定位··············059
三、印章印文同一认定的理论背景··················062
第三节　比较视野下的印章印文阶段性特征················064
一、同时段特征体系界定与应用····················064
二、历时性特征体系界定与应用····················066
三、小结······································070
第四节　特征变化规律研究与印章印文同一认定的内在联系·····070
一、利用特征变化规律进行同一认定的科学支撑········070
二、利用特征变化规律进行同一认定的哲理基础········075
三、小结······································077

第三章　印章印文特征阶段性变化规律实证探析··········079

第一节　实验原理及实验方案设计························080
一、实验原理与实验前的准备······················080
二、实验方案的设计·····························082
三、小结······································103
第二节　印章印文特征变化规律实验考究················103
一、高温干燥条件印章印文特征变化实验考量···········104
二、低温条件印章印文特征变化实验考量··············119

三、湿润条件印章印文特征变化实验考量……………………135
　　四、印章印文特征变化的双变量相关分析………………………149
第三节　印章印文特征阶段性变化规律实验成果总结………152
　　一、印面结构变化对印章印文特征影响的参考依据…………153
　　二、盖印条件变化对印章印文特征影响的参考依据…………154
　　三、印章印文特征阶段性变化规律归纳…………………………156

第四章　印章印文特征阶段性变化影响因素探讨与研究…159

第一节　制章过程对印章印文特征的阶段性影响……………160
　　一、物质特性对印章印文特征阶段性变化的本质性影响……160
　　二、制章工艺对印章印文特征阶段性变化的决定性影响……163
第二节　盖印过程对印章印文特征阶段性变化的多元性影响…166
　　一、压力、角度的选取与印章印文特征阶段性变化的联系…166
　　二、盖印材料的选择与印章印文特征阶段性变化的联系……170
　　三、衬垫物的选择与印章印文特征阶段性变化的联系………173
第三节　使用保管过程对印章印文特征阶段性变化的
　　　　　局限性影响………………………………………………177
　　一、环境因素对印章印文特征影响的潜在性……………………177
　　二、外力作用对印章印文特征影响的单向性……………………178
　　三、附着物质对印章印文特征影响的易变性……………………178
　　四、人为因素对印章印文特征影响的随机性……………………179
　　五、小结………………………………………………………………180

第五章　印章印文特征阶段性变化规律综合评断 …………181

第一节　印章印文特征阶段性变化规律体系架构…………181
一、特征的阶段性变化引发的冲突与矛盾………………182
二、特征变化引发冲突与矛盾的优化路径………………184
三、阶段性特征符合点或差异点的合理解释……………188

第二节　印章印文同一认定的重要判断依据………………191
一、判断印文形成方式的客观依据阐释…………………192
二、变化规律与印章印文同一认定的冲突及优化路径……194

第三节　盖印时间判断的辅助参考…………………………200
一、印章印文特征阶段性变化规律体系应用的基本思路……200
二、印章印文特征阶段性变化规律体系应用的合理建构……205

第六章　印章印文鉴定质量监控研究 ……………………211

第一节　司法鉴定标准化对印章印文鉴定质量监控的作用……212
一、司法鉴定标准化在国家质量基础设施中的定位………212
二、司法鉴定标准化在诉讼活动中的地位…………………216
三、司法鉴定标准化与司法鉴定行业治理…………………220

第二节　国际合作与发展对印章印文鉴定质量监控的作用……224
一、司法鉴定国际合作和犯罪情报信息网络建立的必要性
　　不断增强………………………………………………225
二、科学技术国际共建促进司法鉴定发展的需求逐步形成……228
三、司法鉴定检验检测结果的国际互认逐渐形成…………231

第三节 印章印文鉴定质量监控对我国参与国际司法鉴定
标准化活动的作用 ………………………………… 236
一、提高政治站位，深刻认识参与司法鉴定标准化国际
合作的战略意义 …………………………………… 237
二、把握后发优势，以印章印文鉴定标准为参与司法鉴定
标准化国际合作与竞争的切入点 ………………… 242
三、发挥独特优势，借助重大平台稳步推进司法鉴定标准化
国际合作工作 ……………………………………… 245
第四节 从"一带一路"建设出发，推动我国司法鉴定标准
国际化 ……………………………………………… 248
一、司法鉴定标准化合作是共建"一带一路"的重要内容… 248
二、"一带一路"建设为司法鉴定标准化国际合作提供契机… 251
三、"一带一路"背景下我国司法鉴定标准化发展的策略… 257

结论与展望 …………………………………………… 262

参考文献 ……………………………………………… 269

附录Ⅰ 文件鉴定通用规范（GB/T 37234—2018） …… 279

附录Ⅱ 印章印文鉴定技术规范（GB/T 37231—2018） ·· 301

附录Ⅲ 文件制作时间鉴定技术规范（GB/T 37233—2018） ·· 325

后　记 ………………………………………………… 361

第一章
绪　论

　　印章，虽目前还无法溯源，但却并不影响其在我国社会历史的发展过程中所占据的重要地位。印章往往在日常生活与经济往来中扮演着身份、权力的象征的角色，我国使用印章的习惯也一直沿袭至今。政府公文、签订合同等重要文件上一般都会盖上公章或个人名章加以确认。由此滋生了利用印章印文进行违法犯罪活动，而这也推动了印章印文鉴定活动的产生与发展。目前，印章印文鉴定是文书司法鉴定实践中常见的鉴定项目之一，也是文书司法鉴定研究的主要内容之一。印章印文鉴定目前已经具有了一定的理论与实践基础，主要研究内容为印章印文同一性鉴定、伪造变造印章印文鉴定、朱墨时序鉴定及印章印文盖印时间鉴定等。随着现代制章方法和技术的进步，以及现代印章印文司法鉴定实践的需求和现代检测分析仪器的发展，以上印章印文鉴定的研究内容均有学者开展过探索。并且司法实践中也有大量印章印文鉴定案例的存在，为印章印文鉴定研究提供了实践经验积累，不断推动现代印章印文司法鉴定检验技术的发展，不断充实着印章印文鉴定的研究内容。印章印文鉴定活动的开展，主要依赖于对检材印文与样本印文的比较与分析。归根结底，是对检验印文特征与样本印文特征的观察与检验。

第一节 研究背景与意义

一、印章印文特征阶段性变化规律研究背景

自古以来，印章在我国社会历史的发展过程中就占据着重要的地位，或象征地位权力，或代表个人信用，随之滋生的违法犯罪活动推动了印章印文鉴定的产生与发展。与日俱进的印章制作工艺以及层出不穷的伪造变造手法不断给印章印文鉴定带来新的困难与挑战，现行印章印文鉴定中阶段性特征变化规律体系的缺位也使印章印文鉴定实务工作陷入了诸多困境，现就印章印文阶段性特征变化规律研究背景作如下介绍。

（一）印章印文在我国使用的广泛性与重要性

我国政府、企事业单位及个人之间的文件往来，一般都会加盖公章或者个人名章进行确认，我们将印章视为权力的象征、信用的代表，在我国日常工作生活中起着十分重要的证明作用。现代社会中，印章印文作为个人、企事业单位、社会团体、政府部门乃至国家的一种具有法律意义的标志和证据，在社会政治和经济活动中，起着确认法律行为、识别行为主体、区别主体身份的作用，尤其是在我国和日本、韩国等亚洲国家和地区的社会各领域发挥着重要的作用。在我国，几乎所有的重要文

件上都以盖章作为单位或个人的重要法律保证，国家党政机关在发布公文时加盖印文以证明其权威性和有效性，企事业单位将印章印文作为其参与社会活动、经济活动的有效凭证。

自古以来都有利用印章印文实施违法犯罪活动侵害他人权益的案件发生，为了适应司法审判实践的要求，印章印文检验技术随之产生并逐步发展。我国古代就在印章印文检验实践中取得了伟大成就，主要包括通过检视印章的内容、布局、形状等规格特征对印章印文真伪的鉴定，对变造印章印文的甄别，以及对朱墨时序的判断。经过上千年的发展，以及科学技术的引进，我国制章工艺从传统手工雕刻走向机械制章，以现代光电技术和制版技术为核心的机械制作技术等。印章种类也在不断扩充，从原子印章到激光雕刻印章，再到20世纪90年代由日本引入的光敏印章，和21世纪以来逐渐被广泛采用的照相制版技术，无一不是高科技的产物，给印章印文鉴定带来了巨大压力与挑战。为了适应时代的要求，印章印文鉴定的研究范围也逐渐扩大，不仅仅是从印章印文同一性鉴定发展到印章印文同源性鉴定、伪造变造印章印文鉴定、印文形成方式鉴定、朱墨时序鉴定以及印文盖印时间鉴定，更是形成了针对不同种类印章印文鉴定的具体分析与深入研究，这些印章行业新技术、新手段的运用也不断催促着印章印文鉴定技术的提高与发展。

（二）印章印文鉴定的复杂性

印章的制作工艺从手工雕刻向机器雕刻的发展，是现代文明的结晶，也极大缩短了印章生产的时间，同时也为伪造、变造、复制一枚印章提供了便利。手工雕刻印章赋予了印面独一无二的特性，而精准的机器雕刻则可以批量生产出具有相同内容、规格的印章，甚至通过一枚印文仿造出与留下该印文的印章具有相似甚至相同印面形态的印章。高精度的变造、伪造手法给印章印文鉴定人员带来了巨大的挑战，印章印文鉴定依靠的是有专门知识的人对检材与样本印文特征进行观察比较，进而判断是否为同一的过程，而由于盖印条件、存放环境及其他一些因素对印章的影响，印文特征会不可避免地发生不同程度的变化，若是在伪造、变造过程中，同样有注意到印文特征的变化并将之体现到伪造、变造的印文上，则又会给印章印文鉴定人员带来不少难题，如何在这变与不变之间判断真假，不仅要求鉴定人员应具有扎实的专业知识功底，更对其是否积累了丰富的实务经验提出了较高的要求。

鉴于印章印文的重要性与鉴定的复杂性，2000年4月1日公安部发布的《印章治安管理信息系统》（中华人民共和国公共安全行业标准），把印章与印文的管理上升到了涉及国家公共安全的高度。随着人们环保意识的增强，现代化、信息化建设步伐的加快，无纸化办公模式开始盛行，纸质文书的流转形式也随之向电子文书的流转形式转变，先进的电子印章技术开始逐渐取代传统实物印章。2004年8月28日通过的《中华人民共和国电子签名法》（已被修改），标志着电子印章被正式采纳与应用，电子印章管理成为印章管理领域的新问题。2013年实施的《中华人民共和国刑事诉讼法》（已被修改），强调证据的标准化建设，突出程序的合法性、证明的客观性、能力的相关性等指标的考量，对包括印章印文鉴定意见在内的法定证据的使用提出了更高的标准和更严的要求。随着法庭科学实验室质量监控体系的推进，司法部、公安部分别制定了《印章印文鉴定技术规范》与《印章质量规范与检测方法》，为印章印文的检验鉴定提供了规范和标准。

（三）印章印文特征阶段性变化规律领域研究空缺

一枚印文的形成会受到多方面因素的作用，从而导致了鉴定实务中面临着许多疑点难点。首先，盖印条件的变化，是印文形成变化的主要因素之一。印面材质、印染物的成分、盖印压力的大小及角度、衬垫物的软硬等因素会造成印文的形变，给印文的形态比较识别带来一定的困难。比如在盖印压力较小的情况下，印文的笔画和线条可能不太完整清晰，局部图案字迹可能出现缺失，边框和笔画线条相对较细，笔画间空隙较大；而在盖印压力较大的情况下，印文的笔画和线条会相应增粗，蘸墨型印章笔画边缘可能出现两边浓中间淡的挤墨现象，局部字迹原本不相连的笔画处可能呈弥合状态。在盖印过程中，盖印压力的不均及盖印角度的倾斜，会导致印章印面与纸张的接触程度不均，通常表现为压力重的一侧，印文色料较为饱满浓郁，边框笔画明显增粗，字迹间距变小，蘸墨型印章局部会出现挤墨现象；盖印压力小的一侧，边框笔画可能不太清晰，印文色泽较淡，局部可能出现露白特征。再比如，在衬垫物过软的条件下盖印，可能会出现边框实而中心虚的情况，印文中心局部字迹可能出现笔画中断露白等特点，边框饱满粗大；在衬垫物过硬的条件下盖印，则会出现印文边框不实的现象，尤其是在蘸取印染物不足的情况下，边框可能无法形成完整的线状而形成弧线排列的点状，局部字迹也可能出现露白形式的不清晰；在衬垫物适中偏软的条件下盖印，印文特征较为清晰，能够较好地反映印面的形态特征。

其次，来自保存及使用环境等外部条件（如湿度、温度、光照等）的影响，印章印文也会相应产生一些变化，为印章印文形态比较增加难度。印章在纸张上盖印后，受文件保管环境的影响，盖有印文的纸张可能出现受潮的情况。在受潮的状态下，文件纸张可能会产生膨胀，印文也随之发生膨胀变形。若是纸张重新恢复干燥，纸张会产生收缩，印文也随之发生收缩，与正常的印文形态相比，可能呈现出印文规格及布局特征的变化。纸张作为印文主要的承痕体，种类繁多，不同种类纸张的厚度、施胶度、光滑度等物理参数都会影响油墨的附着。施胶度较差的纸张表面较为粗糙，盖印后会产生色料洇散现象，导致印文的图文线条出现变粗、模糊甚至弥合等现象；施胶度较好的纸张表面光滑，吸附能力较差，盖印后印油不易干涸，会产生色料擦蹭、脱落等现象，导致印文的图文线条出现中断、缺失。而在盖有印文的纸张的保管过程中，由于人为因素的影响，纸张可能出现揉搓皱褶的现象。随着纸张的褶皱，印文的整体形态也随之产生变化。如果在鉴定过程中没有对纸张进行适当的展平，所提取到的印文形态特征较其正常形态可能发生一定的变化。由于章体自身材质的特性，其发生胀缩性变化的情况下，印文的规格及布局特征也会发生相应的变化，主要体现为印文整体的收缩或扩大，并且在一定的时间段内，会处于较为稳定的变化趋势。蘸墨型印章如果使用时间较长，在多次蘸墨的情况下，印泥物质附着于印章的凹处或笔画线条上，特别是笔画较多的文字最为容易堆积印泥，从而使局部印文较为模糊。在印章的使用过程中，会沾上烟沫、线头、砂砾、灰尘、纸屑等异物，如果长期不清除，在该段时间内盖印的印文都会具有这些附着物的印迹。如果印章经过洗刷后，随着这些附着物的消失，原有的特殊标记也随之消失从而产生变化。蘸墨型印章在保管及使用过程中，受其材质及人为因素的影响，常会发生磕碰、磨损而形成章面的缺损，在印文中会反映为较为固定的缺口、露白特征，此类特征一经形成即不可逆，并且缺损的面积在印章的使用过程中甚至可能产生继续扩大的变化。

以上特征均为印章印文阶段性特征，阶段性特征系印章印文在制作、使用或保存过程中某些要素改变形成的一系列变化表现出的特征，能反映构成印章印文的要素随时间变化的规律。因此，掌握印文特征的变化规律，是进行印章印文检验的必要条件。目前尚未有专门针对印章印文特征阶段性变化规律的研究，一般将其作为印章印文盖印时间鉴定依据进行阐述。

二、印章印文特征阶段性变化规律意义探索

事物发展的整个过程会表现为若干连续的阶段，不同的阶段表现出区别于其他阶段的典型特征和主要矛盾。"阶段性"指的是事物发展过程中的区间段落，阶段性的变化导致印章印文阶段性特征的形成，而印章印文阶段性特征则是能反映构成印章印文的要素随时间变化规律的特征。任何事物都是运动的，都是变化发展的，这种运动状态是普遍的、永恒的、无条件的、

绝对的，同时也存在着某种相对静止的状态，相对静止是一种特殊的运动状态，标志着物质运动在一定范围内、一定条件下处于暂时的稳定与平衡。印章印文特征是印章印文的外在表现，在使用过程中，印面结构会不断发生变化，在一定时期内会形成独特的外在表现，旧的特征消失，新的特征出现，从而导致该印章盖印的印文在不同阶段呈现出不同的特征，且这些特征在一定时间范围内具有特定性。对客体运动的描述，要找到一个相对稳定的参考系，来显现和计量客体的运动状态。在印章印文的制作、保存、使用过程中，随着时间的推移，印章印文上各要素能够形成反映出时间和空间变化规律的阶段性特征。因此，对印章印文特征阶段性变化规律进行归纳总结，可以补充与完善现行印章印文形态学鉴定方法，可以为盖印时间鉴定与印章印文同一认定活动提供依据。

（一）完善印章印文形态学鉴定技术方法

文件形成时间鉴定是当前文书司法鉴定实践中亟须解决的关键技术问题，也是国内外文书鉴定领域最具有挑战性的疑难问题之一，对一份文件形成时间的判断，主要依据文件中某一要素中的某些特征与时间的变化规律。当前的研究主流是采用仪器分析、薄层扫描等方法，根据文件字迹色料的历时变化等判定文件的形成时间，但是运用理化方法进行鉴定往往有损于检材与样本，并且对仪器设备的要求较高。印章在使用过程中，随着章面结构、形态、印染物、衬垫物、印面附着物等因素的变化，其盖印印文会反映出不同时期用印的特征，这种特征是阶段性的，会以一定形态出现在一定位置上，展示着印章印文随时间推移的不可逆的变化历程和变化的阶段性，经过鉴定实践证明，利用印章印文阶段性特征进行盖印时间的判断是行之有效的，并且检验条件相对宽松，也无需特殊的仪器，主要依据是印文的形态学特征的表现。

（二）构建印章印文特征阶段性变化规律体系

印章印文特征阶段性变化的表现状态是随机的，有些特征出现后保留时间较长，有些特征保留时间较短，也会陆续消失，在不同时期随盖印次序随时出现、随时变化、随时消失，但都具有一定的稳定性。再者，印章印文阶段性特征的表现形式是复杂多变的。印章的制作过程、盖印过程以及印章印文的保管存放过程等任一因素的改变，都可能会对印章印文阶段性特征的表现形式产生影响。印章印文特征的历时变化规律可以反映出盖印时间。准确而言，是可以以其在某时间段内固有的特征来表现该时间段内印章印文的具体状态。因此对印章印文特征的阶段性变化规律进行研究、归纳，并总结出较为可靠的变化趋势及走向，构建印章印文特征阶段性变化规律体系，可为印章印文鉴定技术添砖加瓦。

（三）验证印章印文特征阶段性变化规律体系的科学性与稳定性

在实验室中获得的数据，不可避免地会与实践中发生的结果存在一定误差，因此，通过实验数据归纳与总结得出的印章印文特征阶段性变化规律体系，仅能够提供一定的参考。为了减少这一误差，还需要对印章印文阶段性特征体系进行方法验证，以保证实验结果的质量及可靠性。并从质量监控管理的视角出发，对运用印章印文特征阶段性变化规律体系进行印章印文鉴定的技术标准化、程序规范化等提出要求。

第二节　研究现状

一、国内现有相关研究成果梳理与评析

印章的使用与鉴定在我国有着极为悠久的历史，而科学技术的发展在促使印章制作工艺日趋提高的同时，伪造、变造印章印文的手段也层出不穷，给鉴定人在印章印文同一认定工作方面带来了诸多挑战。印文特征受印面结构、盖印条件、时空环境等因素的影响会相应地产生不同程度的变化，对特征变化规律的研究是对印章印文的盖印时间鉴定的前提，也是进行印章印文检验的必要条件，已成为印章印文检验工作中的一大重点难点。在司法实践中，印章印文鉴定在诉讼活动中已成为不可或缺的一项科学实证活动，也是文书司法鉴定研究的主要内容。笔者通过对国内外现有的研究成果进行梳理，尝试总结目前在印章印文阶段性特征变化规律这一领域中的研究趋向，以求建立起理论化、系统化的检验理论。

目前国内对印章印文鉴定的研究，主要集中于对印章印文的盖印时间、朱墨时序、具体种类印章的检验方法的研究，相关文献也均是出自对以上内容的分析与讨论。具体至印章印文阶段性特征变化规律的研究，也有些许关于某种特征变化趋势的简介和几例个案的讨论，但鉴于多方面因素的作用，造成其

实践检验中的复杂性，在其理论与实证方面，亦存在深入研究的空间。因此，对该领域内当前国内外相关文献进行总结与分析，可以厘清我国当前印章印文鉴定，尤其是印章印文盖印时间鉴定的现状及研究空间，为印章印文阶段性特征变化规律的研究指明方向。

在学术论文领域，笔者以"印章印文"为关键词对中国学术期刊网进行检索，篇名涉及上述关键词的论文共566篇，涉及印章印文阶段性特征及盖印时间鉴定的论文共29篇，仅仅占所有印章印文鉴定研究成果的5.1%，可以看出目前关于印章印文鉴定的研究还不算深入。在专业著作领域，关于印章印文检验的内容，均涵盖在文书物证司法鉴定中，比如《文件检验》与《文书物证司法鉴定实务》等著作中，均有章节涉及对印章印文鉴定的相关阐述。目前，关于印章印文鉴定的专门性著作，仅有许爱东高级工程师（正高级）主编的《印章印文鉴定理论与实务研究》，杨旭高级工程师（正高级）、施少培高级工程师（正高级）等主编的《现代印章印文司法鉴定》，刘敬杰助理工程师所著的《法庭科学之印章与印文鉴定》、刘敬杰助理工程师与付琳老师合著的《印章印文图谱与鉴定技术精要》，以及韩伟高级工程师所著的《法庭科学印章印文鉴定理论与新技术》。在印章印文特征阶段性变化规律这一专项，目前尚未形成专著，相关内容也均被涵盖于文件检验的研究成果中，据笔者统计与研究，在许爱东正高级工程师主编的《印章印文鉴定理论与实务研究》这一专著中，印章印文特征变化规律的相关阐释与研究，约占全书内容的3.97%。在杨旭正高级工程师、施少培正高级工程师等主编的《现代印章印文司法鉴定》专著中，印章印文阶段性特征变化规律及盖印时间鉴定的相关阐释与研究，约占全书内容的 6.2%。韩伟高级工程师所著的《法庭科学印章印文鉴定理论与新技术》，基于几种不同的检验方法对印章印文形成方式、朱墨时序以及印文形成时间进行了多维度的探索，其利用电阻测量法对相关影响因素作出了一系列的统计分析，约占全书内容的 8.07%。

国外学者对于这印章印文鉴定的研究较国内而言，尤其是印章印文特征阶段性变化规律这一方面的研究，相对较为薄弱，一般都将印章印文（Stamp and Seal）放在可疑文件检验（Questioned Document Examination）中一并研究，一般少有将其单独以论文或专著的形式予以研究的，更少有对印章印文阶段性特征变化规律进行专门研究的。对可疑文件检验可以包括对身份证、合同、遗嘱、契据、印章、邮票、银行支票、机器制作的文件（例如传真机、打印机及复印机生成的文件）的检验，侦查人员可以就嫌疑人所持有的书写工具、图章等进行可疑文件的检验。

这与国外印章印文文化的发展历程有关，在国外鲜少用公章，签字是一切文书往来的证据。即便是对外合约，主管签字后就生效。偶尔可能会见到一些类似公章的条形印章，但往往都有主管的名字刻在其中。因此，国外在身份认证中更为注重签字，现有相关领域的研究成果也均是针对签名及伪造签名的特征及其检验方式的阐释，印章印文多起到辅助作用。本书中，笔者将从国外印章印文的发展历史、制章工艺及其鉴定方法的

第一章 绪 论

发展方面对国外相关文献进行梳理总结。

（一）我国印章印文鉴定的发展历程

印章印文鉴定是物证类司法鉴定项目中的文书物证鉴定项目之一，而在诉讼实践中，印章印文也是常见的鉴定对象之一。自周朝开始，我国就将印章作为个人社会地位与权力的象征，是为"玺"。在古代，"玺"是皇帝印章的专称，普通百姓的印章则称为"印"。正是由于印章成为权力与地位的象征，伪造印章印文进行违法犯罪活动便成为可能，这也是印章印文鉴定出现的原因，最早可追溯至东汉时期。科学技术开始发展至今，印章的样式、材质等也有了一些变化，印章印文鉴定的方法与手段也需要不断革新，才能适应社会发展的要求。追溯至东汉时期，我国就有对印章印文鉴定的记载，《后汉书·祭祀志》有载："至于三王，俗化雕文，诈伪渐兴，始有印玺，以检奸萌。"经过上千年的发展，尤其是新中国成立后，我国聘请苏联专家学者来华培训，协助我国培养相应刑事技术人才。于1955年后建立的一系列刑事技术专业人才培训学校与司法部司法鉴定科学技术研究所，都成为我国印章印文鉴定工作的中流砥柱。其后各地公安院校、政法院校与一些综合大学专业院系开设的刑事科学技术学科或侦查学学科，也会进行印章印文鉴定相关知识的传授，进一步扩大了印章印文鉴定专业化队伍。

1958年公安部三局编印的《文件检验教材》中首次明确提出了"印章印文"的概念，使之成为刑事科学技术中不可或缺的一项检验。1959年，我国现代文件检验奠基人贾玉文教授在《印模及印文可变性的初步研究》一文中，一改近代以来只注重数量特征差异的机械观点，以辩证唯物主义为出发点，对印章印文可变性的每个因素进行辩证的分析，判断差异点的性质，由此奠定了印章印文鉴定的基础理论。

（二）印章印文鉴定工作面临的压力与挑战

印章印文被广泛地运用在社会的各方各面，随着科学技术的发展，我国的制章工艺也不断提高，印章的样式、材质等都有了一些变化。印章不再是简单的手工雕刻印章，随后涌现了越来越与现代化接轨的原子印章、光敏印章等。制章方法也从传统手工雕刻走向机械化、自动化。如今刻章技术越来越多地采用更为先进的照相制版技术，在印章行业中的新产品、新技术的运用给印章印文鉴定造成了巨大的压力与挑战。现有的关于印章印文鉴定的研究中，虽有针对不同种类印章印文鉴定的分析与论述，然而在实践中，根据贾玉文教授的观点，基于运动与变化的因素，印章与印文可能会出现诸多的变化，因此仅套用印章印文鉴定理论进行实际操作，不可避免会出现误检的情况。尤其是如今利用计算机、印刷等相关技术，用先进的制版设备与高超的制版技术，原样复制印章印文而制成的印章，其印文的形态特征与真印文在内容、字体、大小、线条、图文布局等细节特征上相似度极高，给印章印文鉴定工作带来了巨大的挑战。

二、国外相关领域研究成果统计及阐释

（一）国外印章印文发展历程

有学者认为印章的使用是源自古美索不达米亚，印章使用的历史可追溯至公元前4000年至公元前3000年。在幼发拉底

河与底格里斯河之间，发现了由石头、部分宝石或贝壳材料制成的印章，印章上的设计是镜像的，以便于它被压入黏土或蜡时能正常成像，并且印象可以无限使用。希腊文明以其技术高超的艺术家和精湛的雕刻技术而闻名，在早期的米诺时代的软石和象牙上不难看出，印章已经成为一种技术形式的表现。罗马帝国时期，印章已经被广泛使用，这些刻有图像的宝石通常被镶入吊坠或戒指中。10世纪的贵族、主教和高等教会官员会通过使用印章，以确保重要信息的安全，防止伪造或变造官方文件。在中世纪中期和晚期，贵族们拥有了纹章或纹章印章，而此时只有高阶贵族和牧师才能够拥有个人印章，更是一种身份地位的象征。由于个人印章的代表性和防止滥用的可能，当时一般的做法是当印章拥有者死亡时，便销毁或污损印章，有时是将印章握柄削减，有时会用凿子将印章毁坏。在当时普遍存在以下几种类型的印章：教会印章、皇家和贵族印章、城市印章、裁判官与治安官使用的官方印章、公会印章与商人使用的民用印章。与现代印章的使用方法不同的是，当时的印章并不总是直接附在他们签署的文件上，大多数都附在有绳子或羊皮纸制的小条至文件底部边缘，任它们自由悬挂，因此人们会用金属或木质的滑动件或由皮革或织物制成的保护袋保护印件。

自汉光武帝建武中元二年（公元57年）将金印赐给日本倭奴王使者，印章在日本历史上拉开了序幕，而后经过上千年的发展，时至今日，印章成为在日本工作生活的必需品之一。日本古代印章的出现，起源于官印体制，至奈良及平安时代，印章成为一种权力的象征，盛极一时。如今，在日本，印章并不流于形式，而是被赋予了法律效力，在一些重要场合下，本人签字并不具有法律效力，如若一份正式文件上，只有签名而没有盖章的话，则为一纸空文。一些公司给员工发放的印章都是带有日期的，盖印前需要将日期调整至当日，可以说日本是一个典型的印章社会。日本主要有两种印章，一种是"認印（みとめいん）"，也称为银行印，相当于个人签字，工作生活几乎每天都要用到。一般这种印章是圆面形的，上面只刻有姓氏。另一种是"実印（じついん）"，这种章要刻印全名，而且必须在政府备案，遇到重大事情时，需要加盖此印，如买卖交易、购买房屋等。

（二）国外制章工艺的起源与发展

罗马帝国时期的印章，有用宝石雕刻而成的，再将宝石镶入吊坠或戒指，等级较低的印章则用较为便宜的材料制成，比如用小块黏土。从奈良时代（公元700年前后）留存的实物与记载发现，日本的古代印章并不是由日本人制作的，而是由当时从内陆过去的一些中国工人所制作的，这些制作工艺渐渐被日本人掌握。由于中国当时正处于政治稳定、经济繁荣的隋唐时期，铜铸技术也十分发达，日本人在学习中国的社会制度与官印制度的同时，将印章的制作材料也一并效仿了去。根据后世记录铸印方法的《徽古印要》的记载："铸印法有二。一曰翻砂，一曰撥蜡（通'蜡'）。"这里是说铸印的方法有两种，一种是先做木型再抽出的方法；另一种是用蜡作原型再烧倒的方法。铸印材料中的三种重要成分分别是冶炼后的铜、锡与蜡，将熟铜与锡融化成硬度足够并且适于铸造的合金。印面文字的刻法一般是刻左文字，盖印成右字。日本在古代印章的制造上，全部是模仿我国的。20世纪90年代，日本发明了一种由特殊的化工合成材料，通过专用设备瞬间发出强光辐射，使材料表面发生光氧化及热交联作用从而制成的印章，名曰光敏印章。光敏印章的制作主要是利用特殊材料的感光性，该材料是一种超微泡材料，表面布满肉眼不可见的微孔，平均孔径小于30微米，具有可以使印油渗透的能力。当这些超微泡材料被强光照射时，通过光氧化与热交流作用，光敏材料的见光部分在瞬间吸收大量光能，而后转化为热能，温度迅速上升至熔点，闪光结束后，材料表面的温度迅速降低，形成一定厚度与强度的薄膜，这层薄膜同时起到封孔闭孔的作用，并隔绝印油的渗透。用专业的制章排版软件涉及印章图样，通过激光打印机将印章图样打印到硫酸纸或者透明胶片上，再用光敏印章机进行曝光，将打印了章稿的硫酸纸或胶片覆盖上曝光膜和光敏印章垫，最后将章面固定在章壳内，制成光敏印章。[1]

（三）国外印章印文鉴定研究历史及现状

印章目前仍广泛应用于日常的纸质商务活动中，经常会在发票及官方文件上使用，连同签名被视为纸质文件中的外在安全特征，然而高质量彩色复印机的广泛使用，已经使得生成具有极可能被误认为真印文的印文图像的伪造文档成为可能，因此德国人工智能研究中心的专家学者对复制印文与真印文分别进行分离，由此收集到的数据对真假印文的区分的灵敏度高达

---

〔1〕 杨进友：《略论光敏印章微孔特征与检验》，载《中国司法鉴定》2011年第5期。

95%。迄今为止，还没有自动识别的方法对印章印文的真实性进行鉴别，先前的研究主要集中在检测特定类型的印模，德国学者通过对印文中颜色的分离，提取不同的特征，从而区分真假印文。该方法不仅能对单色印文进行检验，还能检测多色印文，将多色印文分成单色部分，再单独进行检验，最后再合并分析，然而这种方法却并不能对黑色印文的真实性进行检测，还有待后续研究。[1]

另外，西波美拉尼亚技术大学计算机科学与信息技术学院的学者成功通过简单集合特征的方法对印章印文进行检测和分类，该方法利用了图像处理技术、模式识别技术等，旨在解决扫描文档中橡皮印章实例检测与分类的问题，并且适用于不同颜色与形状的印章印文。当纸质文档逐渐转换为数字文档时，对其中重要元素的自动分割与提取技术变得十分关键，在数字化图像上检测和识别橡皮印章亟待研究。虽然印章印文可以通过形状和颜色特征来识别，但是形状轮廓只是较为低级的图像特征之一，因为它是人类能够即时感知到的基本属性，为最重要的基本属性之一。近几年的研究表明，在印章印文自动检测和分类的问题上提出了几种不同的方法。研究人员尝试检测特定的彩色印文和特定形状的印章，然而没有可以普遍适用于检测所有多样性印章印文的方法。因此西波美拉尼亚技术大学的学者提出了一个新的解决方案，可以用于检测不同形状和颜色

---

[1] Barbora Micenkova, Joost van Beusekom, Faisal Shafait, "Stamp Verification for Automated Document Authentication", *German,International Workshop on Computational Forensics*, 2012.

的印章印文，该方法是一个综合算法，涵盖了图像检测、印记检验和形状分类。而且在他们设计的实验中表明，即使印文与签名或文本重叠，它们也可以被适当地分离、提取。被检测的形状也不限于椭圆形、正方形，并且黑色印文的检测也成为可能。

国外学者对于这印章印文鉴定的研究较国内而言，尤其是伪造、变造印章印文这一方面的研究，相对较为薄弱，笔者认为主要是由以下原因造成的。一是历史层面的原因，我国使用印章的历史悠久，印章一直是个人身份地位的象征，并且也代表了我国高超的雕刻艺术和铸造技术，可以说印章在我国历史上有着浓墨重彩的一笔，而印章在国外的重要性相对较小，特别是现在，欧美国家更倾向于使用签名，而非印章。二是法庭科学在国外属于理工科性质，印章印文鉴定于法庭科学也不属于独立的鉴定项目，对印章印文的检测，也主要集中于一些技术上的研究，通过精密复杂的算法对印文中的颜色、形状等特征进行识别，从而得出检验结果。然而司法鉴定是一门交叉学科，仅仅从科学技术这一层面上进行阐述还是远远不够的。三是通过对国外印章印文检验的文献梳理，笔者发现国外学者更倾向于建立一个模型从而实现印章印文检验的自动化，虽说该想法能够省时省力并提高工作效率，但是在实践中，由于各方面因素的不同，伪造出的印章印文也各有不同，每一例案例都有其特殊性，因此建立一个能够普遍适用于所有印文检验的模型应该仅存在于理论层面，并且只适用于检验初期。由于印章材质或者外界的作用导致印章的历时性变化或者瑕疵性特征等，会使得待检印文与原印章有所出入，如果按照计算机软件的检测，这些无法比对上的特征都将成为其无法认定同一的依据。因此对于印章印文检验，检验人的专业知识及其主观能动性也是相当重要的。

虽说国外关于印章印文检验领域的研究较为薄弱，但仍有许多可取之处。笔者认为其中值得我们学习的地方便是善于使用现代科技的辅助对印文图像进行检验。数字化文档的计算机分析是数字图像处理和模式识别的关键领域之一，这就要求我们鉴定人员不仅要学习司法鉴定专业知识与积累实践经验，更要与时俱进，学习前沿的科学技术；不仅要具备文科人的博学睿智，更要有理科人的缜密细致。

第三节 研究方法与研究内容

一、印章印文特征阶段性变化规律的研究方法

对印章印文特征阶段性变化规律的研究主要侧重运用实证研究法，通过实验的设计得出实验结果再加以分析检视。同时要与其他研究方法相辅相成，方能最终形成逻辑化的体系成果，实现理论与实务的两结合。本书主要采取以下研究方法对印章印文特征发生的阶段性变化规律进行系统研究。

（一）文献梳理法

从不同角度搜集、整理相关领域的文献成果，并通过对文献的研究，对印章印文阶段性特征变化规律形成科学的认识。

再对相关文献进行分析整理,对印章印文阶段性特征变化规律的相关研究成果和进展进行系统、全面的叙述和评论,以期在既有成果的基础上进一步加强对印章印文特征阶段性变化规律的认识。

(二)理论研究法

针对印章印文特征阶段性变化规律体系的缺位,系统地搜集印章印文阶段性特征运用的历史状态及现实状态的材料,从理论层面对本书所要研究的问题进行思辨和推论,通过理论研究将通过实验认识的结果进行系统化、理论化。

(三)实证探索法

印章印文特征阶段性的变化规律,客观表现为印文形态学上的变化,为了寻找其演变的规律,通过限定变量的方法,将其具象化为数值,则能直观地呈现印章印文特征的阶段性变化趋势。笔者将从设计的实验样本以及司法鉴定机构的真实案例入手,首先,根据研究的需要,操纵实验条件,减少各种可能影响实验结果的无关因素的干扰,观察印章印文阶段性特征的形态学演变历程。其次,通过数据分析等方式,对实验成果进行归纳整理,分析实验对象与实验结果的因果联系,再实现从个别到一般,由特殊到普遍,进而形成逻辑化的体系的过程。

(四)归纳总结法

印章印文特征的变化,是多种因素共同作用的结果,其中某一因素的任意变化,都将导致印文形态的变化,可谓是千变万化,目前尚未对其变化规律进行总结,鉴定人均是凭借自身知识水平与经验积累进行判断,难免存在参差不齐、主观臆断的情况。笔者将在实证研究的基础上，对实验结果进行归纳总结，通过个别极端的实验条件，归纳出该条件下印文形态的变化趋势，完成从个别到一般的论证，归纳出印章印文特征的阶段性变化规律，为盖印时间鉴定以及印章印文同一性鉴定提供科学依据。

二、印章印文特征阶段性变化规律的研究内容

（一）印章印文特征阶段性变化规律体系学理定位研究

对印章印文阶段性特征的概念、特点，及其在印章印文鉴定活动中的学理定位进行阐释与明晰。首先，从专业角度出发，对"阶段性特征"作出明确界定；其次，对该领域现行印章印文鉴定方法进行客观的评析，并确定印章印文特征阶段性变化规律体系在印章印文鉴定中的学理定位及研究价值。

（二）印章印文特征阶段性变化规律体系实证探析研究

从实证角度出发，对印章印文特征阶段性变化规律进行探讨与研究。主要从定性特征与定量特征的阶段性变化规律入手，通过控制变量的方法，设计不同的实验进行探究，分析影响印章印文阶段性特征变化的因素，并且最后通过统计学或归纳等方法，对实验结果进行分析总结。

（三）印章印文特征阶段性变化规律体系合理构建研究

在实证研究的基础上，综合评断印章印文特征阶段性变化的规律，初步完成印章印文特征阶段性变化规律体系的合理构建，并且通过相应方法验证该体系的科学性与稳定性。

（四）印章印文特征阶段性变化规律体系应用实务研究

由于多数诉讼案件会涉及印章印文鉴定这一领域，印章印文特征阶段性变化规律体系的缺位必然会导致鉴定实务缺少科学依据的支撑。因此系统地开展对印章印文特征阶段性变化规律的研究不仅具有理论意义，更具备实践意义，并且构建印章印文特征阶段性变化规律体系，还需要将该体系科学地运用于鉴定实务。在这一部分的探讨中，将会着眼于应用的角度，对适用印章印文特征阶段性变化规律体系的印章印文鉴定活动进行释析。

第二章
印章印文特征阶段性变化规律研究理论支撑

　　印章印文特征阶段性变化规律,在现代印章印文鉴定研究领域,目前尚处于缺位状态。基于制章、使用与保管过程中,印文特征会受到多重复杂因素的影响,其所发生的变化必然具有多样性。而在印章印文鉴定实践中发现,印文特征的变化与其影响因素之间,必然存在某种规律。基于该种猜想,笔者针对印章印文阶段性变化,开展了一系列理论与实证研究。首先,应立足于我国印章的发展与使用历史与印章印文检验的发展历程,剖析印章印文特征阶段性发展规律研究的学理成果与积淀,从理论层面上,厘清印章印文阶段性特征的释义概念及科学内涵,并对其学理定位作深入剖析与诠释。

第一节　印章印文阶段性特征研究现状与前景深析

　　对印章印文特征阶段性变化规律展开实证研究之前,需要理性地认识与把握印章印文阶段性特征在当前印章印文鉴定实务中的研究现状与研究前景,明确其研究的理论与实践意义。

第二章　印章印文特征阶段性变化规律研究理论支撑

再针对不足之处，开展系统的科学研究活动。

一、印章印文的起源与演变过程

目前还未有充足的史料追溯印章的起源，学界通过各种史书的记载及对历史遗迹的解读，作出了目前较为公允的推断，但尚无确凿的证据来印证其起源。印章的普遍使用与印章印文检验技术的萌生应是相伴相生的，因而对其起源与演变过程进行整理与分析，有利于厘清我国印章印文鉴定技术发展之历程。

（一）我国印章印文发源历史追根溯源

我国素有使用印章象征身份地位的习惯，从当前掌握的史料来看，最早的印章可能出现在殷商晚期。玺印最早是作为一种交流货物的凭信而产生的，自秦大一统后，就有了官印与私印之分，普通百姓使用的印章称为"印"，皇帝使用的印章则称之为"玺"，由此才发展成为当权者用以表征权益的法物。[1]《后汉书·祭祀志》中记载："尝闻儒言，三皇无文，结绳以治，自五帝始有书契。至于三王，俗化雕文，诈伪渐兴，始有印玺，以检奸萌。"这是我国最早出现关于印章印文的记载，虽然对于印章的起源难以确定一个具体的时间，但是对于印章的出现以及印章印文鉴定的出现提供了研究线索。《周礼·地官·司市》中记载："凡通货贿，以玺节出入之。"《周礼·秋官·职金》中记载："受其入征者，辨其物之媺恶与其数量，楬而玺之。"自

---

〔1〕　钱君匋、叶潞渊：《中国玺印源流》，上海书局有限公司1974年版。转引自[韩]金钟淳：《中国印章的特征和艺术性》，中国美术学院2009年博士学位论文，第16页。

周始，玺逐渐出现于文字记载之中了，而到春秋的时候，就开始出现玺书的说法了，也就是加盖了印章印文的文件。《左传·襄公二十九年》："季武子取卞，使公冶问玺书，追而与之。"

中国古代的印章通常由石头制成，有时也用金属、木头、竹子或象牙制成，印染物则通常用红墨水或朱砂浆。在中国悠久的历史长河中，印章与艺术似乎是息息相关、共同发展的。在国画与书法作品中，通常会盖上作者的名章，以此辨识。这些作品流传后世的时候，其所有者或收藏者通常会将自己的名章盖在收藏品之上。

在古代，印章印文意义重大，自秦始皇在和氏璧上刻印"受命于天，既寿永昌"作为传国玉玺开始，"玺"就成了皇帝印章的专称，老百姓的印章则称为"印"。《魏书·卷六八·高聪传》："今更造玺书，以代往诏。"其中"玺书"便是皇帝所下的敕令诏书。时至今日，我国政府、企事业单位及个人之间的文件往来，一般都会加盖公章或者个人名章进行确认。正是由于印章是权力的象征、信用的代表，利用印章印文实施违法犯罪活动侵害他人权益便成为可能与现实。根据《中华人民共和国刑法》第280条第1、2款之规定[1]，伪造、变造国家机关、公司、企业、事业单位、人民团体的印章均属于犯罪行为。在

---

[1]《中华人民共和国刑法》第280条第1、2款：伪造、变造、买卖或者盗窃、抢夺、毁灭国家机关的公文、证件、印章的，处3年以下有期徒刑、拘役、管制或者剥夺政治权利，并处罚金；情节严重的，处3年以上10年以下有期徒刑，并处罚金。伪造公司、企业、事业单位、人民团体的印章的，处3年以下有期徒刑、拘役、管制或者剥夺政治权利，并处罚金。

新中国成立至十一届三中全会这一"以阶级斗争为纲"的阶段，国家建设的重心在政治领域，当时发生的刑事案件也主要集中在政治领域，印章印文鉴定的任务自然也是为政治服务。

（二）印章印文演变历程脉络梳理

1978年，十一届三中全会的召开将我国发展的中心转移到经济建设上来，并实行改革开放政策。因此，印章印文鉴定的任务也从服务政治走向了服务经济。在以公有制为主体，多种所有制经济共同发展的基本经济制度下，我国经济社会迅速发展，印章印文的使用度也越来越广泛，由此产生的刑事犯罪、民事纠纷都要求印章印文鉴定技术有能力服务于社会。相应地，为了适应司法审判实践的要求，印章印文检验技术随之产生并逐步发展，其中包括对印章印文真伪的鉴定，对变造印章印文的甄别，以及对朱墨时序的判断。如《宋史·白重赞传》载，"凡被制书有关机密，则详验印文笔迹"[1]，印章在我国古代社会的重要地位可见一斑，几乎见印如见人，尤其是皇帝的玉玺，一旦被伪造，会带来不小的社会影响。蔡襄《尚书礼部侍郎郑君墓志铭》中载，北宋荆湖南路郴州宜章县，有人"持伪券夺人之田，屡诉不直"，郑纾审理此案时发现"义章以太宗旧名而更之，市田之岁在义章，其券乃今宜章印也"，契约中买田日期在宋太宗之前，用印当为义章县官印，而契约中伪造者却用了宜章县官印，认为买田日期与契约上的印章不相符，由此判定该契约的真伪。由此，可以看出古代印章印文鉴定，主要通过

---

[1]（元）脱脱等撰：《宋史》，中华书局1985年版，第9036页。

检视印章的内容、布局、形状等规格特征，受着科技和技术的限制，古人尚无对文字、线条、图案等细节性特征进行检验的意识，但仍不能掩盖我国古代在印章印文检验实践中取得的伟大成就。

二、印章印文检验技术发展历程

为了防范与打击利用印章印文实施的危害权利、侵害财务等违法犯罪活动，在古代就产生了专门针对印章印文真伪的检验技术。近代以来，受到西学东渐的影响，随着近代科学技术被陆续引进，客观上推动了我国印章印文鉴定技术的发展。新中国成立后，百废待兴，各项事业飞速发展，印章印文鉴定技术取得重大突破。在开展印章印文检验活动时，鉴定人员首先需要对检材印文进行初步检验，其次可对其成印方式及印章材质作出初步的判断，最后检验其与其他印文中所涵盖的信息是否相互印证，以确保印章印文鉴定活动的顺利进行。因此，鉴定人员需要详细了解我国现有的印章印文种类及其材质和特性，在检验时才有可能作出正确的判断。

（一）我国印章印文检验方法发展历程

宋《棠阴比事》中记载："少师王珣知昭州日，有诬告伪为州印文书。狱久不决，吏以印文不类，珣索景德旧牍，视其印文，则无少异。诬者乃伏。盖其文书乃景德时者。"王珣找到加盖关服印文的"景德旧牍"，通过检查争议印文与景德时印文的形态，发现两者并无显著差异，从而作出了两者同一的判断。据此可见，在古时人们就已经基本认识到印章印文的检材与样本同一认定内在联系，对于印章印文同一性判断也已经形成相关的方法与技术。甚至朱墨时序鉴定都早已出现，宋《折狱龟鉴》中记载："章频侍御知彭州九陇县时，眉州大姓孙延世，伪券夺族人田，久不能辨，转运使委频验治之。频曰：'券墨浮于朱上，必先盗用印而后书之。'"虽说我国古代并未形成完整的、系统的印章印文鉴定技术体系，但是并不能掩盖我国自古时候就在印章印文鉴定领域奠定了深厚的基础。

近代以来，大量关于近代西方刑事科学的理论与技术被引入中国，在印章印文鉴定领域，开始普遍地应用物理化学等前沿科技与技术。同时也将印章印文鉴定作为专门知识进行介绍与研究。在新中国成立以后，在吸收与改造旧刑事科学技术人员的基础上，我国开始建立自己的印章印文鉴定专门队伍。1956年聘请了苏联刑事技术专家来华培训，传授文件检验技术。之后我国陆续建立了刑事技术人才培训院校，如1956年4月建立的公安部第一人民警察干部学校（中国刑事警察学院前身）、1956年9月成立的司法部司法鉴定科学研究院，均成为新中国成立后培养印章印文鉴定专门人才队伍的基地。随着印章印文鉴定专门人才队伍的建立与不断扩大，印章印文鉴定技术得到长足发展，1958年公安部三局编印的《文件检验教材》里，专门设立了"印章印文检验"，此为我国首次明确提出"印章印文"的概念，自此印章印文鉴定成为司法鉴定或刑事科学技术不可或缺的专门分类。

20世纪以来，印章印文鉴定在科学技术迅猛发展的背景下，充分吸收了新理论、新技术，制章工艺和水平大幅度提高，制章方法也从传统的手工雕刻走向了机械雕刻、自动化制章与智能制章。这些新技术、新方法在印章行业的应用给印章印文鉴定造成了巨大的压力与挑战。鉴此印章印文鉴定技术也不断在实践中发展与完善，从只注重数量特征差异上升为以辩证唯物主义的观点看待印章印文自身的变化与联系，对印章印文可变性的每个因素进行辩证分析，从本质上判断符合点与差异点的性质。[1]

（二）我国印章印文分类方法基本现状

从对印章的种类划分中可以看出我国印章的发展历程，印章印面的制作材质，从最初的木质印章、牛角印章、金属印章、石料印章，由于化工技术的进步，发展为由聚合性材料组成的橡胶印章和有机聚合物树脂印章；而印章的制作技术从单一的手工雕刻发展为机械雕刻，再到照相制版腐蚀、激光雕刻、热压成型、感光成型等。无论是从印章的材质上看，还是从印章的制作技术上看，都能看出印章也跟随着社会进步的脚步在发展，这不仅是现代科学技术的作用，更是印章在我国经济社会举足轻重的体现，是一种文化的传承与延续。

传统上，一般将印章按其用途、着墨方式、印面材质、制作方法以及是否采用防伪技术来进行分类，对印文的种类则分为盖印印文与非盖印印文。这种分类方法是科学的，对大部分的章通过其特性的不同进行分门别类，但是还不够准确，可以说还不尽详细，科技在发展，社会在进步，印章行业的发展也是日新月异，寻找印章印文阶段性特征的变化规律，应当是在

---

[1] 许爱东主编：《印章印文鉴定理论与实务研究》，法律出版社2015年版，第17~22页。

第二章　印章印文特征阶段性变化规律研究理论支撑

同类型章的基础之上进行研究的，所以笔者将先对章的类别进行归纳梳理。

1.印章的种类

（1）按印章的用途和使用范围分类，可分为公章、专用章、名章。

①公章。公章是党、政、军各级机关、社会团体、企事业单位用以代表本机关、团体、机构的印章。最早1979年国务院颁发的《国务院关于国家行政机关和企业、事业单位印章的规定》（国发〔1979〕234号，已失效）规范和加强了对国家行政机关和企业事业单位、社会团体印章的管理工作，随着一些政府机构的变化，有些条款不再适用，国务院于1993年印发了《国务院关于国家行政机关和企业、事业单位印章的规定》（国发〔1993〕21号）进行了修订。1999年，国务院又印发了《国务院关于国家行政机关和企业事业单位社会团体印章管理的规定》（国发〔1999〕25号）对公章的规格、式样、字体、印章质料以及制发机关等都进行了统一的规定。

②专用章。专用章是指单位、机构、部门内部专门用于某项事务或业务的印章，不具有普遍的证明作用，只在一定范围内起证明作用，如合同专用章、财务专用章、业务专用章、现金收讫章、证件及特殊文件上的钢印、国务院有关部委外事用的火漆印、邮戳等。专用章的形状、规格、字体（除发票专用章外）[1]，并没有统一规定，印面形状可以是圆形、椭圆形、方

---

〔1〕　根据《中华人民共和国发票管理办法》（根据2010年12月20日《国务院关于修改〈中华人民共和国发票管理办法〉的决定》修订）的规定，国家税务

形、菱形、三角形等。

③名章。也叫私章，印面上镌刻有个人姓名。名章可分为公民名章、法人名章和职务名章三种。公民名章一般由本人保管，可自由使用。法人名章应登记在案，由专人保管，按规定使用。一般单位的中层干部或管理干部由单位开具介绍信，可以镌刻职务名章。私章的规格、样式、材质、字体等都没有统一的规定，常见的私章多为方形或圆形，印面上刻有个人名字、别号等，规格较小，字体多为隶书、篆书、楷书等，不只具有证明作用，更兼具艺术性，可供收藏、鉴赏之用。

（2）按印章的着墨方式分类，可分为蘸墨印章、回墨印章、自含墨印章以及无墨印章。

①蘸墨印章。为章墨分离印章，印面上的图文线条一致凸起于空白部分，盖印时，需先使印面凸起的图文线条蘸取印泥（油），在盖印压力作用下，与承印客体接触，再将印面上的印泥（油）转移到承印客体上，在承印表面留下印文。

②回墨印章。又称翻转印章，外有一个圆筒状或方状的ABS工程塑料外壳，印面一般采用橡胶制造，内置印台，章墨一体。静置时印面与内置印台贴合，使用时只需轻向下按，印面翻转，即可同时完成蘸墨和盖印两道工序。有轻型回墨印章与重型回墨印章两种规格，配有长方形、圆形及正方形的印版和不同尺寸，印台是可注油、可换的，还有红蓝紫黑四种颜色的印台可选，方便实用，适合办公场合使用。但是由于章面材

总局发布《国家税务总局关于发票专用章式样有关问题的公告》（国家税务总局公告 2011 年第 7 号），明确对发票专用章的形状、规格、字体、内容进行了规定。

料有着热胀冷缩的特性，不适于银行印鉴。

③自含墨印章。俗称万次印，印面是由可储存印油的特殊材料制成，印面图文线条与空白部分几乎处于同一个平面，印面后一般黏附有储墨垫，一次注油可反复使用，属于章墨一体的印章。使用时无需另外蘸取色料，在盖印压力的作用下，可直接于承印客体上形成印文，印文清晰。目前办公生活中使用十分广泛的原子印章与光敏印章都属于自含墨印章。

原子印章，是现代高科技的衍生品，由印柄、印面两部分组成，印柄中有手柄、弹簧、内芯与外框，印油储存于印章内芯，使用时印油自会从内芯中渗出，无法另外蘸墨。平时通称之原子印章其实分为国产原子印章与进口原子印章两类，分属于两种完全不同的制造工艺，其中国产原子印章又称机雕渗透印章，是直接将印版雕刻于渗透印垫上，再往渗透垫上添加印油而成，可反复注油使用。而进口原子印章为原子印粉和印油压铸而成，凹凸明显，为一次性产品，不可反复加油使用，可盖印万余次。国产原子印章虽可反复注油使用，但是凹凸印面经过反复使用后会不断磨损，直至磨平，而进口原子印章无法添加印油，当凹凸印面磨平或者印油耗尽后，则无法使用，因此无法作为银行印鉴使用。

④无墨印章。此类印章无需印泥、印油等介质介入。与蘸墨印章、光敏印章等相比，无墨印章主要依赖外力作用所形成的印文抑压痕迹。就钢印而言，其是利用黄铜或合金钢刻制的上下阴阳两块印模，直接在承痕客体上压印留下立体的印迹，或者用于电子文书上的电子印章，与用于印刷的印章模板等。

（3）在古代，"玺"是印章最早的名词。在秦代以前，无论是官印还是私印，一律称作"玺"。古时的"玺"字写作"鉨"或者"鈢"，凡是同铜质者就从金，用土质者则从土。最后发展成了"玺"，下面有一个"玉"字底。[1]以上字形的变化反映的是印章材质的变化，增加"土"字旁是因为当时的材质主要为陶土，而后以青铜材质为代表的金属印才大兴，基本替代了陶土，随后发展为玉，可以看出当时的社会无论官印还是私印，都以玉材为正宗，后来王冕的花乳石和文彭的灯光冻石的发现，印章材质便以石质材料为主。[2]纵观印章材质的演变史，可以从用于篆刻印章的材料的不同进行分类，主要包括木材料、角质材料、金属材料、石质材料、晶石材料、化学材料等，可分为木质印章、牛角印章、金属印章、石料印章、橡胶印章、树脂印章、有机玻璃印章等。

①木质印章。本身的材料为木材，雕刻印章的木材要求较高，结构要细致均匀，硬度适中，干缩率小，切削容易，不崩不碎，不容易开裂变形。最好的制章材料为黄杨属、梨属、卫矛属等树种，白树、枇杷属、石斑木属、石笔木属次之，杜仲、西南桤木再次之。

②骨质印章。骨质类印材有兽骨、象牙、犀牛角，牛角等，其中最常见的为牛角印章，是中国特有的传统印章，由牛角经

---

[1] [韩]金钟淳：《中国印章的特征和艺术性》，中国美术学院2009年博士学位论文，第20页。

[2] 方莉：《陶瓷印章艺术研究》，景德镇陶瓷学院2008年硕士学位论文，第4页。

第二章 印章印文特征阶段性变化规律研究理论支撑

过加工制作而成。有天然牛角印章与合成牛角印章两种,天然牛角印章材料有水牛角、黄牛角、白牛角、耗牛角等,合成牛角印章为牛角粉加工而成。牛角印章的制作通常需要锯、开、劈、打坯等工序制成初坯,再打磨、抛光、上蜡加工,最后运用先进的电脑激光雕刻技术制作而成。坚固耐用,不易变形,是目前国内票据往来使用最广泛的办公用品之一。

③金属印章。用于制章的金属类材料主要包括金、纯银、铁、铜等,大多用铸印法或凿印法刻制。古时皇家使用的金、银印章,并不是纯金、纯银的,金和银的质地较软,制印后容易变形,掺铜后才能成为印材。

④石料印章。明清以来,用来刻章的石料主要是寿山石、青田石、昌化石和巴林石。石料印章质地坚硬,雕刻效果流畅美观,是为富有较高鉴赏价值的艺术品。但其材质不具有弹性,容易受到外力磕碰导致印面形成残缺。

⑤陶瓷印章。按特有材质可将陶瓷印章分为陶印、瓷印、紫砂印三类,制作陶瓷印章的泥料,应当选择可塑性较强、质密均匀、经过真空练杀的泥料,先用手捏、堆进行造型,待坯体晾干后利用特质的刀锯对坯体进行刻、挖、雕等必要的塑形。塑形完毕后,要对印台进行装饰性处理——上釉或者对边款进行装饰,最后和所有的陶瓷制品一样,需要进行烧制,陶瓷印章的烧成工艺基本采取搭烧的方式,以气窑为主,要尽可能减少在烧制过程中印面的变形。[1]

---

〔1〕 方莉:《陶瓷印章艺术研究》,景德镇陶瓷学院2008年硕士学位论文,第7页。

⑥晶石印章。用于刻章的矿物质材料主要有玉石、玛瑙、翡翠、水晶、蜜蜡、珊瑚、叶蜡石等，这些材料中，除了叶蜡石，质地都非常坚硬，镌刻困难，大都用辗印的方法，类似于雕琢玉器的方法。

⑦化学材料类印章。橡胶印章、树脂印章、有机玻璃印章、橡皮印章、渗透印章等均属于化学类材料印材制成的印章，并且使用广泛。

第一，橡胶印章。有原材料为 PVC 的环保胶章与原材料为 EPE 或 CLICONE 的非环保胶章，质地较软，弹性较大，材质容易热胀冷缩。树脂版印章利用水溶性感光树脂版进行曝光，没有曝光的部位在冲刷时会被水溶解，留下设计好的印版，耐磨损，图文清晰。

第二，渗透印章。包括光敏印章、国产原子印章及进口原子印章在内的现代渗透印章的印面材料也是高分子化合物，光敏印章的印面是由二元或多元醇和二元或多元酸缩聚而成的高密度聚氨酯。[1]

第三，有机玻璃印章。制作有机玻璃印章的有机玻璃是由甲基丙烯酸甲酯聚合而成的高分子化合物，化学名称为聚甲基丙烯酸甲酯，化学稳定性好，章体通透，外观精美，很受私章篆刻者的青睐。

2.印文的种类

印文是印面结构的反映，不同种类的印章，形成印文的方

---

[1] 黄建同：《现代渗透印章检验研究》，载《中国人民公安大学学报（自然科学版）》2011 年第 2 期。

式不同，对印章印文的检验，主要还是集中在对印文的检验，检验时首先应该对印文的形成方式作出正确的判断，为了方便鉴定工作的进行，我们对印文的种类进行了划分。从民间传统与艺术鉴赏角度，以印章的刻法将印文分为阴阳。阳刻，图文线条凸起于印面，是为阳文，也称朱文印；阴刻，图文线条凹陷于印面，是为阴文，也称白文印。印章印文司法鉴定是从实际出发，秉承着客观公正的原则，对送检印章印文进行观察、检验，并最终得出鉴定意见的活动，对印文种类的归纳应当便于鉴定工作的开展。因此，在实际检验中，一般将印文分为以下三类：

（1）盖印印文。

用印章蘸取印泥（油）等印文色料，直接盖印到承印客体，形成的印文为盖印印文，这是最主要的用印方式，是最常见的印文种类，也是现代印章印文司法鉴定实务中重点的检验对象。盖印印文的盖印过程有四个要素：造型印章、承印纸张、色料介质以及作用力。盖印印文的特征明显受着四要素的影响，比如色料介质附着于承印纸张之上，会因为印泥（油）等色料的理化特性，在承印纸张上发生渗透、扩散等现象，也会因为承印纸张的厚度、平滑度、材质等因素，影响色料在纸张上的附着程度、渗透程度、扩散程度等。具有凸版印刷特点的印章盖印时，会在承印纸张上留有压痕，并且印迹易出现中淡边浓的挤墨现象，而光敏印章这类印面几乎处于一个平面的印章盖印时，一般不会出现压痕和挤墨现象。

还有一种火漆印是特殊的盖印印文，与常规盖印印文使用的印泥（油）不同的是，火漆印的色料介质为印蜡，也称火漆、封口蜡，是松脂与石蜡加颜料制作而成，稍加热即能融化，并有黏性，可封瓶口、信件等。火漆印的印面多为金属材质，图文线条部分凸起，火漆通常呈棒状，也有颗粒状火漆和自带芯的火漆。在使用时，切一小块火漆棒置于汤匙上，或直接点燃蜡芯，融化后倒入需要封口的信件上，在融化后的印蜡上盖章，即形成火漆印印文。古时富豪和贵族会使用火漆印保证重要文件的密封和安全，现在人们会用火漆印对贺卡、邀请函等进行装饰，主要为国务院有关部委外事用及文物出境用。

（2）压凸印文。

无需色料介质，是造型印章在作用力下直接压印于承痕纸张上，形成凹凸有致的印文。最常见的是在各类毕业证书、公证书等文件上的钢印印文，由下有印章凸起的阳文、上有印章凹下的阴文从正反两面同时挤压承印纸张所形成。钢印印文无色，具有一定的立体感和层次感，印文特征与常规印文不同，不存在印文墨迹分布特征，留白特征反映也不明显，与上下两个印面重合的精密度、盖印力度大小和方向、承印纸张的品质与厚度等客观条件息息相关。[1]

（3）印刷印文。

将印章印文图像制成模板，直接套印到文件上形成印刷印文，或者通过彩色打印机将电子印文打印到纸质文书上，广义上也可称为印刷印文，通过打印机打印形成的印刷印文具有打

---

[1] 李萌萌、郝红光：《盖印条件变化对钢印印文特征的影响》，载《铁道警察学院学报》2015年第1期。

印文件的特点。[1]狭义上的印刷印文的制作工艺有平版胶印、凸版印刷、凹版印刷以及可见丝网印刷法，其中丝网印刷是一种孔板印刷技术，印刷时使用刮墨板刮动版面上的油墨而使油墨在刮板的压力作用下，透过空洞附着于承印纸张上。通过丝网印刷法形成的印刷印文墨层较厚，着墨均匀，与盖印印文的墨迹特征相类似。[2]

3.印章的制作技术与方法

印章的制作工艺与方法对于印章印文特征的形成有着直接决定性的作用，对于印文形成方式的判断在印章印文鉴定中至关重要。制章工艺所设计的材料、方法及盖印方式的发展和演变，是科技创新成果的转化，在印文上能体现出制章个人或机具的个性特征，为同一认定与形成时间鉴定提供基础依据。[3]

（1）手工雕刻印章。

手工雕刻是制作印章最为传统的方式之一，其雕刻原理是用砂纸磨平印面后，将设计好的印稿拓于印面之上，而后用印床或者手持固定着印材，利用刻刀在印面上篆刻。手工雕刻印章的材质多为木质或者石质，更具艺术欣赏及收藏价值。

（2）机械雕刻印章。

机械雕刻是运用现代计算机信号控制技术对传统手工雕刻

---

[1] 许爱东主编：《印章印文鉴定理论与实务研究》，法律出版社2015年版，第34页。

[2] 崔岚：《丝网印刷伪造印文的鉴别》，载《中国人民公安大学学报（自然科学版）》2009年第3期。

[3] 韩伟：《法庭科学印章印文鉴定理论与新技术》，中国人民公安大学出版社2017年版，第45页。

技术的改进，其雕刻原理是通过计算机专用软件制成印稿，将印稿信息传送至雕刻机控制器中，控制器会将这些信息转化为有功率的信号，雕刻机会根据信号控制走刀，带动尖锐刀具切削来完成印面的雕刻。

（3）激光雕刻印章。

激光雕刻是现代制章行业中最主要的制章方法之一，其制作过程非常简单，雕刻原理就是用激光代替了传统的刀具进行雕刻。将设计好的印面图文传输到集激光、精密机械、计算机等技术于一体的激光雕刻机中，雕刻机中的激光束直径小于 0.1mm，能量密度极高的激光束照射在印材表面，使照射区域的温度迅速升高，印材被灼烧至汽化，制作出所需要的印面。

手工雕刻而成的印章，其印文文字的大小不一致，形状不一，文字也无规范的字体，边框线条不直，弧度与线条粗细不均匀，形状不规则，文字与文字之间、文字与图案之间的间距不匀，图案的规则性较低，随意性较大，印文的对称性很差。激光雕刻而成的印章，字体规范，大小、形状统一，边框形状规则，并且线条的弧度和粗细都均匀，文字间的间距均匀，文字与图案间的距离也分布均匀，图案都具有较高的规则性，印文一般都有严密的对称轴。

（三）成印四要素阐述与剖析

印文的形成过程可剖析为选用一定的材料，运用一定的制章方法，刻制成印章，形成造型客体印面，借助印泥或印油等介质（钢印不需要借助媒介），在力的作用下，使造型客体印面

第二章 印章印文特征阶段性变化规律研究理论支撑

与承印客体在接触中产生相互作用,并在承印客体上留下印文的过程。成印过程可具体分解为四大要素:造型客体——印面、承印客体——纸张、介质——印泥或印油以及作用力,这四个要素支撑着印章的产生及工作活动,并且四个要素之间具有不可分割的联系,对盖印效果和印文质量有着直接的影响。

简而言之,印章刻有印文的一面是为印面,不论是传统制章方法直接用刻刀于印章材料上雕刻形成的印章,抑或是现代机器雕刻制成的印章以及原子印粉和印油压铸而成的原子印章,其带有凸起或凹陷的文字或图案的一面为印面,而利用光敏材料的感光特征进行曝光而成的光敏印章,其印面几乎为平面,肉眼几乎看不见文字或图案的凸起或凹陷。印面作为造型客体,其直接决定了形成印文的形态特征,印文本就是印面的反映体,当印面上黏附附着物,或磕碰磨损,或膨胀,或缩小,或老化,都将清晰地反映在相应形成的印文之上。

纸张是文件检验中印章印文鉴定的承印客体,一枚印章制成后,广泛地讲,可以在任何地方成印,比如皮肤、衣物、墙面等,这些均不属于司法鉴定领域内文书的概念[1],因此笔者将印文的承印客体限定于纸张。如今纸张的种类繁多,不同品种的纸张,其平滑度、光泽度、光亮度、纤维交织情况均会有所不同,对油墨的存储吸附能力必然有所不同。

印泥或印油为成印的主要介质,印泥是由艾叶纤维、朱砂以及蓖麻油加工而成的泥状物,色泽鲜红明亮,在蘸取时容易

---

[1] 《司法鉴定概论》(第2版)将司法鉴定领域内的文书定义为"以语言、文字、图形、符号等为表现形式,依附于相关载体而表达一定信息的书面材料"。

黏附于印面上。印油则一般供印台使用，原子印油及光敏印油可直接注入相应印章中使用。按所用溶剂体系来分，印油可分为油性印油、水性印油及醇性印油，其中油性印油与纸张结合度比较好，盖印清晰，也较容易干，水性印油由于水是其主要溶剂，盖印时易使纸张变形，但是具有挥发快、无毒无污染等优点。[1] 相较而言，印油更为干净方便快捷，不过不同种类的印油成分也有所差异，各种印油能否混合使用，混合使用后会对印文形态产生什么影响还需要在后面的实验中做进一步研究。

作用力使造型客体与承印客体发生相互作用，作用力的大小、方向、作用点对印文的形成产生直接的影响。作用力的大小不同，印文深浅不同，一般而言，作用力越大，形成的印文颜色越深越清晰，在蘸墨过多的情况下，笔画粘连以及挤墨现象可能愈加明显；力的作用点、方向不同，造型客体与承印客体的接触部位就不同，一般而言，越靠近力的作用点，形成的印文越清晰。

一般情况下，盖印的过程是由人完成的（除打印印文、电子印文、钢印外），本书所要研究的印文阶段性特征变化规律，主要针对几类蘸墨印章、原子印章以及光敏印章这些可能具有明显历时性变化的印章，由于人类活动的复杂性，盖印而成的印文无法像机器制成的印文那样在形态上几乎具有一致性，每一枚印文在形成过程中，由于以上四要素的各种变化，应该都

---

〔1〕 董轶望、李勇刚：《印章印油概论》，载《中国防伪报道》2003年第3期。

是具有独特性的。

(四)现行印文形成时间鉴定方法客观评述

越来越多的民事纠纷案件、经济犯罪案件涉及印文形成时间的鉴定,在这些案件中,印文盖印的时间往往都是查清事实真相的关键,然而目前还没有一种鉴定方法能够便捷准确地判断出印文的形成时间,鉴定人员一般会通过印文的历时性特征或者理化反应等一系列方法综合对印文的大致或具体盖印时间进行鉴定。印文盖印时间鉴定包括盖印时间鉴定和相对盖印时间鉴定,鉴定实务中主要涉及的是印文形成的相对时间判断。相对形成时间是印文形成时间未知的检材与印文形成时间已知的样本相对应的时间,即将可疑印文与同一印章盖印的已知形成时间的印文进行比较检验,确定可疑印文形成时间与标称时间是否相同、可疑印文盖印的大致时间范围、可疑印文是否近期盖印、多枚可疑印文盖印时间是否接近或是否为一次或同时形成的等问题,笔者对现行印文形成时间鉴定方法进行了如下系统梳理与客观评述。

1. 印文形态学检验法

(1)肉眼观察法。

在了解案情、开展鉴定活动的同时,应先对检材印文与样本印文有客观充分的认识,肉眼观察法则是最基础、最便捷、最容易操作的同一鉴定理论指导下的传统方法,可以说是使用最为频繁的印章印文鉴定方法,主要是通过肉眼直观或者借助比例尺、放大镜、显微镜等工具,观察印章印文外观形态、文字、结构与细微特征。[1]肉眼观察法主要对印文的文字形态大小、边框线条粗细、图文露白间距等特征进行初步的观察与分析，若是有较为明显并且价值较高的特征的存在，则用肉眼观察法便能鉴定。如激光雕刻制成的印章是被烧灼切割部位呈很细的网状形态，未被烧灼切割的笔画和图形边缘呈微小锯齿状，而不是平滑整齐的形状。对激光雕刻印章的印文的观察分析，主要集中在图文形变特征、位移特征、旋转特征、文字弧形分布特征、定位扫描切割线特征、边框形态特征以及露白特征等。再如光敏印章，是使用一种具有储油渗油及光闪熔特征的特殊化工合成材料制作而成，因此其具有自身独有特征，如印文正文边框之外的边缘印迹特征、稿模软片疵点特征、脏版特征等，都是肉眼观察分析的重点。而原子印章是现代高科技的产物，其印油被灌入原子印章并迅速渗透到储油垫各个部位，一次性注入印油后可反复多次使用。由于其章体材料及万次使用的特性，会形成一些阶段性特征，如印面附着物、油量、磨损、异物堆积、磕碰、储油垫堵塞等情形造成的稳定性、特定性的状态，也通常是观察分析的重点。但是检验实际中，尤其是印文形成时间鉴定的委托，很少能直接通过肉眼观察法就解决的。因此，单纯使用肉眼观察法很难符合鉴定要求，这一印章印文鉴定方法基本上是作为检验的初步步骤存在的，需要配合其他鉴定方法使用。

---

〔1〕 许爱东主编：《印章印文鉴定理论与实务研究》，法律出版社2015年版，第26页。

（2）计算机辅助比对法。

计算机技术的引入，使鉴定技术愈加丰富与智能，尤其是运用计算机软件进行辅助与比对识别，已经成为鉴定人员必须掌握的技能之一。计算机辅助比对法的操作流程基本如下：先通过扫描仪或数码相机获取检材印文与样本印文的图像，输入计算机，然后在专业软件（如Photoshop、ACDsee）上进行图像的处理与比对，同时还能直接在软件上进行特征标识、画线测量、拼接比对、重叠比对等。计算机辅助比对法其实是进阶版的肉眼观察法，运用计算机技术弥补人眼的不足，并且便于鉴定人员进行特征的比对与分析，因此在印文形成时间鉴定过程中，与肉眼观察法一样，很难仅仅依靠计算机辅助比对法就得出结果。

2.理化分析法

印章盖印需要借助的介质是印泥或印油，印文色料主要由溶剂、表面活性剂、树脂和着色剂等成分组成，其中都含有丰富的物质成分与理化特性，随着时间的推移，纸张上的印文色料中的溶剂成分逐渐挥发，而树脂、着色剂等成分则较稳定地存留。[1]印章印文鉴定的一个重要方法就是通过分析检材印文中使用的印泥、印油种类及印文的盖印形成时间，达到印章印文鉴定的目的。原子印油的主要组成物质是合成树脂、溶剂、高沸点的有机溶剂和表面活性剂。印泥与印油中含有丰富的物质成分，利用理化方法对印文色料的洇散、渗透程度进行检验，是可以对印文的形成时间进行判断的，目前常用的检验方法主

---

〔1〕 韩伟、黄建同、王皓：《利用拉曼光谱技术对印泥和印油种类的鉴别》，载《中国人民公安大学学报（自然科学版）》2016年第2期。

要有色谱分析法、光谱分析法、质谱分析法和溶剂提取法。

(1) 色谱分析法。

色谱分析法系利用物质在固定相以及流动相之间的亲和力、溶解度、吸附程度以及阻滞能力等理化性质的不同,对印泥印油的物质成分进行分离分析的方法。[1]针对印文色料中某些挥发性的溶剂,如光敏印油中含有的1,2-丙二醇以及1,3-丙二醇等,会随着时间的推移不断挥发直至殆尽。可利用气相色谱法对这些挥发性溶剂的残留量进行检测,残留量越大,盖印时间越短。反之,则盖印时间越长。最后通过与样本的比对,便可测得检材印文的形成时间。[2]而针对印泥中某些成分跟空气接触后会发生氧化、交联、分解、挥发等变化,导致其在某些有机溶剂中的溶解性发生变化,利用薄层扫描法对印文色料进行定量测量,盖印时间越短的印文色料越容易被溶解,反之则越不容易被溶解,通过与合适样本的比对便可判断印文形成时间。[3]色谱分析法有助于准确地识别印泥印油中的物质成分,但实质上属于有损检验方法,即易于对检材造成不可逆的损坏。

(2) 光谱分析法。

通过仪器测量因物质发射辐射或辐射与物质之间相互作用引起物质内部的变化而发射、吸收的波长和强度,为光谱分析

---

[1] 许爱东主编:《印章印文鉴定理论与实务研究》,法律出版社2015年版,第28页。

[2] 谢朋等:《气相色谱法测定自含墨印章印文的盖印时间》,载《中国人民公安大学学报(自然科学版)》2013年第2期。

[3] 李彪、谢朋、孙添铖:《薄层扫描法判定印泥印文形成时间实验条件的确定》,载《中国人民公安大学学报(自然科学版)》2008年第2期。

法。光谱分析法可分析不同厂家、种类印泥印油的种类，红外及拉曼激光光谱法凭借着更高的灵敏度，可以对同一厂家不同批次的印泥印油进行鉴别，因为不同型号的印文色料中着色剂、表面活性剂的种类与配比均可能不同。[1]由于盖印后印泥印油与空气接触的时间不同，使其发生不同程度的挥发、氧化、交联、分裂反应，导致其在不同时段的内含成分有所变化，这一变化在拉曼光谱中会有所体现，并且若是存在更替印泥印油的行为，利用光谱分析法能够更为直观准确地推断盖印时间。光谱检验法是一种无损于检材的检验技术，操作简便，高效准确，但是较容易受干扰，影响结果的判断。

（3）质谱分析法。

质谱分析是将检材离子化后，利用离子在电场或磁场中的运动性质，把离子氨气质荷比大小进行排列后形成的一种图谱。在印章印文鉴定中，即通过质谱分析印油与印泥的物质结构和成分含量。通过质谱分析，可以对环保水性印油的颜料和挥发性物质进行研究，还可以区分印油色痕。此外，质谱检验法对分析印章印文耗费的检材较小，甚至不损耗检材。

（4）溶剂提取法。

印文形成后，基于印泥与空气的接触，部分成分发生了挥发、氧化、交联、分解等理化反应导致其在不同时段内在某些有机溶剂中的溶解性不同，因此利用双溶剂提取法，选择合适的强、弱两种试剂对印文色料进行溶解提取，根据李彪等学者

---

[1] 韩伟、黄建同、王皓：《利用拉曼光谱技术对印泥和印油种类的鉴别》，载《中国人民公安大学学报（自然科学版）》2016年第2期。

进行的实验结果显示：该因时间越短的印文色料溶解度越高，该因时间越长的印文色料溶解度越低。[1]可以看出溶剂提取法是判断印泥印文形成时间的一种有效方法，但是与色谱分析法相同，也会对检材与样本造成不可逆的损坏，并且受限于在较短的盖印时间内检验效果较好，若是检材与样本存放时间过长，色料的部分成分反应殆尽了，可能导致溶解度均很低，则很难推断出印文的形成时间。

三、印章印文特征阶段性变化规律体系建设的现实困境

现行印章印文鉴定技术还面临着诸多问题与挑战，印文成印的应然性与实然性的差异以及高新科技的运用使印章印文特征点真假难辨，对印章印文特征的符合点与差异点的判断，主要依赖于鉴定人员的主观判断，这给鉴定人员的知识结构与专业素养带来了更高的要求。并且我国繁多的印章种类与进行印章印文阶段性特征变化规律研究的浩大工程均给系统地进行印章印文特征阶段性变化规律体系建设增加了难度，现就印章印文特征阶段性变化规律体系建设的现实困境作如下阐述。

（一）现行印章印文鉴定技术面临的挑战

近年来许多不法人员利用激光雕刻印章进行违法犯罪活动，犯罪手段不断翻新，促使激光雕刻印章印文鉴定的内容从过去单一的激光雕刻印章真伪鉴定，发展到印油种类鉴定、盖印时间鉴定、印文与打印文字、复印文字、手写文字形成时序鉴定

---

〔1〕 李彪等：《双溶剂提取法判定印泥印文形成时间的初探》，载《中国司法鉴定》2010年第2期。

等。而虽说我国印章印文鉴定技术目前已经取得了巨大的成就，但是在实践中，依然存在许多疑点与难点需要鉴定加以重视与改进。一系列原因导致了印章印文鉴定所涉及的领域越来越复杂，具体原因如下：

1. 印文成印的应然性与实然性

上文已从成印的四要素开展了相关的讨论，盖印这一过程的复杂性是由各方面多重因素决定的。印文成印的应然性是指在一定条件下盖印形成的印文应该呈现出的状态与特征，但是基本上每一次盖印都是一个较为随机的过程，除非刻意控制在等力等压等角度的情况下，否则形成的印文会呈现出或多或少形态学上的差异，这种差异的存在则是印文成印的实然性。

2. 高新科技手段的运用

高新科技在印章印文领域的应用，不断促使着新现象、新问题的出现，尤其是利用计算机以及专业的制版设备，复制形成的印文与被仿制的印文在文字内容、字体大小、边框线条、图文形态以及大部分细节特征等方面均存在高度相似甚至基本一致，进一步增大了印章印文鉴定业务的难度，给鉴定人员带来了新的挑战。

3. 鉴定人员的知识水平与专业素养有待提高

违法犯罪手段日益翻新，鉴定人员身负查清案件事实，维护社会公平正义的重任，其知识结构更应该及时更新换代，顺应新时代、新科技、新技术的发展。如高仿真印文极高的仿真度与迷惑性，如果不加以细致的观察与分析，很容易误认为是真印文，其中往往会存在一些因照相、晒版、修版或复印过程中造成的细节缺失或者较为细微的与真印文的区别,这就要求印章印文鉴定人员对特征差异点的本质或非本质性质进行主观判断,对鉴定人员的知识水平与专业素养有着较高的要求。

(二)印章印文特征阶段性变化规律体系的缺位

印章印文特征阶段性变化规律体系的研究可以说也是印章印文鉴定领域存在的疑点难点之一,当前学界对印文的变化规律有了一系列的分析与总结,但并未对印文的阶段性特征变化规律进行深入、系统的研究,其是由以下原因导致的:

1. 我国印章种类繁多,特点各异

在使用印章这一方面,我国拥有着悠久的历史,并且极大地丰富了印章文化。也正是因为印章在我国工作生活中举足轻重的地位,才能逐渐发展壮大到如今既有颇具历史性与艺术性的印章又有制作携带使用方便简洁的现代化印章。经过上千年的演变,印章的种类不断增多,在上文已经有了详细的梳理。作为印章印文鉴定人员,应着眼于每一种印章展现出的特点。不同材质的印章所形成的印文有时候能呈现出其材质的特点,如木质印章较为松软,盖印而成的印文可能会带有木料的毛糙感。在进行印章印文鉴定的过程中,对印章种类的判断是很重要却难度很大的一个问题,若是发现形成检材印文的印章在材质上就不符,问题就迎刃而解。但是原子印章、光敏印章、橡塑印章等现代化高科技的产物就很难仅凭肉眼区分印章种类。我国繁多的印章种类成了印章印文阶段性特征体系缺位的原因之一,该体系的建立需要建立在对大量印章印文特征进行归纳总结的基础上,这将是十分浩大的工程,此为我国目前印章印

第二章　印章印文特征阶段性变化规律研究理论支撑

文阶段性特征体系缺位的一大原因。

2. 印章印文特征复杂性及相互联系性

马克思主义哲学的基本观点认为事物之间是相互联系的，联系是物质存在的方式，联系表征客观实在性。[1]所以说，印章印文特征并不是独立存在的，各个特征之间是相互联系的。印章印文特征从宏观层面上的印面结构、图文布局、边框粗细到微观层面上的印油成分等，均能反映印章印文的特性。还有承印纸张的着墨程度、印章材质的软硬松实、存放环境的温度湿度等，能对印章印文的任一或一系列特性造成不同程度影响，这是由事物本身作为一个整体，其内部各要素之间也是普遍联系的决定的。联系不仅指的是事物之间的关系，还包括事物内部各要素之间的相互制约、相互作用的关系。并且事物之间不同的联系对于事物的存在和发展所起的作用是不同的，必须全面、具体地分析事物多种多样的联系。[2]因此需要全面、具体地看待印章印文特征中各要素的发展与变化，及其相互制约、相互作用的关系。也正是因为印章印文各要素的复杂性及相互联系性，造成了对其特征的发展与变化趋势进行一一剖析的困难性，是为目前印章印文阶段性特征体系缺位的一大原因。

3. 盖印条件变化造成的形态学变化

印文的形成受着造型客体、承印客体、介质以及作用力的

---

〔1〕　李单晶等：《从物理学最新发展看唯物主义的"物质"》，载《社会科学研究》2012年第4期。

〔2〕　《第四章物质世界的普遍联系和永恒发展》，载《实事求是》1985年第3期。

多重影响，任一要素的改变都会造成印文形态学上的变化，如承印客体的变换，可以导致对印泥（油）的渗透能力不同，在纤维较为松散的纸张上盖印的印文墨迹较容易向外扩散；对印文特征具有更直接影响的是作用力的变化，盖印时作用力的大小直接决定了印文在承印纸张上显示的深浅；抑或是衬垫物的更替也会导致印文特征的改变。可以得知，这些特征差异点并非来自印章印文的阶段性变化。因此，在进行印章印文鉴定时，鉴定人员需要将因盖印条件变化造成的特征差异点与历时性特征区别开来，不能将其归于同一类别。盖印条件的变化有着随机性，对随机性事件的规律进行总结归纳，具有相当的难度，因此其为当前印章印文阶段性特征体系缺位的原因之一。

4. 印章印文特征阶段性变化规律研究工程浩大

许多规律的总结都是要经历无数次的科学探究实验活动，在此基础上得出的规律还需要通过一定方法的验证证明其正确性方可运用于实践中。印章印文特征阶段性变化规律的研究，是一项耗时长、工作量大的科研活动，前期需要收集大量的历时性样本，样本收集的时限不够长，则无法体现历时性这一持续动态的活动，并且很难有说服力甚至可能无法得出理想的实验结果。不同种类的印章可能会呈现出不同的阶段性变化，因此需要对各种类的印章进行全面的研究，一枚印章的尺寸不足方寸之间，每一处细微的地方都可能蕴含着丰富的特征信息，后期对样本的分析同样也是任重道远，对每一枚印文样本都需要做到全面观察、详细分析，此为印章印文特征阶段性变化规律体系缺位的又一重要原因。

（三）问题的提出：实践案例引发的思索

笔者综合分析了司法鉴定科学研究院 2014 年至 2018 年的印章印文检案业务，并从中选取了两例典型案例，从实践检案中引发对印章印文特征阶段性变化这一研究方向的思考。

1. 案例一

在某商贸纠纷一案中，需检验留于一份《结算合同》落款处的"上海 XXX 轮胎销售有限公司合同专用章"印文（见图 2-1）与样本上的"上海 XXX 轮胎销售有限公司合同专用章"印文是否为同一枚印章所盖印。该合同的落款日期为"2014 年 11 月 25 日"。供比对的材料有一份《经销商合同》，两份落款日期分别为"2012 年 1 月 1 日"和"2013 年 1 月 1 日"的销售目标合同，以上均盖有"上海 XXX 轮胎销售有限公司合同专用章"印文（见表 2-1）。

图 2-1　检材印文

表 2-1　样本印文及重叠对比检验图

样本标识	样本印文	重叠比对检验图
YB1		
YB2		
YB3		

检材"上海 XXX 轮胎销售有限公司合同专用章"印文为红色圆形印文，印文特征明显，但能明显观察到盖印时有轻微移位，图文字迹有重影现象，印文边框粗细不一。样本 1 至样本 3 上的"上海 XXX 轮胎销售有限公司合同专用章"样本印文也是红色圆形印文，盖印清晰，印文特征均较为明显。

在检验过程中发现，检材与样本进行重叠比对时，大小尺寸有一定变化。样本 1 与样本 2 的印文尺寸比检材稍大，样本 3 的尺寸则比样本 1 与样本 2 的印文尺寸略微大一些。但在印文的整体布局及笔画形态、相互关系等印文特征上存在较好符合。

因此认为该印文尺寸的变化为印章的阶段性胀缩所致，属于非本质性的差异，而检材印文与样本印文的特征符合点价值较高，为同一枚印章盖印所形成。

2. 案例二

在某所有权确认纠纷一案中，所涉印章印文鉴定，需检验留于一份标识日期为"1996年1月20日"的《供养保证》落款处的"X巧玉"印文与留于一份标识日期为"1995年11月6日"《受赠书》落款处的"X巧玉"印文是否为同一枚印章所盖印。

图 2-2 检材—样本

图 2-3 检材红色—样本蓝色重叠比对图[1]

---

〔1〕 本书出版时为黑白印刷，无法展示红蓝重叠对比图，仅能以灰度进行展示，文中与彩色有关的对比图，在红蓝重叠较好的部分显示为深灰色，接近黑色；无法重叠的部分则显示为浅灰色。全书同。

检材与样本上的"X巧玉"印文为红色长方形名章印文，盖印基本清晰，印文特征明显。在检验过程中发现，检材印文文字笔画、边框线条较粗，应为盖印压力较大所致，印文右侧文字缺失，应为作用力不均匀所致。样本印文文字笔画以及边框线条与检材印文相比较淡，应为盖印压力过轻所致。将检材上需检的"X巧玉"印文与样本上的"X巧玉"印文进行重叠比对发现，两者在印文大小和布局基本重合，在印文笔画形态、相互关系等印文细节特征上也存在诸多符合。尽管在文字笔画粗细、边框线条等部分印文特征上有一定变化，经过分析为盖印条件变化影响所致，属于非本质性的差异。经综合评断认为，检材印文与样本印文的特征符合点价值高，特征总和反映了同一枚印章的盖印特点。

从以上两个案例中会发现，同一枚章在不同的时间区间内，可能会显示出不同的印文特征。而这种变化可能是受到了外界环境的影响，也可能是人为因素的作用。但是这些印文特征的变化，都是非本质性的变化，是随着使用时间呈现出的动态的阶段性的变化。在印章印文检案实践中，需要与本质性差异的印文特征加以鉴别。一般而言，一枚印章形成的若干印文，其印文特征应是基本相同的，但是由于不同因素的影响，导致了印章一直处于随机的变化之中的，而这种变化会相应地反映在印文特征之上。印章的变化往往是不可逆的，从而使得该印文特征在某一时间区间内处于相对稳定状态，此为印文特征变化的阶段性。印章印文特征的这种阶段性变化，以及其相对稳定性，是对印章印文鉴定项目进行物理检验的理论依据。虽说印章发生的变化是随机的，但是其印文随着印章的变化而表现出的特征的变化是存在一定规律的。因此需要通过实证研究的方法，对印文特征在不同因素的影响下会发生何种变化，进行规律性的总结与归纳，以期为印章印文检验活动提供一定的科学依据。

第二节　印章印文阶段性特征机理阐释

印章印文特征阶段性变化规律的实证研究，应以在学理层面对其有着一个明确严谨的定义为前提。印章印文特征的阶段性变化，导致了在某一时间区间内的印章印文特征的形成，是为印章印文阶段性特征。虽然"阶段性特征"应作为一个独立的概念进行诠释与分析，但仍不能脱离印章印文鉴定这个特定的语境。笔者将从词语及其释义角度对阶段性特征的语义进行梳理，而后在科学理论背景支撑下，对其现实含义及学理层面进行定位。

一、阶段性特征语义厘清

阶段性特征的词语含义与其在印章印文鉴定领域内的定义，并不完全相同。为准确界定该词语之概念，还需从其词语构成入手，明确其基本含义。

（一）阶段性特征词语辨析

"阶段性"作为一组词语，由两个语素构成，其中"阶段"是有实在意义的词根，"性"则是构成该名词的词缀，并无实在意义。"阶"是为了便于上下,用砖石砌成的或就山势凿成的梯形的道,"段"则为事物、时间的一节,"阶段"在辞海中的解释为事物发展进程中划分的段落,此为其在日常生活中的基本含义。

(二)阶段性特征释义解读

对于一个概念的释义,应当将其置于特定的语境,本书中"阶段性"这一词语的含义解读,需将其置于印章印文鉴定语境下进行相应的分析与诠释。在印章印文鉴定中,阶段性特征主要是指一个时间区间内的特征表现,对时间区间的界定是较为灵活的,可以小时作为单位,也可以天作为单位,亦可以年作为单位,应视检案实际需要而定。

目前对印章印文阶段性特征并未有一个统一的概念,学界在对其进行描述时,会出现不同的称谓,如可变性特征[1]、变化性特征[2]、可变性印记特征[3]等。以上称谓均侧重"变化"二字,而印章印文特征在一定条件下、一定时间范围内能够保持相对稳定,也属于印章印文阶段性的特征形式,因此"阶段性特征"这个表述用以形容印章印文在一定时间区间内的特征表现形态更为贴切。

---

[1] 林红等:《根据印章印文的可变性特征判定印章盖印时间的研究》,载《中国人民公安大学学报(自然科学版)》2005年第2期。

[2] 王泽华、陈雷:《印章印文变化性特征在同一认定中的应用》,载《云南警官学院学报》2016年第6期。

[3] 许爱东主编:《印章印文鉴定理论与实务研究》,法律出版社2015年版,第74~78页。

二、阶段性特征的现实含义与学理定位

当前印章印文鉴定实践中,多用变化特征、可变性特征之表述来描述印章印文的阶段性变化,这些词语在含义上虽接近,但"阶段性特征"术语更为准确。

(一)阶段性特征术语界定

"阶段性"指的是事物发展过程中的区间段落,印章印文阶段性特征则是能反映构成印章印文的要素随时间变化规律的特征,简而言之,就是在一个时间区间里的印章印文特征表现。印章印文特征是印章印文的外在表现,在使用过程中,印面结构会不断发生变化,在一定时期内会形成独特的外在表现,旧的特征消失,新的特征出现,从而导致该印章盖印的印文具有明显的阶段性特征,且这些特征在一定时间范围内具有特定性。从纵向看,在印章印文的制作、保存、使用过程中,随着时间的推移,印章印文上各要素能够形成反映出时间和空间的变化规律的阶段性特征,被称为历时性特征。从横向看,印文上反映着时间和空间分布上连续性特点的各要素特征又能为印章印文是否为一次、同批、同时、相近所形成提供同一阶段特征,简称为同阶段特征。[1]

(二)阶段性特征的主要特点

在阶段性特征的形成过程中,不同的形成条件将会导致不同阶段性特征的形成,有些特征是在正常条件下形成的,也有

---

[1] 杨旭、施少培、徐彻主编:《现代印章印文司法鉴定》,科学出版社2016年版,第330页。

些特征是在特殊或偶然的条件下形成的，后者的形成没有普遍性，在印章印文同一认定活动中并没有太大的意义，但是在构建印章印文阶段性特征体系中，以其自身的特点，成了体系中不可或缺的一部分。

1.相对稳定性

变化与发展确系事物存在的基本形式，但在某一特定时空条件下，事物的质会保持其相对稳定性。[1]印章的印面结构随着时间的推移而不断变化，但在一定时间范围内保持基本不变，阶段性特征本就是指一个时间区间内的印章印文特征表现形式，因此其具备相对稳定性。而阶段性特征的相对稳定性也是研究印章印文阶段性特征变化规律之基础条件。

2.可变性

印章印文阶段性特征具有可变性而非变化性，从词义上就能看出阶段性特征的变化并不是固定的。印章在使用的不同时期会受内在或外界条件的影响发生不同的变化，这些变化的特征还会随着时间的变化而出现、变化、消失，并且变化的大小和变化的范围，是对某一个被比较客体相对而言的。[2]也就是说，阶段性特征是可变也可不变的，在一定时期内特征发生了变化是其特点，在一定时期内保持稳定未发生变化也是特点，变与不变要视被比较的客体而言。同时，"变"有两层含义：其一，某印章印文个体的某个属性变动，指的是个体自身的变

---

〔1〕 程军伟编著：《痕迹检验技术研究》，中国检察出版社2008年版，第39页。

〔2〕 王泽华、陈雷：《印章印文变化性特征在同一认定中的应用》，载《云南警官学院学报》2016年第6期。

化；其二，某个属性在不同印章印文个体之间因个体而异，指的是因个体不同产生的变化。

3. 多样性

印章印文特征从印章的制作、使用到保管过程，均可能受到不同因素的影响，其结构布局、形状尺寸等规格特征和文字图形、线条粗细、搭配比例、留白等细节特征会产生不同的变化。影响因素的复杂性导致了印章因为阶段性特征变化的多样性，而诸多因素具体会对阶段性特征造成何种程度的影响，将于第三章作详细阐释。

（三）印章印文特征分类模式

《现代印章印文司法鉴定》将印章印文特征分为两大类：一类是种类特征，按印章印文形成方式和制作工具种类的不同，分为盖印印文的种类特征、非盖印印文的种类特征与印文材料特征；另一类是形态学特征，按印章印文"印稿"设计[1]特性和印面个性特征的类别，细分为印文的基本特征和细节特征，基本特征主要包括印文的形态、大小、内容、结构、布局特征等，细节特征则包括构成印文主要元素的形态细节，在制作过程中形成的特殊暗记、疵点、划痕、残缺，以及在使用过程中形成的磨损、磕碰、修补、清洗形成的缺损、墨迹分布状态、印面附着物等特征。

《印章印文鉴定理论与实务研究》一书，根据印章印文特征的形成原因、性质以及在检验中的应用，分了三大类特征：第

---

[1] "印稿"制作技术是通过软件编排或人工书写绘制的仿制，将设计的"印稿"固化在印章章面上，本质上就是一种图像设计。

一类是规格特征,包括了印章印文的内容、结构、布局、形状、尺寸等形成于制作过程中与印章的用途、性质和用户的基本要求相关的特征;第二类是细节特征,主要包括印章印文的文字、线条、图案、留白、布局及搭配比例等与印章的制作人、制作技术、制作工艺相关的特征;第三类是可变性印记特征,主要指的是在印章的使用、保存、修补过程中,印章印面结构发生的一些细微变化,从而形成的印面附着物、印面缺损、印面墨迹分布等特征。

司法部司法鉴定管理局颁布的司法鉴定技术规范《印章印文鉴定规范》(SF/Z JD0201003—2010,已废止)中,将印章印文特征分为印文规格特征和印文细节特征,其中印文内容、结构、布局、形状、大小尺寸为印文规格特征,印文文字笔画、线条、图案、留白的形态、布局和搭配比例关系以及在制作过程中形成的特殊暗记、疵点、划痕、残缺及反映雕刻工具特点的细微痕迹和印章在使用过程中形成的印面墨迹分布状态、印面附着物、磨损及修补、清洗形成的缺损、特殊暗记等。

三、印章印文同一认定的理论背景

在印章印文同一认定的理论背景下,对印章印文阶段性特征机理进行阐释,有助于为印章印文特征阶段性变化规律体系的科学性作出剖析与印证,也有助于为印章印文特征阶段性变化规律体系的规范性建设提供前行路径。

(一)印文形态学的理论支撑

印文形态学检验,是对印文的文字笔画、线条、边框等整体特征与露白疵点等细节特征的形态学观察，是对印文特征形态的检验。其中印章印文形态学特征的比较检验，是印章印文同一认定实践中最为核心的内容。在印文形态学特征检验中，常规的检验方法有重叠比对法、拼接比对法、画线比对法、特征标示比对法、仪器比对法、软件比对法等。鉴定人可直接将检材印文和样本印文或其等同倍率放大的复制件，在透光下进行重合比较，或在对应部位折叠后进行拼接比较，或在相同部位进行画线比较，也可借助计算机软件或工具，将检材印文与样本印文输入计算机，再运用软件进行重合、拼接、画线等方法比较，目前软件比对是印章印文比较检验实践中运用最为广泛、最高效快捷的方法。

（二）同一认定的科学基础

同一认定原理是整个司法鉴定领域中运用最为广泛的基础原理，印章印文鉴定领域中的同一认定原理是指具有专门知识、经验的人通过对检材印文与样本印文进行比较、分析，判断其是否来源于同一枚印章的认识活动，归根结底，确定印章自身的同一认定是整个印章印文鉴定过程的主要任务。在印章印文鉴定实务中，涉及同一认定问题的主要是物体同一认定，往往根据的是客体物外部的形态、结构等特性进行同一认定，印章印面上刻有的文字、线条、图案形成的凹凸结构等特性具有相对稳定性，其多次盖印形成的印文上的文字大小、线条粗细、图案形态等在一定时期内基本保持稳定。

第三节　比较视野下的印章印文阶段性特征

基于上文的界说，明确了"阶段性特征"术语的内涵与释义，而后再将其置于印章印文鉴定语境中，进行深入的分解与剖析。可从纵向与横向两个视野中，分别对印章印文阶段性特征的学理定位与现实含义进行辨析。

一、同时段特征体系界定与应用

从横向角度看，阶段性特征包含了同时段特征，笔者将从同时段特征的概念与应用现状两个方面进行阐释，明确其在阶段性特征体系中的作用与定位。

（一）同时段特征概念界说

"同"，与"非"相对，意为"一样，无差异"；"时段"，又称"时间间隔"，是指客观物质运动的两个不同状态之间所经历的时间历程。[1]

在《现代印章印文司法鉴定》一书中将同阶段特征界定为"印文上反映着时间和空间分布上连续性特点的各要素特征又能为印章印文是否为一次、同批、同时、相近所形成提供同一阶段特征"。就"一次""同批""同时""相近"这些术语如何理解，可与其他较为接近的词语进行比较与辨析。其中"一次"与"同时"，从广义上看，均可以表示同一时间，在印章印文司法鉴定领域内则可表示为两枚或多枚印文是在同一时间内

---

〔1〕 百度百科"时段"，载 https://baike.baidu.com/item/%E6%97%B6%E6%AE%B5/1343094?fr=aladdin，最后访问日期：2018年5月8日。

第二章　印章印文特征阶段性变化规律研究理论支撑

连续盖印形成的。从狭义上看，"一次"与"同时"又有其不同内涵，"一次"表示动作的短暂性，"一次盖印"指的是两枚或多枚印文是同一枚印章蘸取同一盖印介质连续盖印形成的印文，侧重盖印的连贯性；而"同时"强调的是两枚或多枚印文形成的具体时间是相同的。

（二）印章印文检验中同时段特征的应用现状

笔者通过对2010年至2016年的司法鉴定能力验证中有关印章印文鉴定文书的查阅，对印章印文检验中，鉴定人员对于同时段特征的掌握与应用现状进行梳理与总结。其中2014年印章印文能力验证涉及了同时段特征的应用问题，在对能力验证结果的统计与分析过程中发现，印章印文能力验证参加者对首先检验检材印文的形成方式的意识明显增强，但是对因盖印条件等因素可能导致印文特征发生某些明显变化的情况认识不充分，即对同时段特征的掌握不够充分，最终导致错误的判断。[1] 在该次能力验证的设计中，检材印文与样本印文"上海金天河有限公司"的形成使用了同一枚橡塑印章，但二者使用了不同的盖印介质，导致了检材印文与样本印文在形态学上呈现出一系列特征的差异。在检验过程中，有些机构对检材印文与样本印文的规格特征与细节特征进行了充分观察，有差异之处均为同时段形成的非本质特征差异，因此作出同一认定的结果，顺利通过了能力验证。也有获得"不通过"的机构将盖印条件变化造成的非本质差异的同时段特征误判为复制印文特征，可以

---

〔1〕 司法部司法鉴定科学技术研究所（上海法医学重点实验室）编著：《2014司法鉴定能力验证鉴定文书评析》，科学出版社2015年版，第377~437页。

看出在当前印章印文司法鉴定实践中，鉴定人对于同时段特征的应用还不够熟练。

为了进一步提升鉴定人对条件变化盖印印文特征的了解，2015年度印章印文能力验证计划延续了相关方面的考察。在本次能力验证中，选定2014年印章印文能力验证计划中所使用的检材印章，即刻有"上海金天河有限公司"字样的印章，并选用不同盖印材料在多份文件上盖印，随后根据盖印的效果即反映的印文特征，选取了一份印文后，将其扫描后采用Canon ir2780彩色喷墨打印机打印制作了检材印文。在获得"满意"的鉴定机构中，在确定检材印文的形成方式后，进一步对检材印文和样本印文的形态学特征上的符合点和差异点进行了详细的比对分析，发现印文在一般特征和主要细节特征上反映一致，差异点主要反映在受盖印条件影响的同时段印迹细节特征上，属于非本质差异，因此判断检材印文为扫描与样本印文相近盖印条件的同源印文。[1]从2014年度到2015年度的印章印文能力验证情况来看，鉴定人对于因盖印条件变化产生的特征变化的掌握日渐娴熟，对于同时段特征的认识与运用亦是如此。

二、历时性特征体系界定与应用

从纵向角度看，阶段性特征又被称为历时性特征。鉴定印章印文形成时间实践中常会使用到历时性特征这个概念，在内涵上，其与阶段性特征应是包含与被包含的关系。不应将两者

---

[1] 司法部司法鉴定科学技术研究所（上海法医学重点实验室）编著：《2015司法鉴定能力验证鉴定文书评析》，科学出版社2016年版，第549~566页。

第二章 印章印文特征阶段性变化规律研究理论支撑

予以混淆，或直接用历时性特征这个概念来替代阶段性特征。

（一）历时性特征概念界说

"历时"指的是经过的时间。[1]"历时性"是瑞士著名语言学家索绪尔在其《普通语言学教程》一书中提出的语言学术语，跟"共时性"相对，是语言研究的一种方法，即从历时发展的角度出发，研究语言的发展变化及规律。作为一种研究方法和视角，"历时性"最初应用于结构主义语言学研究，随着时间的推移，如今已经广泛运用于几乎所有的人文社会学科，如文学、史学、美学、管理学、心理学、哲学等。[2]在印章印文司法鉴定领域，历时性是从动态的、纵向的维度考察印章印文特征变化的过程。印章印文特征的发展与变化并不是静态的、孤立的，而是发展的、前进的，唯有在变动的发展过程中对其展开时间维度上的纵向研究，才能发现其发展规律、特点及前进趋势。

（二）印章印文检验中历时性特征的应用现状

笔者从司法鉴定科学研究院2014年至2018年的印章印文检案业务中随机抽取156个鉴定实例，其中35个案例的委托要求为印文形成时间的鉴定，其检验过程涉及了印章印文历时性特征的运用。[3]笔者对以上案例展开具体分析，以探寻印文历时

---

[1] 百度百科"历时"，载https://baike.baidu.com/item/%E5%8E%86%E6%97%B6/3096977?fr=aladdin，最后访问日期：2018年5月22日。

[2] 孔祥立：《历时性研究：外宣翻译研究中的一个重要视角》，载《现代语文（语言研究版）》2017年第9期。

[3] 对司法鉴定科学研究院2014年至2018年的印章印文检案业务中关于对印章印文历时性特征运用的抽样调查，笔者从2014年2月至2018年5月，以月为单位作等距抽样，每月抽取3个案件进行随机抽样分析。

性特征在印章印文检验实践中的运用现状。在上述 35 个盖印时间鉴定的案例中，有 8 个充分运用了印章印文历时性特征的差异与符合对印文形成的相对时间予以判断，有 1 个则是作出了倾向性意见。

如下所示某司法鉴定文书所涉的文书鉴定，需要对落款日期为"2006 年 6 月 9 日"的《委托代理合同》上落款处的"深圳市 XX 科技控股股份有限公司"印文的形成时间进行判断。其中检材印文与样本印文见图 2-4、表 2-2。

图 2-4　检材印文

表 2-2　样本印文及重叠比对检验图

样本印文标称时间	样本印文	重叠比对检验图
2001 年 2 月 17 日		
2006 年 6 月 6 日		

续表

样本印文标称时间	样本印文	重叠比对检验图
2006年6月9日		
2006年6月13日		
2007年5月14日		
2009年1月21日		

经过比较检验发现，标称时间为"2001年2月17日"的样本印文盖印清晰，图文线条平滑流畅，未见明显的老化与磨损，着墨均匀，并且未见墨迹洇散现象。而检材印文与其余样本印文有着明显的印泥的黏附与墨迹洇散现象，在印文的大小、布局等一般特征上，及在印文笔画的形态、相互关系等细节特征上，均存在较好符合。经过对样本印文阶段性变化的观察与梳理，发现检材印文五角星处有着明显的阶段性特征，并且与2006年6月份的样本印文存在符合。故而经过综合评断认为检

材印文是在 2006 年 6 月份左右盖印形成的。

三、小结

印章印文特征的阶段性变化,主要表现为印章印文的阶段性特征,而印章印文阶段性特征主要由同时段特征与历时性特征组成,其表现着印章印文在某一时间区间内的特征表现形式。与印章印文特征这一概念相较,印章印文阶段性特征以其可变性及变化的多样性,展现着印章印文动态的变化过程。对印文阶段性特征学理层面的剖析与定位,充分保障了本书所开展研究之规范化与科学性。

第四节　特征变化规律研究与印章印文同一认定的内在联系

利用印章进行盖印活动形成印文是一个动态的过程,随着印章印面结构、盖印条件变化、使用保管环境等因素的改变而发展或转变。其中任意的改变都会直观地体现在印文特征的变化之上,同时也可以从印文特征的变化中,追溯其变化的原因。在印章印文检验实务中,需要对特征的阶段性变化规律予以研究总结,明确其与印章印文同一认定的内在联系,为印章印文鉴定活动提供可靠的依据。

一、利用特征变化规律进行同一认定的科学支撑

印章印文特征的个体特殊性、外在反映性及相对稳定性决

第二章 印章印文特征阶段性变化规律研究理论支撑

定了其是否能够利用同一认定理论来对印章进行认定之关键所在。而印文特征的变化看似阻碍了同一认定的进行，实则由于事物之间普遍联系的本质，从发展的视角看待特征的变化，印章印文阶段性特征变化规律也能够成为准确作出同一认定之科学支撑。

（一）印章印文特征的个体特殊性

印章印文同一性鉴定是印章印文检验技术的基础与核心，是鉴定人通过对检材与样本的印文特征进行比较检验，对检验中发现的特征符合点和差异点进行综合评断从而判断检材与样本是否同一枚印章盖印形成的专门技术。进行同一认定的基础便是印章印文个体的特定性，哲学上说世界上没有两个彼此完全相同的东西[1]，印章印文在形成过程中，由于其自身内部因素的多样性，导致其拥有自己独有的特殊本质，客体的特殊性使客体本身不同于其他客体，即使是相似度极高的同源印章，仍会存在本质性差异。印章印文个体的特殊性是由多方面因素决定的，一方面表现在客体本身固有属性的不同，另一方面表现在加工过程和使用过程中所形成的特殊性，这种来自客观条件的差异，使得印章印文的特定性更加明显，即使同一批生产出来的印章或者同一枚印章一次盖印形成的几枚印文都会存

---

〔1〕 德国哲学家莱布尼茨在任宫廷顾问时，给皇帝讲解哲学问题说道：任何事物都有共性。皇帝不信，叫宫女们去花园找来一堆树叶，莱布尼茨果然能从这堆树叶里找到了它们的共同点。随后他又说：凡物莫不相异。宫女们听后再次纷纷走入御花园寻找两片完全没有区别的树叶，想以此推翻这位哲学家的论断。结果证明，树上的叶子，虽然看起来好像都长一样，但仔细一比较，确实形态各异，都有其个体的特殊性。

在不同的细微特征。印章在制作、使用、保存过程形成的印面结构特点在盖印印文中的具体反映则被称为印章印文特征[1]，是开展现代印章印文鉴定活动的客观依据。其中，在印章的制作过程中，印章印文的内容、结构、形状、布局会随制作工艺、制作工具、制章材料以及制作过程的不同而具备特殊性，该特殊性为种类的特殊性，是印章印文的宏观特征，是对印章印文进行同一认定的必经程序，也称印章印文的规格特征。印章印文的文字、线条、图案、布局、留白在制作过程中形成相应的特征，该类特征则是通过个体特殊性反映不同的制作工艺、制作工具、制章材料以及制作过程，被称为印章印文的细节特征。细节特征的特定性强、特征价值高，对印章印文同一认定具有重要意义，但是易受盖印压力、印文色料、附着物、保存环境等因素干扰，导致其被掩盖、扭曲。此外，这种特殊性还表现为在使用过程中形成的特征，物体在不断使用过程中会形成一些新的特征。在使用过程中，印文特征会随着盖印压力、使用频率、保存环境、注换墨等因素的变化而形成动态变化特征，此类可变性印记特征是印章在使用、保存、修补过程中章面结构产生的细微变化，是不稳定的，也许会在某段时段内呈现，对这种动态变化特征的研究是目前判断朱墨时序、盖印时间的主要依据。印章印文特征反映着印章印面的结构，会随着印章的使用、保管、磕碰、磨损等因素的影响发生变化，但是这些变化并非瞬间就能完成并显现出来的，是一种连续不断的渐进

---

[1] 杨旭、施少培、徐彻主编：《现代印章印文司法鉴定》，科学出版社2016年版，第94页。

式演变过程，在相对时间内趋于稳定状态，这些特征具有很强的特殊性，因此把握印章印面结构的相对稳定性与历史演变规律，是印章印文检验中亟待深入研究与完善的领域，对印章印文同一认定、盖印时间鉴定均有着重要的现实意义。

（二）印章印文特征的外在反映性

印章的制作盖印过程可剖析为选用一定的材料，运用一定的制章方法，刻制成印章，形成造型客体印面，借助印泥或印油等介质（钢印不需要借助媒介），在力的作用下，使造型客体印面与承印客体在接触中产生相互作用，并在承印客体上留下印文的过程。过程中有四大要素：造型客体——印面、承印客体——纸张、介质——印泥或印油、作用力，这四个要素支撑着印章的产生及工作活动，并且四个要素之间具有不可分割的联系，对盖印效果和印文质量有着直接的影响。客体的特殊性及其特征的相对稳定性是进行同一认定的科学基础，但是要实现对客体的同一认定，还要求该客体在与外界发生作用时，通过一定的形式反映出该客体的特殊性及其特征。造型客体印面外在反映为盖印于承印客体纸张上的印文，通过印文这一特征反映体，能够帮助鉴定人捕获、感知印面结构的各类特性，印章印文同一认定客体外在反映性存在的必然性构成了同一认定活动的前提。但是在实践中，由于盖印压力、衬垫物软硬、纸张特性、印泥印油成分及用量等因素的限制，往往会影响其外在反映性的反映程度。

（三）印章印文特征的相对稳定性

唯物辩证法认为，世界上没有不运动的物质，也没有无质的运动，运动是物质的根本属性和存在方式。在印章印文体系中，印章印文则为运动的主体，四个要素之间既有矛盾又相互联系，构成了其变化发展的内在动力，在运动过程中会发生状态乃至性质的改变。但是物质在绝对运动的同时，也存在相对的静止，也就是说，物质在某一特定时空条件下，能够保持相对静止状态，本质属性基本保持不变，该静止状态下反映出的物质特性便是该时空条件下物质特性的外在反映。基于该基础，就一枚印章而言，随着时间的延续，其盖印的每一个印文，应该能显示出该枚印章在运动中发生的变化，掌握其变化规律就能利用阶段性特征进行同一认定活动。从另外一个角度看，唯物辩证法揭示了事物发展是量变与质变的统一，是连续性与阶段性的统一。量变由事物内部矛盾着的各个方面又统一又斗争引起，每时每刻都在进行连续不断的变化；质变在量变的基础上发生，是从一种质态向另一种质态的转变。印章印文在保管使用过程中，也是在不断发展的，只是这种发展是渐进的、不显著的变化，总的量变中会有部分质变，质变中有量变的特征，所以，在尚未达到质变前，印章印文的特征综合能够维持一定的稳定程度，为同一认定活动提供依据，并且只有当同一认定客体处于一个相对稳定的状态，这种相对稳定性使客体的特殊性在一定时期内保持稳定不变，即在质变之前能都处于一个相对稳定的状态，客体的特性才有可能反映出来，鉴定人才能够有条件认识并捕捉该客体的特殊性。印面结构在使用中会出现磨损、磕碰、老化等变化，但这些变化并非瞬时就能完成的，而是通过一定量的积累突破后达到质变的程度，在每一次质变后，又为新的量变开辟了道路，进行下一轮量的积累，由此总结得出的演变规律又能为盖印时间鉴定提供科学依据，其特征的相对稳定性则为印章印文同一认定活动进行之条件。

二、利用特征变化规律进行同一认定的哲理基础

任何事物都具有一定的量，并以一定的结构形式组织起来而表现为一定质的事物。事物质态的过渡是在量变达到一个度，转化为质变的过程中完成的。[1]印章印文内部诸要素之间的相互联系性以及这种联系在其发展的时间系列中不断变化为印章印文特征变化的主要原因。而世界又是有序的，这种有序不是永恒的、静态固定不变的有序，而是动态的、变化的有序，因此印章印文特征的变化也是动态的有序变化，利用印章印文变化规律进行同一认定的哲理基础将从以下两个方面展开论述。

（一）物质绝对运动维度下的特征变化与稳定

运动和变化是物质的根本属性，物质处于绝对运动中，印章盖印作为一项运动性的活动过程，同样处于绝对运动的状态中，作为该运动过程的结果——印文的形成，其反映出的特征也是处于绝对运动之中，这就解释了即使同一枚印章形成的印文仍会呈现出不同的特征表现。然而我们需要注意的是，这样不同的特征表现是同一客体处于绝对运动的状态下造成的非本质差异。在一枚印章的产生到盖印形成印文的过程中，受着不同内因和外因的影响，导致其印文特征在不同时期发生不同变

---

〔1〕 叶永在：《序变和质量互变规律》，载《哲学研究》1982年第10期。

化。比如印章自身材料发生老化，受到磕碰磨损，衬垫物的变换，印泥（油）的更换等，种种变化都会造成印文特征的变化。基于同一客体的前提下，在一个相对动态的环境中，于可供变化范围度之内所呈现出的变化，可解释为非本质的变化，在印章印文鉴定领域内，由非本质的变化形成的特征差异为非本质差异。

（二）质、量层级下的特征变化内差与外差

一枚印章盖印形成印文，在一定时间空间内处于相对稳定状态，达到了一定量的积累完成质的突破后，印文特征出现变化，但并非所有的特征一致出现变化，也并非发生变化的特征产生一致的变化，因此需要厘清特征变化的内差与外差，对特征变化的本质进行探讨与研究是十分必要的。所谓"内差"，即客体自身的差异与变化。对同一认定来讲，首先是指客体自身随时间的推移产生的变化，其次指的是同一个客体的不同特征反映体之间的差异，同一个客体在不同时间、空间、环境下形成的特征反映体之间也并不相同。[1]印章印文特征的变化是由内因或外因造成的，内因是客体自身的变化，因为印章印文本身的变化，如章面材质胀缩等引起其特征的变化，是为特征变化的内差。外因是外部环境或人为因素的作用，如盖印压力不同，衬垫物的变换，章面受到磕碰、磨损、附着物的黏附等，导致印章印文特征形成一系列的变化，同样也是特征变化的内差。

所谓"外差"，即两个客体之间的特征差异。两枚不同印章

---

[1] 何家弘：《犯罪侦查中的同一认定问题》，载《法律学习与研究》1987年第5期。

形成的印文特征，自是不相同的，这里的特征不同并不是受到外部环境的影响而不同，而是由两个客体之间的差异造成的，这种差异是显而易见的。一枚印文有着许多个特征点，比如图文线条特征、排列布局特征、疵点特征、附着物特征等，每一个特征均反映着印章印文不同的形态，都具有其各自的职能与分工。印章印文特征是一个整体的概念，要研究特征的变化规律，应当化整为零、合零为整，在印章印文特征的总体框架中，观察与分析其中各个特征点的变化趋势。在对印章印文进行检验时，不但要对送检印文整体进行观察，更要仔细找出各个特征点，在印章的制作、使用、保管过程中，印章印文特征会因为条件的变化而变化，但是其中各个特征点的变化并不是一致的，不同特征之间发生的变化是不同的，这是特征变化的外差。

印章印文特征的"外差"大于"内差"是对该印章印文进行同一认定的前提，"内差"越大，对其进行同一认定的难度越大；"外差"越大，则对其进行同一认定的难度越小。要坚持辩证唯物主义同一观，才能准确理解与把握客体的"内差"与"外差"之间的关系，才能正确进行同一认定。[1]

三、小结

印章印文同一认定，系印章印文鉴定中最为基础且核心的检验内容。其依靠印章印文特征的个体特殊性、外在反映性、相对稳定性来作为同一认定的科学支撑。然而，客观世界物质

---

[1] 何家弘：《从相似到同一：犯罪侦查研究》，中国法制出版社2008年版，第198~200页。

绝对运动的真理，决定了印章印文的特征亦处于不断发展与变化之中。故在检视印章印文同一认定这一专门性活动时，应站在运动的视角上看待印章印文特征的绝对变化与相对稳定性。

第三章
印章印文特征阶段性变化规律实证探析

　　印章印文的鉴定与研究，是一项实务性极强的科学技术活动。其所涉及的诸多专门性问题，都需要通过一定的科学技术手段加以验证。实验即是科学验证与探索的基本方法之一，是人们为了实现预定的研究目的，对实验条件进行干预或控制，对实验对象的有关规律和机制进行观察和探索的一种研究方法。在印章印文司法鉴定领域，鉴定人为了验证关于印章印文的某种假设或者获取某种科学事实，选择适当的实验方法、仪器设备、实验环境，控制影响因素，进行一系列操作，最终得出相应结果。本章节主要通过几个实验的设计与操作，获取关于印章印文阶段性特征变化的相关科学事实，制作相应的实验样本，设置实验所需的实验环境，最后将样本回收并加以分析，通过实验结果总结印章印文阶段性特征的变化规律，对形成印文阶段性特征的原因，或某些阶段性特征的稳定性及可能导致其发生变化的原因进行科学验证。

第一节 实验原理及实验方案设计

一、实验原理与实验前的准备

对印章印文特征阶段性变化规律的实证探析，传统上是要收集每一种不同材质的印章的历时性盖印样本，再分别进行分析、归纳不同类型印章的阶段性特征变化特点与规律。如此的实验耗时长、样本量巨大，单凭个人很难完成全部的工作量。在现实生活中，印章在使用保管过程中，会因遇到外部条件的变化而发生变化，由此形成的阶段性特征可以为鉴定人员提供较为有力的支撑进行盖印时间的判断，但是这种特征变化可能会混淆鉴定人员的视听，影响其对印文真伪的判断。因此笔者将设计几个极端条件下的实验，对不同材质的印章在高温、低温、干燥、湿润等极端条件下会发生如何变化进行观察。极端条件可能会把印章印文特征所产生的变化放大化，但是此乃实验所需，为了更好地观察实验印章将会产生的历时性变化。通过实验归纳出的印文阶段性特征变化路径，为构建印章印文特征阶段性变化规律体系打下基础，同时也可为鉴定实务中遇到的印章印文阶段性特征问题提供有力的科学支撑。

（一）实验原理

1.控制变量

从印章的制作到印文的形成这个过程中，存在诸多变量，如印章材质、印面结构、盖印介质、承印纸张、存放环境等，每一个变量的变化都会导致印文发生不同程度的变化。本书设计的实验，需要进行多层面的比对，这就需要通过控制变量来实现同实验或不同实验结果之间的比对。在印面结构上，本书所涉及实验中所用的木质印章、橡塑印章以及牛角印章这三种机雕印章，以及光敏印章及原子印章均是运用同一印稿制成，便于比对不同印章材质在不同实验环境下发生的变化。在盖印介质的选择上，印泥（油）有些成分的溶解性、挥发性等特性可能会随着时间的流逝发生变化，而不同厂家品牌生产的印泥（油）成分各有差异，为了控制这一变量，笔者仅挑选了一种印泥、同一厂家生产的水性印油及油性印油各一种。并且本书样本的收集几乎为同一个人完成，在作用力、作用角度的选择上不会出现太大的偏差。

2.运动与变化存在内在联系

唯物主义辩证法认为，运动是物质的根本属性，而在运动过程中，事物会发生状态乃至性质的改变。基于这个前提，对印章印文阶段性特征进行量化研究，即测量其某些变化的属性，为变项。从上文的分析讨论中可知，变项的"变"有两层含义，一是指个体自身的变化，二是指不同个体之间的差异导致的变化。因此实验中需要记录变项之变的数据有两种，一种是截面数据（cross-sectional data），即在某个固定时刻测量印章印文特征的相关属性得出的数据；二是历时数据（longitudinal data），即在连续几个时间点上采集的截面数据。这些数据既能记录某个时刻因个体差异而产生的变化情况，同时还记录着同一个体的某些属性因时而异之变化。变项的确定为实验结果的统计分析奠定了基础。

（二）实验前的准备

笔者从目前社会工作生活中使用的印章中选取五种常用的印章种类，分别为木质印章、橡塑印章、牛角印章、光敏印章与原子印章。在印章制作方式上包含有机雕章与渗透章，在材质上包括了材质较为松软的木质印章与材质较为坚硬的牛角印章，同时还囊括了现代工业文明的产物——橡胶、光敏垫及原子粉。笔者选取得力品牌印油作为实验所用盖印介质——NO.9864油性颜料系红色快干印台和NO.9892水性颜料系红色秒干印台，及上海气枪厂出品的红色工字牌印泥。

二、实验方案的设计

（一）实验样本的制备

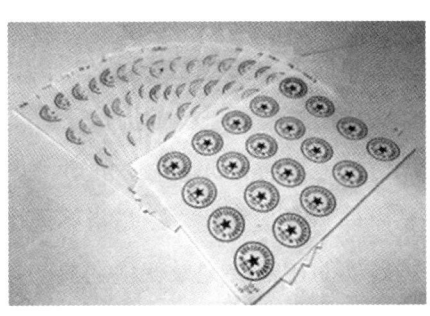

图3-1　历时性实验样本概貌

笔者首先针对木质印章、牛角印章、橡塑印章、光敏印章与原子印章的阶段性特征的自然变化，通过每天盖印收集样本的方式，对其历时一年半的印文进行收集，承印纸张为Double A 80g复印纸，前三种蘸墨印章均使用NO.9864油性颜料系红色快干印台为盖印介质，并在盖印时以作用力的轻、中、重为区分[1]，分别盖四枚印文，并在最后，一次蘸墨连续进行盖印，制作一次盖印连续盖印印文4枚。对于光敏印章与原子印章这两种自含墨印章，则以盖印作用力的轻、中、重分别制作4枚印文为样本。这些样本的制备，不仅可以研究印章印文特征随着时间的推进、使用频率的增加所产生的自然变化规律，还可作为参照组，与其他控制实验环境所进行的实验结果作比对，观察相关实验条件的变化会给印章印文造成的具体阶段性变化。

1. 光敏印章历时性变化实验样本收集与分析

根据实验目的，笔者制作了光敏印章历时性实验样本若干，并以一周为时间区间（非连续，下同）抽取实验样本进行统计分析，共得43份样本。对每份样本上的实验印文的纵直径、横直径以及边框粗细进行测量，以此量化其个体属性。而后运用SPSS统计软件分别对每个样本的纵直径、横直径、边框粗细的数据点分布状况进行观测，从单个数据点走向样本的数据轮廓线。

（1）光敏印章印文阶段性特征形态学变化历程。

仔细分析从2017年7月21日至2018年7月4日的时间区间内所制成的光敏印章印文实验样本，可以发现，"化"字与"规"之间对应边框上有缺损，应是添加印油时，印油未均匀渗透造成，该阶段性现象一直持续至2017年9月26日。

---

[1] 本文实验中所说的作用力的轻、中、重，为控制变量所用，为的是比对在几乎等力等压情况下盖印而成的印文特征。由于在生活中，盖印是一个较为随意就可完成的动作，笔者认为没必要设定精确到几的力进行实验，因为其并不具备实用性。

2017年9月13日　　2017年9月26日

图3-2　2017年9月13日显微检验100倍图像

2017年9月28日的实验样本上"印"字左下方对应的边框有白色小点，应是灰尘附着物黏附于印章所形成，该阶段性特征持续至2017年10月20日；2017年10月12日至2017年10月20日的实验样本中，五角星右下角有白色裂痕状特征。

2017年9月28日　　2017年10月12日　　2017年10月20日

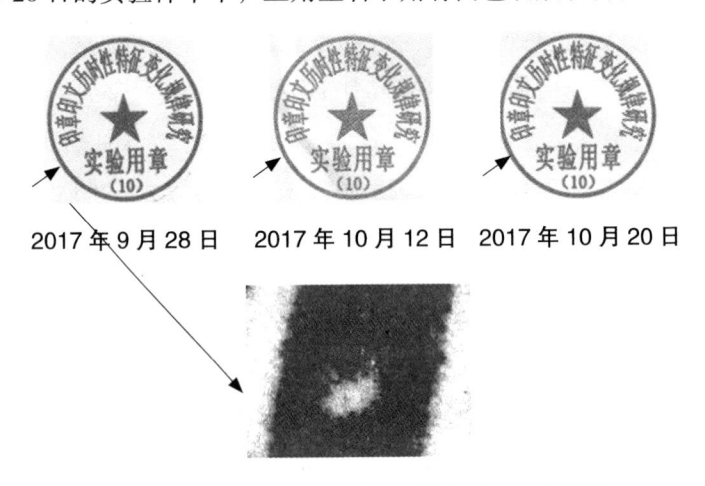

图3-3　2017年9月28日显微检验100倍图像

第三章 印章印文特征阶段性变化规律实证探析

于 2017 年 10 月 24 日的实验样本上发现五角星右上角有缺口，且阿拉伯数字"0"的右下角有附着物黏附，该阶段性特征持续至 2017 年 11 月 1 日的实验样本。

2017 年 10 月 24 日　　2017 年 10 月 27 日　　2017 年 11 月 1 日

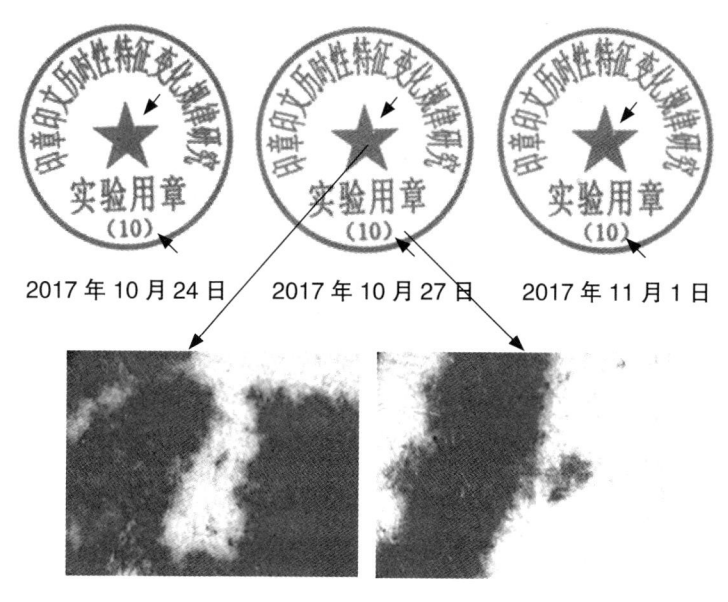

图 3-4　2017 年 10 月 27 日显微检验 100 倍图像

于 2017 年 11 月 16 日的实验样本上发现五角星图案的左上角有缺口，为附着物黏附所形成，该阶段性特征一直持续至 2017 年 11 月 30 日。

2017年11月16日　　2017年11月24日　　2017年11月30日

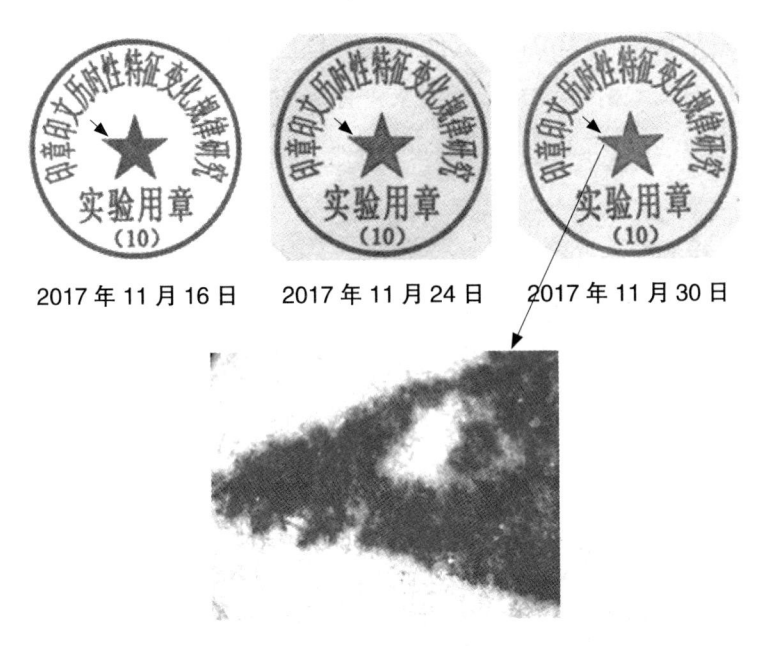

图 3-5　2017 年 11 月 30 日显微检验 100 倍图像

  2018 年 1 月 11 日往光敏垫上添加印油，光敏垫未完全擦拭干净时继续制作实验样本，可以观察到，从 2018 年 1 月 11 日至 1 月 13 日的样本上，光敏垫上的硬化膜部分的残余印油印于纸张上，形成墨迹的扩散现象，呈逐渐变淡趋势。

第三章　印章印文特征阶段性变化规律实证探析

2018年1月11日　　2018年1月12日　　2018年1月13日

图 3-6　实验样本

2018年1月28日的印文样本上可以看出"印"字有中间间断现象，根据笔者在制作实验样本时的记录，为盖印时有一根眼睫毛黏附于印面的"印"字之上，直至2018年2月28日添加印油后，该阶段性特征消失。

2018年1月28日　　2018年2月10日　　2018年2月28日

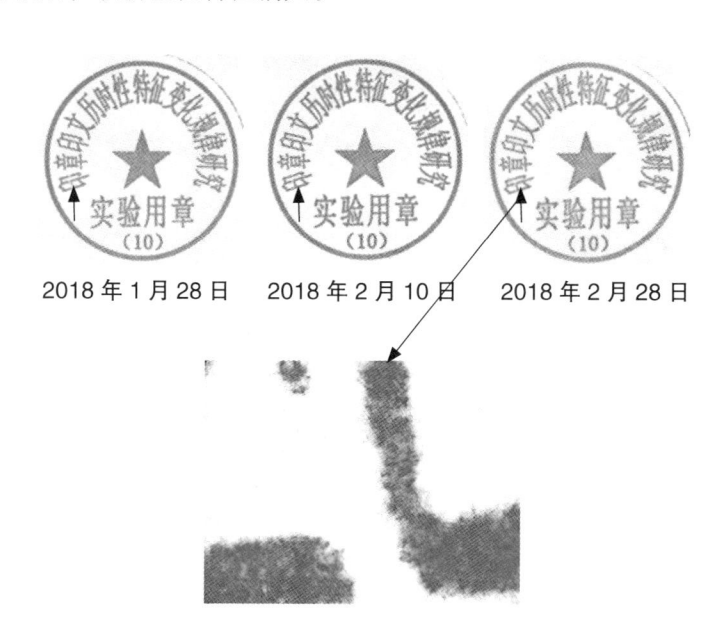

图 3-7　2018年2月28日显微检验100倍图像

2018年4月7日的印文样本上,"究"右下方对应的边框有一小白点,应为灰尘附着物黏附于印面之上形成该特征,此现象持续至2018年5月5日的实验样本。

2018年4月7日　　2018年4月17日　　2018年5月5日

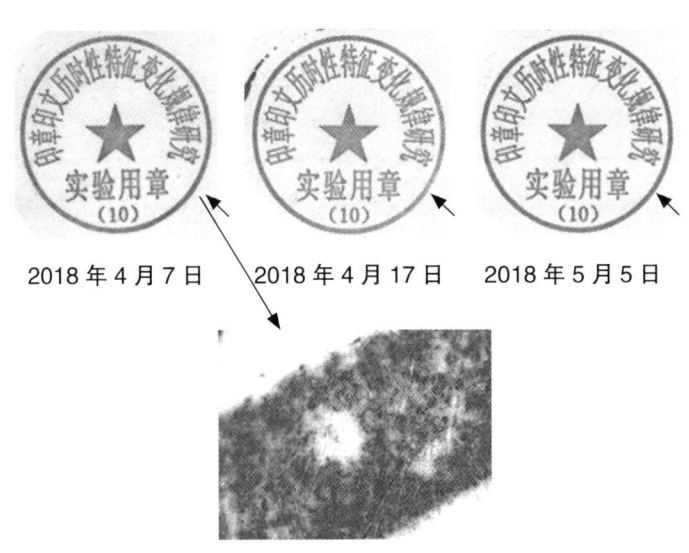

图3-8　2018年4月7日显微检验100倍图像

自2018年5月18日的印文样本上可观察到"化"字与"规"字之间对应的边框有一小白点,由于盖印时盖印条件的影响时有时无,一直持续至下一次添加印油。

第三章 印章印文特征阶段性变化规律实证探析

2018年5月18日　2018年5月23日（无）　2018年5月28日

2018年5月31日　2018年6月9日　2018年6月20日

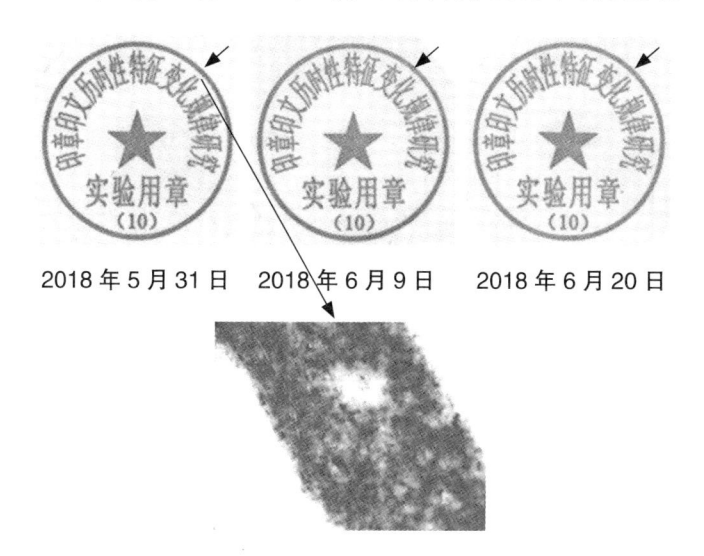

图3-9　2018年5月31日显微检验100倍图像

光敏印章在保管、使用过程中，光敏垫上容易有灰尘、毛发、纸屑等附着物的黏附而形成阶段性特征，并且会在一段时间内保持稳定。其阶段性特征往往会因为添加印油这一行为而改变。

（2）光敏印章印文阶段性特征定量分析。

对光敏印章实验样本中的纵直径、横直径以及边框粗细进行测量，而后通过SPSS软件对其各个变项进行统计分析。

表 3-1　描述统计量

	N	极小值	极大值	均值	标准差
纵直径	43	39.40	39.64	39.5235	0.058 10
横直径	43	39.16	39.44	39.3037	0.073 06
边框粗细	43	0.77	0.83	0.7974	0.013 82
有效的 N（列表状态）	43				

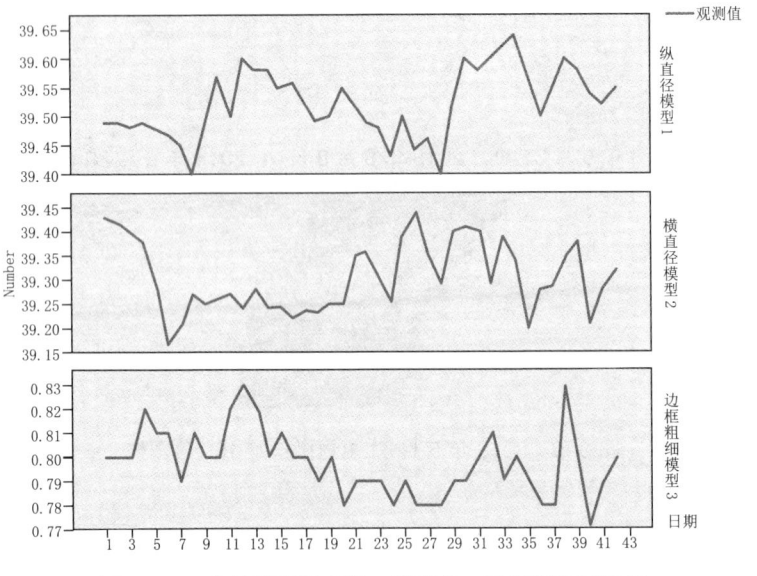

图 3-10　光敏印章纵直径、横直径、边框粗细折线图

以上折线图直观展示一个变项各个值的实际分布。横轴从左至右是一串时间点，若干时间点组成一个时间区间，纵轴为各个变项的实际值。图中的折线为在不同时间区间，该变项的

第三章 印章印文特征阶段性变化规律实证探析

变化走向。

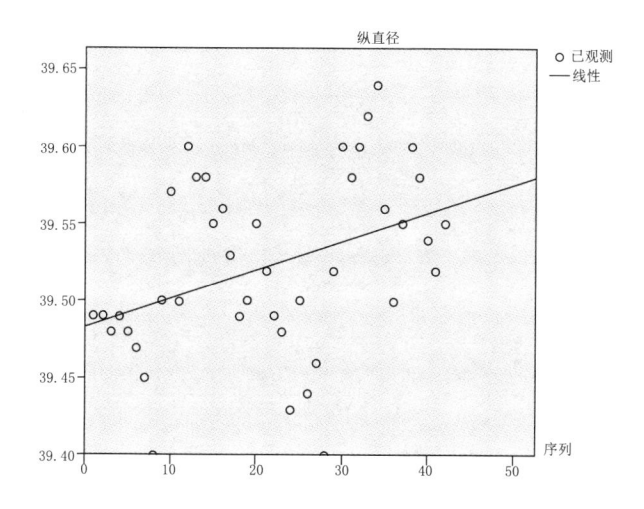

图 3-11 光敏印章纵直径散点图

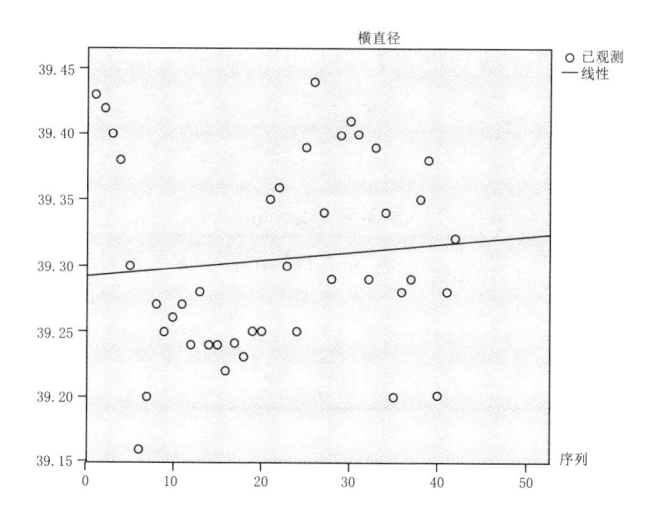

图 3-12 光敏印章横直径散点图

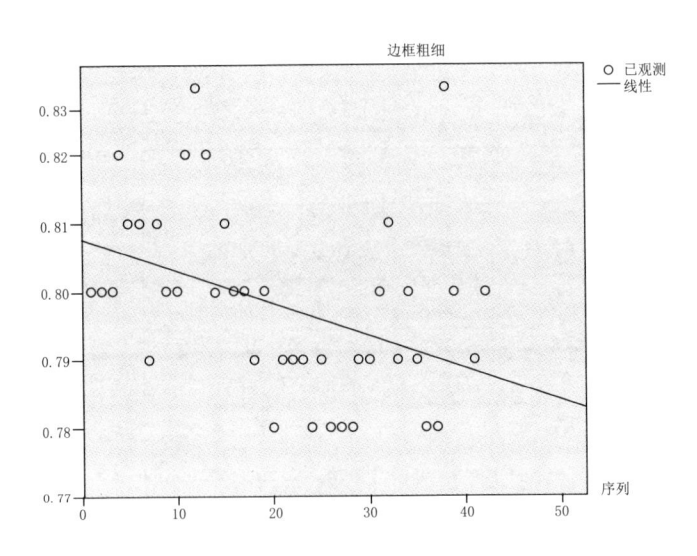

图 3-13 光敏印章边框粗细散点图

从对实验光敏印章印文阶段性特征点状图及其线性中可以看出，其纵直径与横直径有扩大的趋势，而边框粗细略微缩小。

表 3-2 统计量

		盖印时间	是否出现附着物特征	是否同时出现两处附着物特征
N	有效	349	349	349
	缺失	0	0	0

对 2017 年 7 月 21 日至 2018 年 7 月 4 日的时间区间内所制成的光敏印章印文实验样本的形态学阶段性特征采用 SPSS19.0

for windows 进行统计学分析。将有附着物黏附从而形成阶段性印章印文特征记为"1",而将并未有附着物特征记为"0"。对共 349 份样本进行统计分析,得出以下结果。发现 44.7% 的实验样本因附着物的黏附而形成阶段性特征,5.2% 的实验样本同时存在两处因附着物形成的阶段性特征。

表 3-3 是否出现附着物特征

		频率	百分比	有效百分比	累积百分比
有效	0	193	55.3	55.3	55.3
	1	156	44.7	44.7	100.0
	合计	349	100.0	100.0	

表 3-4 是否同时出现两处附着物特征

		频率	百分比	有效百分比	累积百分比
有效	0	331	94.8	94.8	94.8
	1	18	5.2	5.2	100.0
	合计	349	100.0	100.0	

2.橡塑印章历时性变化实验样本收集与分析

同样地,笔者制作了橡塑印章历时性实验样本若干,并以一周为时间区间抽取实验样本进行统计分析,共得 34 份样本。对每份样本上的实验印文的纵直径、横直径以及边框粗细进行测量,以此量化其个体属性。而后运用 SPSS 统计软件分别对每个样本的纵直径、横直径、边框粗细的数据点分布状况进行观测，从单个数据点走向样本的数据轮廓线。

2017年9月14日　　2017年10月16日　　2017年11月14日

2017年12月14日　　2018年1月14日　　2018年2月14日

2018年3月14日　　2018年4月14日　　2018年5月11日

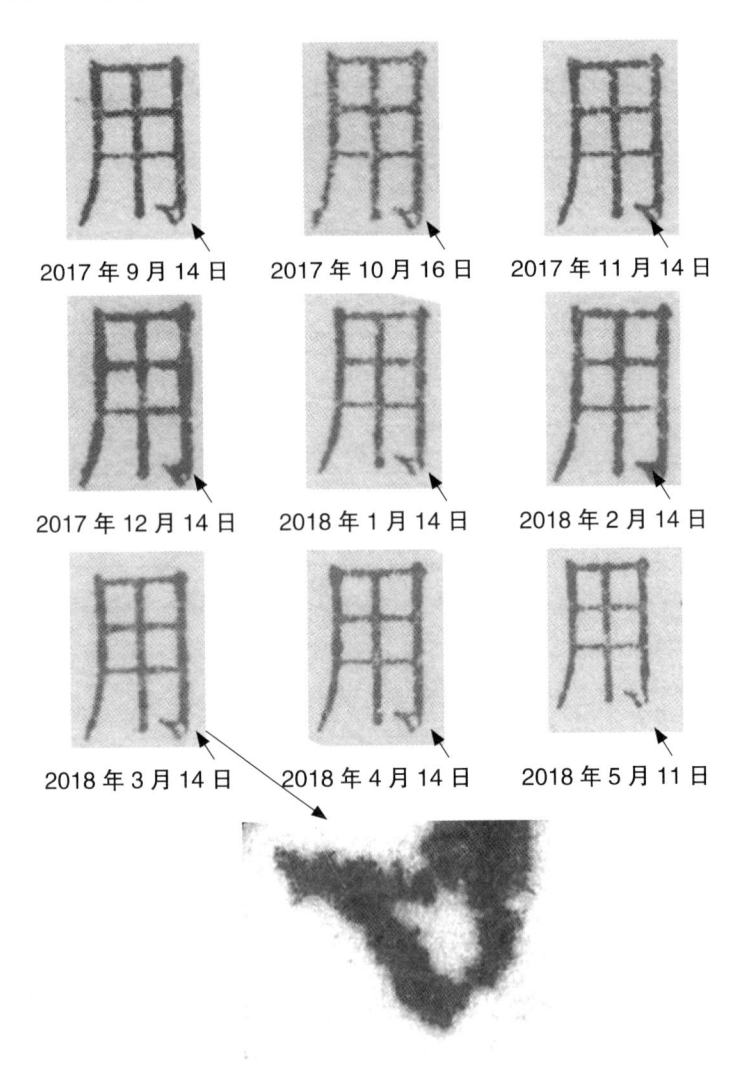

图3-14　2018年3月14日显微检验100倍图像

第三章　印章印文特征阶段性变化规律实证探析

2017 年 9 月 14 日	2017 年 10 月 16 日	2017 年 11 月 14 日
2017 年 12 月 14 日	2018 年 1 月 14 日	2018 年 2 月 14 日
2018 年 3 月 14 日	2018 年 4 月 14 日	2018 年 5 月 11 日

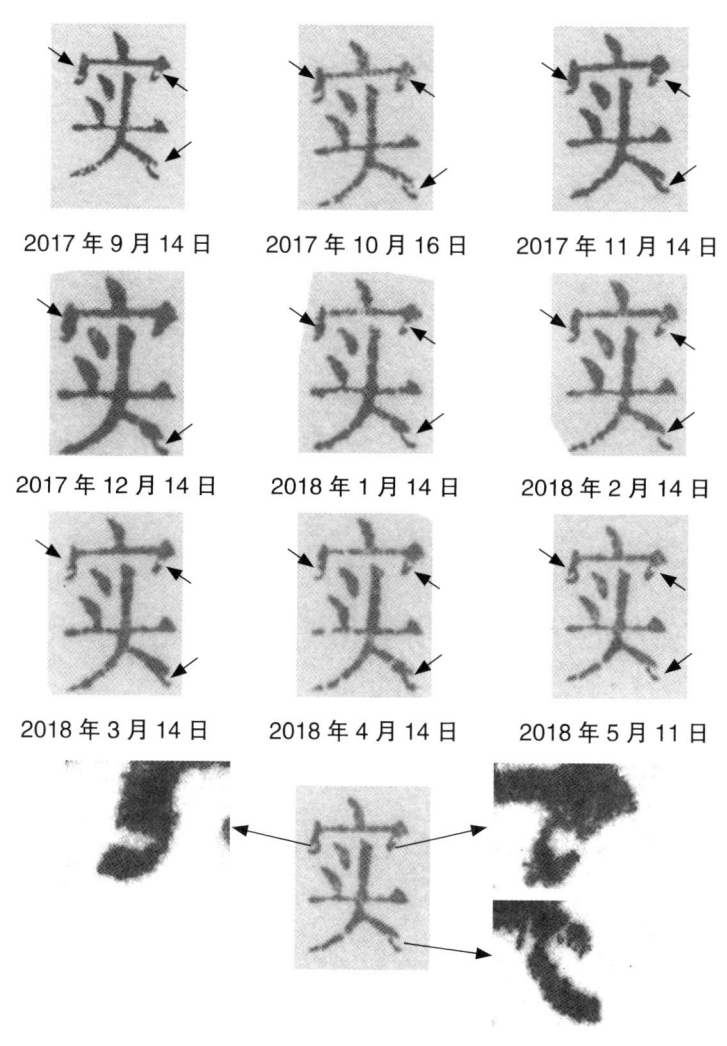

图 3-15　显微检验 100 倍图像

从图 3-14 与图 3-15 可以看出，橡塑印章的"用"字右下角勾笔画处与"实"字多处笔画均存在空白镂空现象，该现象从样本收集伊始一直持续至样本收集完成。该印文特征为橡塑印章雕刻制作过程中形成的，可能会随着盖印条件的变化或大或小，但总体而言较为稳定。

表 3-5　描述统计量

	N	极小值	极大值	均值	标准差
纵直径	34	39.07	39.43	39.2629	0.097 66
横直径	34	38.37	39.97	38.9262	0.230 95
边框粗细	34	0.65	0.83	0.7794	0.031 23
有效的 N（列表状态）	34				

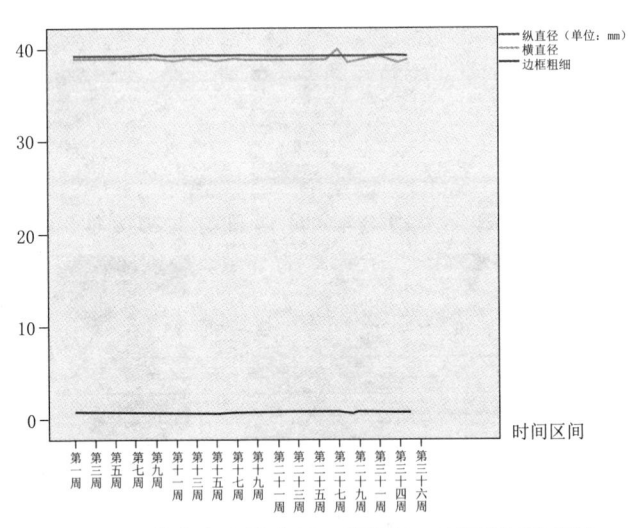

图 3-16　橡塑印章纵直径、横直径、边框粗细折线图

橡塑印章在使用印油为盖印介质时，成印均匀，并且整体特征较为稳定。由于盖印条件的变化，比如作用力的大小及角度或

衬垫物有所变化，其被量化的印文特征会相应发生一些改变，但不太稳定。从图中可以看出橡塑印章历时性样本中的纵直径与边框粗细较为平稳，并未发生太大变化，而横直径由于橡塑本身材质较软的原因，受力或大或小，导致其发生增大缩小等变化。

3. 木质印章历时性变化实验样本收集与分析

以木质印章制作历时性实验样本若干，并以一周为时间区间抽取实验样本进行统计分析，共得32份样本。对每份样本上的实验印文的纵直径、横直径以及边框粗细进行测量，以此量化其个体属性。而后运用SPSS统计软件分别对每个样本的纵直径、横直径、边框粗细的数据点分布状况进行观测，从单个数据点走向样本的数据轮廓线。

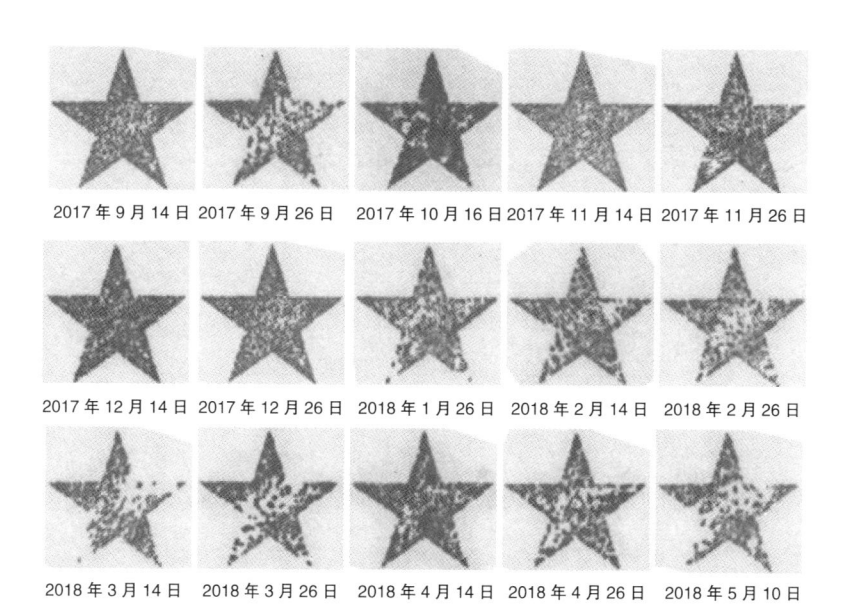

图3-17　木质印章五角星图案历时性图像

表 3-6 描述统计量

	N	极小值	极大值	均值	标准差
纵直径	32	38.40	39.69	38.8922	0.321 98
横直径	32	38.30	39.35	38.7359	0.284 37
边框粗细	32	0.62	0.77	0.6872	0.049 53
有效的 N（列表状态）	32				

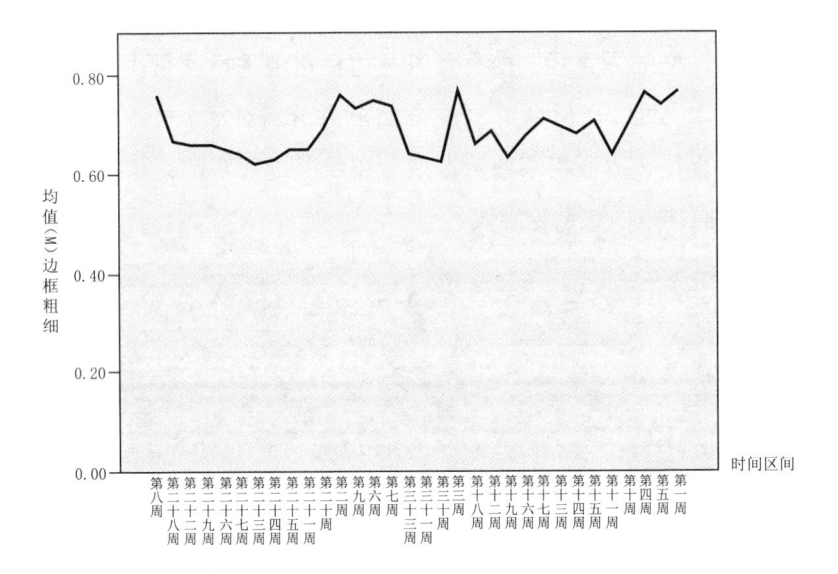

图 3-18 木质印章边框粗细折线图

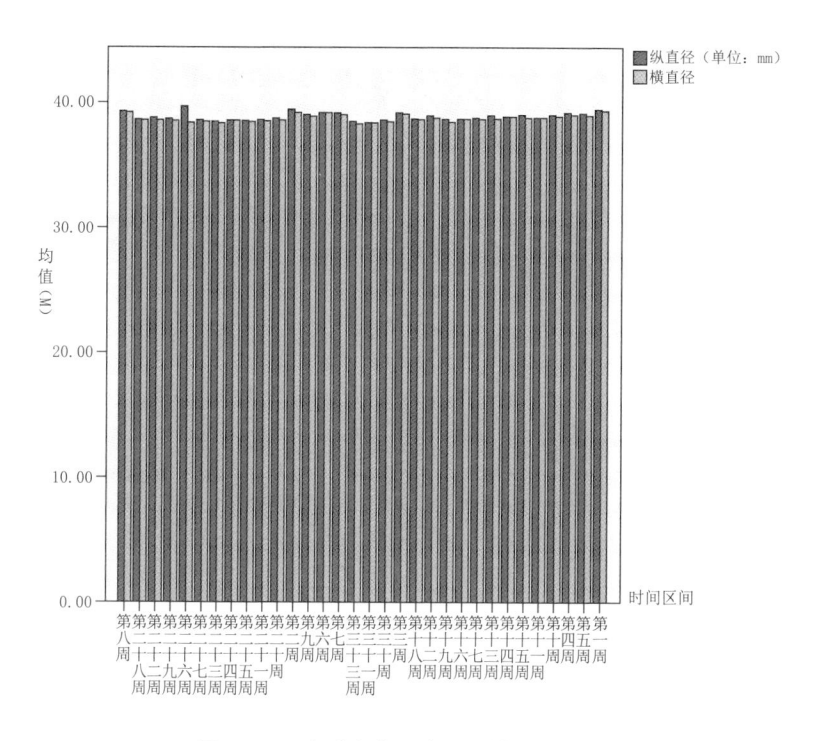

第三章 印章印文特征阶段性变化规律实证探析

图 3-19 木质印章纵直径、横直径柱形图

从以上图表中可以看出，木质印章的尺寸有略微增大的趋势。仔细测量边框粗细，发现粗细程度较为不均匀，且五角星图案的墨迹分布也变化较大，为木质印章较易受盖印条件的影响形成。

4. 牛角印章历时性变化实验样本收集与分析

以牛角实验印章制作历时性实验样本若干，同样一周为时间区间抽取实验样本进行统计分析，共得33份样本。对每份样本上的实验印文的纵直径、横直径以及边框粗细进行测量，以此量化其个体属性。而后运用SPSS统计软件分别对每个样本的纵直径、横直径、边框粗细的数据点分布状况进行观测，从单个数据点走向样本的数据轮廓线。

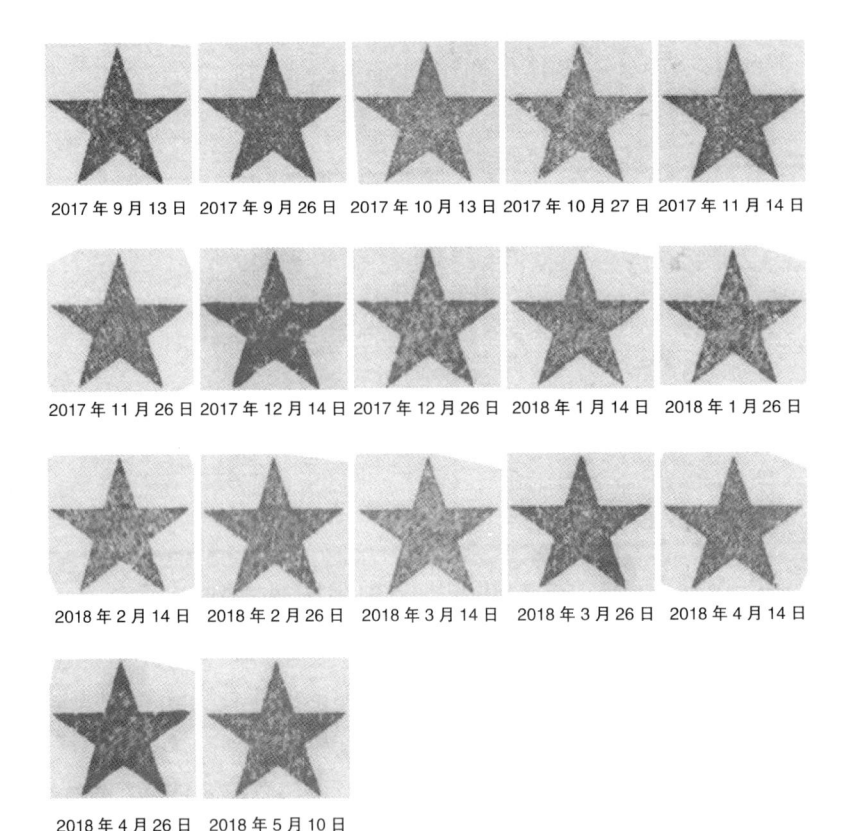

2017年9月13日　2017年9月26日　2017年10月13日　2017年10月27日　2017年11月14日

2017年11月26日　2017年12月14日　2017年12月26日　2018年1月14日　2018年1月26日

2018年2月14日　2018年2月26日　2018年3月14日　2018年3月26日　2018年4月14日

2018年4月26日　2018年5月10日

图 3-20　牛角印章五角星图案历时性图像

第三章 印章印文特征阶段性变化规律实证探析

表 3-7 描述统计量

	N	极小值	极大值	均值	标准差
纵直径	33	39.10	39.40	39.2727	0.082 47
横直径	33	39.02	39.36	39.1470	0.061 52
边框粗细	33	0.75	0.81	0.7806	0.017 67
有效的 N（列表状态）	33				

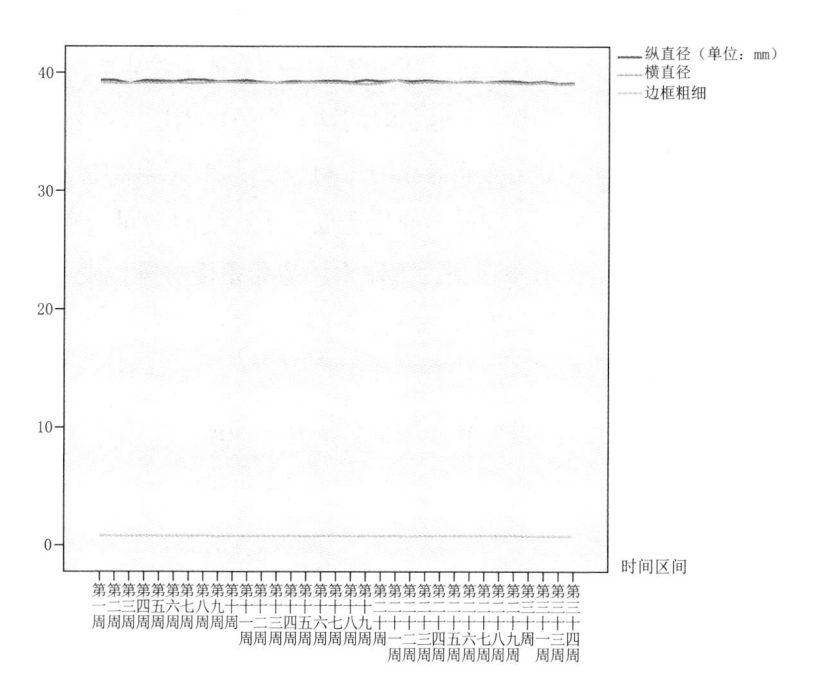

图 3-21 牛角印章纵直径、横直径、边框粗细折线图

从图中可以看出，将牛角印章的纵直径、横直径、边框粗细等印文特征予以量化之后，其变化的趋势最为平稳，是因为

牛角材质较为坚硬，在盖印时与承印纸张能够较好地结合而章面又不容易发生变形，因此其所形成的印文均匀完整，从上图数据中能够发现，并未出现极大值或极小值。

（二）设计实验条件

笔者根据现实生活条件中，印章印文在使用保管过程中，可能存放、使用的环境，设计了高温、低温、干燥、湿润、印泥（油）浸泡以及老化这6个极端外部条件的实验，通过控制其他的变量，以研究在各自环境条件下印章印文发生的阶段性变化。在高温、低温、干燥、湿润这4个通过创造极端外部环境研究其对印章印文特征造成的影响，为了更好地比对每一种极端环境对印章印文特征的变化造成影响程度的不同，笔者将控制盖印介质、承印纸张、盖印力、盖印角度等其他变量，以便进行不同实验结果间横向比对。

印泥（油）浸泡实验主要针对实践生活中，基于习惯或使用便捷，行为人可能会将蘸墨印章直接置于印泥上，需要使用时，可拿起直接使用盖章，长时间在印泥上浸泡导致印文特征一定程度的变化。目前还尚未有人对这种情形做过具体的实验，来为实际检案提供客观有力的科学支撑。在印泥（油）浸泡实验中，实验对象主要为蘸墨印章，盖印介质为上海气枪厂出品的红色工字牌印泥，每浸泡24小时盖印一次，一次盖印24枚（盖满整页A4纸），正常站姿右手盖印，盖印力及盖印角度的选择为保证形成的印文清晰即可，盖印结束后晾干印文存放。

（三）测量工具

本书所用测量工具，为某品牌数显游标卡尺，量程 150mm，分辨率 0.01mm，误差值为 ±0.02mm。

三、小结

实验方案的设计以及实验印章的挑选均是建立于印章印文实际检案的需要，针对有关印章印文阶段性特征中的疑点难点，通过实证研究的方式，为印章印文检验相关研究领域获取科学可靠的实验数据，从而为印章印文鉴定工作提供一定的理论支撑与经验支持。

第二节　印章印文特征变化规律实验考究

对印章印文特征变化规律的归纳与总结，需要建立在科学实验的基础上。本章节旨在通过一系列科学实证活动，对印章印文鉴定中的一些专门性问题进行验证。印章在日常工作生活中被使用时，会处于不同的环境。正因为如此，印章印文会根据所处环境的不同而发生相应的变化。在印章印文鉴定实务中，印文特征已发生一定程度变化的案件不在少数。为了给鉴定人员提供一定的科学依据，笔者通过一系列极端环境实验的设计，模拟印章印文处于各种不同环境下可能会发生的变化，并将之放大化，以获得最佳实验效果。

一、高温干燥条件印章印文特征变化实验考量

针对现实生活中高温天气会给印章印文特征带来的影响，笔者设计了高温干燥实验，对印章印文发生的阶段性变化进行记录并予以归纳总结。基于不与现实情况脱轨的考虑，笔者将实验温度控制在50℃，此实验温度的选择既高于现实印章可能存放使用的高温条件，又不会过高而破坏章体。

（一）印章规格变化特征实验设计与分析

1. 实验仪器

高温干燥实验仪器为PH-050(A)型干燥箱/烘干箱，其采用强迫式暖风循环设计，确保工作室温度均匀。并且带有微电脑液晶显示控制器，对工作室内温度的控制精确可靠。恒温波动度为±1℃，温度均匀度为±3%。可以使实验印章均匀地受热，并精准地处于设定好的实验温度之下。

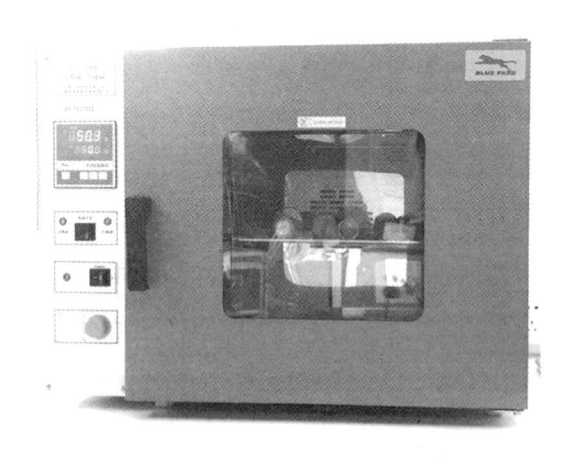

图3-22　PH-050(A)型干燥箱/烘干箱

2.实验过程

实验开始前,预先留下木质印章、牛角印章、橡塑印章、原子印章及光敏印章的正常盖印印文,盖印介质为 NO.9864 油性颜料系红色快干印台,承印纸张为 Double A 80g 复印纸。而后等干燥箱加热至 50℃,将实验印章放入工作室。为了观察实验印章于实验条件下,逐渐变化的过程,笔者每隔半个小时,将实验印章取出盖印,直至实验结束。在本实验中,盖章均在实验室条件下进行,温度为 25℃,衬垫物为实验室桌面。待实验印章均匀受热至 50℃,将印章从干燥箱取出盖印制作样本。实验印章取出后,会逐渐冷却,在此期间也须制作实验样本,以观察与记录降温期间印章发生的变化。

(二)印章规格变化特征实验结果与评价

经过高温干燥实验,木质印章、牛角印章、橡塑印章、原子印章及光敏印章均发生了一定的胀大现象,符合热胀冷缩的一般规律。目前印章印文鉴定实践中多以比较测量进行定性判断为主,如能对印章印文阶段性特征进行科学、准确的定量分析,从而判别其阶段性特征与盖印时间的相关关系,则可为鉴定意见提供更具有说服力的科学依据。笔者对高温干燥实验的样本印文中印文规格的一系列指标,利用游标卡尺与测量显微镜进行测量,通过测得的数据对实验结果进行统计与评价。

1. 高温干燥条件下木质印章印文规格特征变化考量与分析

木质印章高温干燥	高温干燥 0.5 小时	高温干燥 2.5 小时
实验前印文形态	印文形态	印文形态

图 3-23　木质印章高温干燥实验前后印文形态对比

表 3-8　木质印章高温干燥实验印文特征量化数据表

实验时间 / h	纵直径 /mm	横直径 /mm
0	38.91	38.75
0.5	38.77	38.65
1	38.65	38.56
1.5	38.56	38.35
2	38.49	38.42
2.5	38.49	38.35
3	38.48	38.22
3.5	38.36	38.18
4	38.48	38.30
4.5	38.49	38.25
5	38.37	38.20
5.5	38.49	38.21

第三章 印章印文特征阶段性变化规律实证探析

续表

实验时间/h	纵直径/mm	横直径/mm
6	38.40	38.20
6.5	38.49	38.22
7	38.47	38.23
7.5	38.48	38.22
8	38.46	38.20
8.5	38.49	38.21
9	38.49	38.23
9.5	38.49	38.23
12.5	38.34	38.20
15.5	38.36	38.21

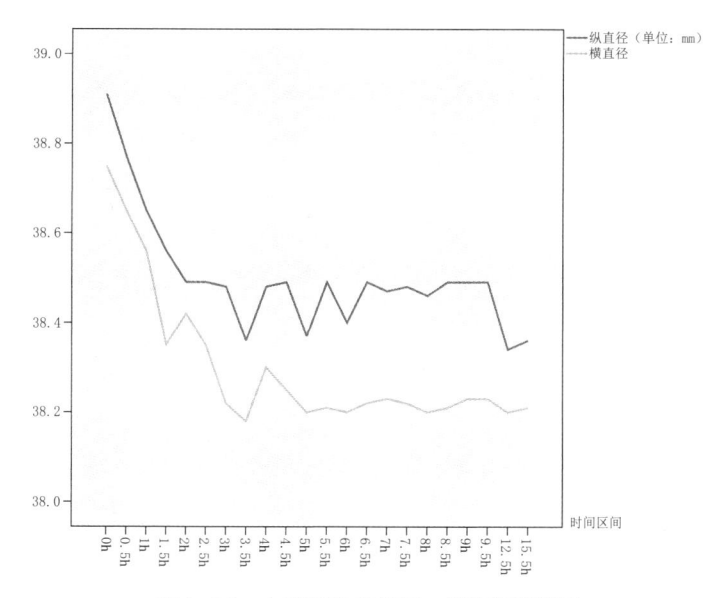

图 3-24 木质印章纵直径、横直径折线图

从以上图表与数据分析中可以看出，在木质印章被置于高温干燥环境后的 3.5 小时内，其木材的水分逐渐挥发，导致印章尺寸大幅度缩小，而后又趋于相对稳定状态。观察实验样本印文的历时性变化，发现实验前所制成的印文，文字图案线条较为完整清晰；放入干燥箱 0.5 小时后，印文边框有部分收缩现象（如图 3-23 所示）；随着实验时间的增长，该部分的收缩现象愈来愈明显。实验 2.5 小时后，该收缩边框处连同"（"部分消失。在对章体均匀地施加作用力条件下，"规律研究" 4 个字与其他文字相比较为模糊。以上现象应均是在高温干燥条件下，木料材质中的水分挥发，章体发生不均匀收缩，导致印面部分内容凹陷而无法与承印纸张充分接触。

2. 高温干燥条件下牛角印章印文规格特征变化考量与分析

| 牛角印章高温干燥实验前印文形态 | 高温干燥 0.5 小时印文形态 | 高温干燥 15.5 小时印文形态 |

图 3-25　牛角印章高温干燥实验前后印文形态对比

表 3-9　牛角印章高温干燥实验印文特征量化数据表

实验时间 / h	纵直径 / mm	横直径 / mm
0	39.27	39.17

续表

实验时间 / h	纵直径 / mm	横直径 / mm
0.5	39.37	39.28
1	39.30	39.18
1.5	39.26	39.16
2	39.30	39.20
2.5	39.29	39.20
3	39.30	39.19
3.5	39.30	39.20
4	39.30	39.21
4.5	39.30	39.20
5	39.30	39.22
5.5	39.33	39.23
6	39.30	39.22
6.5	39.32	39.23
7	39.30	39.22
7.5	39.30	39.21
8	39.30	39.22
8.5	39.31	39.22
9	39.30	39.22
9.5	39.30	39.22
12.5	39.28	39.23
15.5	39.33	39.21

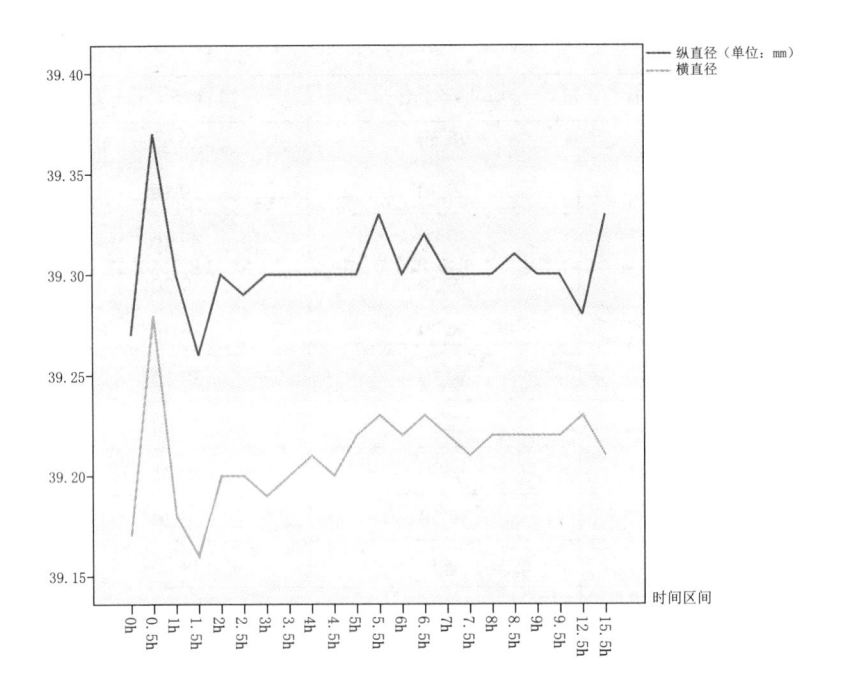

图 3-26　印章纵直径、横直径折线图

从以上图表与数据分析中可以看出，在高温干燥条件0.5小时后，牛角印章尺寸略微增大，而后又基本恢复至实验前的印章尺寸。从历时性样本印文图像上看，经过高温干燥实验的牛角印章印面并未发生明显变化。

第三章　印章印文特征阶段性变化规律实证探析

3.高温干燥条件下橡塑印章印文规格特征变化考量与分析

橡塑印章高温干燥　　　高温干燥 0.5 小时　　　高温干燥 15.5 小时
　实验前印文形态　　　　　　印文形态　　　　　　　　印文形态

图 3-27　橡塑印章高温干燥实验前后印文形态对比

表 3-10　橡塑印章高温干燥实验印文特征量化数据表

实验时间 / h	纵直径 / mm	横直径 / mm
0	39.26	39.14
0.5	39.40	39.24
1	39.51	39.28
1.5	39.45	39.30
2	39.40	39.32
2.5	39.40	39.27
3	39.41	39.27
3.5	39.40	39.25
4	39.43	39.25
4.5	39.43	39.23
5	39.40	39.24
5.5	39.41	39.22
6	39.38	39.21

续表

实验时间 / h	纵直径 / mm	横直径 / mm
6.5	39.40	39.22
7	39.40	39.21
7.5	39.40	39.22
8	39.41	39.25
8.5	39.38	39.21
9	39.39	39.22
9.5	39.40	39.21
12.5	39.38	39.21
15.5	39.38	39.23

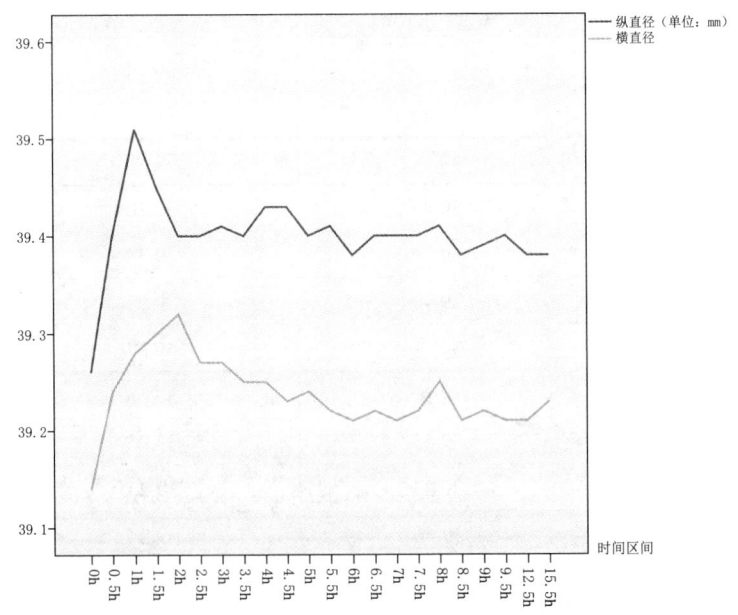

图 3-28 橡塑印章纵直径、横直径折线图

第三章 印章印文特征阶段性变化规律实证探析

从以上图表与数据分析中可以看出，在高温干燥条件下，橡塑印章印文尺寸有所胀大；而后随着实验时间的加长，其印章印文尺寸不再持续增大，有略微缩小，并趋于相对稳定状态。但是与实验前的印文尺寸相比，是有所增大的。观察橡塑印章历时性样本印文图像，经过高温干燥实验的橡塑印章印面也并未发生明显变化。

4.高温干燥条件下原子印章印文规格特征变化考量与分析

| 原子印章高温干燥 实验前印文形态 | 高温干燥 0.5 小时 印文形态 | 高温干燥 1 小时 印文形态 |

图 3-29　原子印章高温干燥实验前后印文形态对比

图 3-30　原子印章高温干燥 15.5 小时印文显微检验 50 倍图像

表 3-11　原子印章高温干燥实验印文特征量化数据表

实验时间 / h	纵直径 / mm	横直径 / mm
0	39.35	39.35
0.5	39.42	39.42
1	39.42	39.42
1.5	39.50	39.50
2	39.50	39.50
2.5	39.55	39.55
3	39.50	39.50
3.5	39.50	39.50
4	39.50	39.50
4.5	39.55	39.55
5	39.54	39.54
5.5	39.50	39.50
6	39.30	39.30
6.5	39.22	39.22
7	39.24	39.24
7.5	39.25	39.25
8	39.25	39.25
8.5	39.22	39.22
9	39.22	39.22
9.5	39.21	39.21
12.5	39.22	39.22
15.5	39.21	39.21

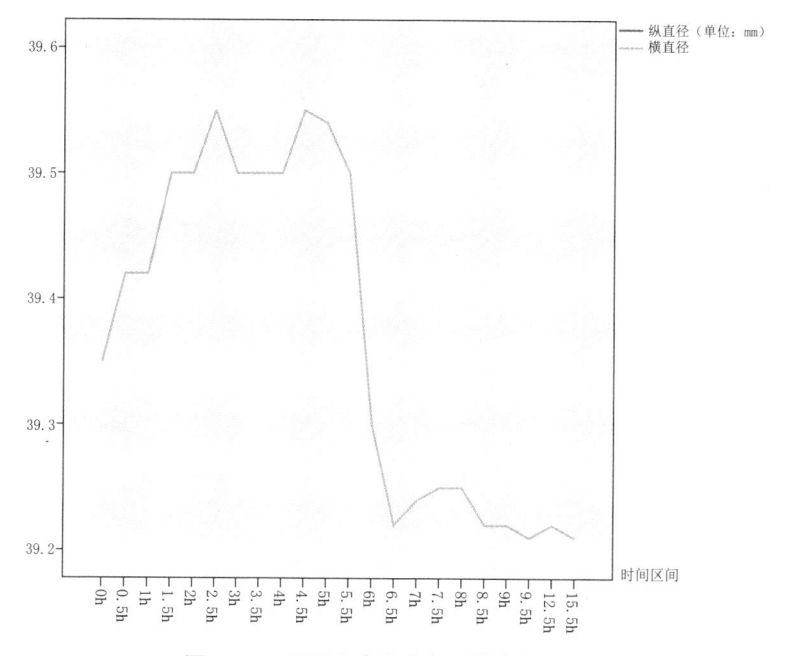

图 3-31 原子印章纵直径、横直径折线图

从以上图表与数据分析中可以看出，在高温干燥条件下 0~3 小时，原子印章印文尺寸逐渐增大，此为高温干燥条件下，原子印章印面膨胀所致；在实验时间 4.5~6.5 小时之间，原子实验印章印文尺寸迅速缩小，此应为原子印章中印油中的水分挥发所致，而后达到相对稳定状态。总而言之，在高温干燥条件下，原子印章印文尺寸会先有所增大，而后会迅速缩小，并且比实验前的印章印文尺寸更小。

观察原子印章历时性样本印文图像，发现高温干燥条件 0.5 小时后，原子印章印文有洇散现象，该现象在之后的实验中不再出现。实验前的原子印章印文颜色呈深紫红色，在高温干燥条件下，印文颜色逐渐变淡，文字略有水印感。

5.高温干燥条件下光敏印章印文规格特征变化考量与分析

光敏印章高温干燥	高温干燥 0.5 小时	高温干燥 1 小时
实验前印文形态	印文形态	印文形态

图 3-32　光敏印章高温干燥实验前后印文形态对比

表 3-12　光敏印章高温干燥实验印文特征量化数据表

实验时间 / h	纵直径 / mm	横直径 / mm
0	39.57	39.57
0.5	39.85	39.85
1	39.85	39.85
1.5	39.83	39.83
2	39.80	39.80
2.5	39.80	39.80
3	39.78	39.78
3.5	39.83	39.83
4	39.80	39.80

续表

实验时间 / h	纵直径 / mm	横直径 / mm
4.5	39.82	39.82
5	39.80	39.80
5.5	39.78	39.78
6	39.80	39.80
6.5	39.81	39.81
7	39.80	39.80
7.5	39.82	39.82
8	39.81	39.81
8.5	39.80	39.80
9	39.78	39.78
9.5	39.82	39.82
12.5	39.78	39.78
15.5	39.80	39.80

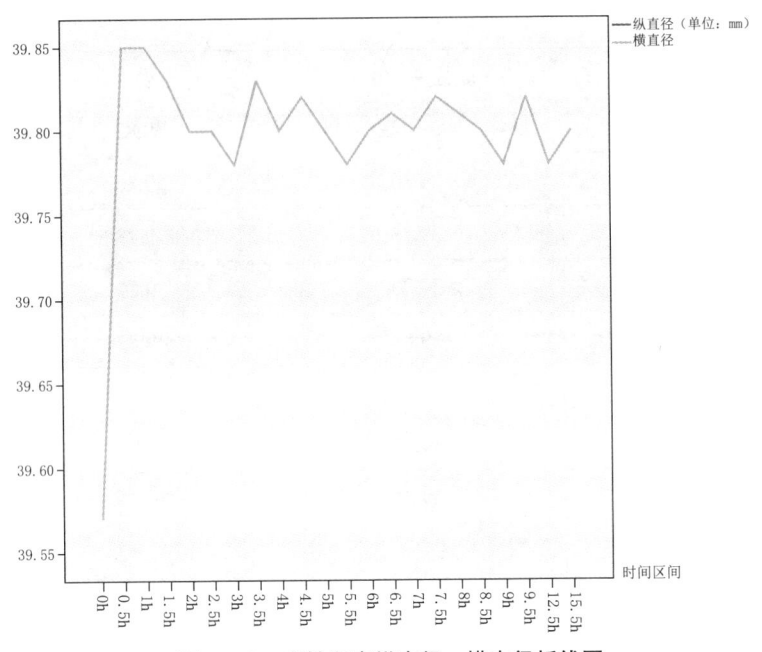

图 3-33 光敏印章纵直径、横直径折线图

  从以上图表与数据分析中可以看出,经过高温干燥 0.5 小时,光敏印章印文尺寸迅速增大,此为在高温干燥条件下,光敏印垫膨胀所致;而后其印章印文尺寸有略微缩小,最终达到相对稳定状态。观察光敏印章历时性样本印文图像,与实验前的光敏印章印文样本相比,发现文字笔画有所增宽,印文图像更加清晰。

  6.高温干燥条件下纸张材质对印文特征阶段性变化影响程度的考量与分析

  印文形成于承印客体之上,其形态也会受到承印客体的影响。在实际检案过程中发现印文特征的变化，可能源于印章材质的内部因素，可能是受盖印压力的影响，亦可能是来自承印客体的变化。尤其在文件材料的保管存放过程中，环境的变化会导致纸张材料发生一系列的变化。而纸张材料受潮、受热，会产生比较明显的变化，因此笔者将盖印后的纸质材料，放置于干燥箱工作室中，记录承印纸张在高温干燥中的变化趋势，并观察与分析印文特征因纸张的变化发生阶段性变化的程度。

二、低温条件印章印文特征变化实验考量

针对现实生活中时有低温天气会给印章印文特征带来的影响，笔者设计了低温实验，对于低温状态下印章印文可能发生的阶段性变化进行记录并予以归纳总结。

（一）低温条件实验设计与实验过程

1. 实验环境

以冰箱冷冻室为实验环境，常年温度保持在零下12℃。该实验温度足以为实验印章制造低温条件，以观察其在低温冷冻下，章面发生变化的趋势，及其印文特征的变化规律。

2. 实验过程

实验开始前，预先留下木质印章、牛角印章、橡塑印章、原子印章及光敏印章的正常盖印印文，盖印介质为NO.9864油性颜料系红色快干印台，承印纸张为Double A 80g复印纸。而后将实验印章放入冰箱冷冻室。笔者每隔2小时，将实验印章取出盖印，以观察于实验温度下印章发生变化的过程，直至实验结束。

(二)低温条件印章印文特征变化实验结果与评价

1. 低温条件下木质印章印文规格特征变化考量与分析

木质印章低温实验　　低温 2 小时印文形态　　低温 4 小时印文形态
前印文形态

图 3-34　木质印章低温实验前后印文形态对比

图 3-35　木质印章低温实验前与实验 2 小时、4 小时印文重叠比对图像

图 3-36　木质印章低温实验 3720 小时印文形态显微检验 100 倍图

表 3-13 木质印章低温实验印文特征量化数据表

实验时间 / h	纵直径 / mm	横直径 / mm	边框粗细 / mm
0	39.45	39.25	0.82
2	39.23	38.99	0.76
4	39.20	38.79	0.80
6	39.05	38.89	0.82
8	39.27	38.89	0.77
10	39.30	38.96	0.73
12	39.20	38.70	0.80
14	39.34	39.29	0.77
16	39.26	39.14	0.74
18	38.99	38.88	0.72
20	38.97	38.77	0.74
22	39.10	38.98	0.75
24	39.08	38.89	0.74
26	39.18	39.02	0.70
28	39.02	38.77	0.73
30	39.05	38.96	0.74
32	39.11	38.88	0.73
34	39.16	39.04	0.75
36	39.00	38.87	0.72
38	39.19	39.10	0.76
40	39.07	39.02	0.79
42	39.10	38.89	0.77
44	39.01	38.70	0.75

续表

实验时间 / h	纵直径 / mm	横直径 / mm	边框粗细 / mm
46	39.18	39.01	0.76
260	39.20	39.07	0.78
528	39.22	38.80	0.76
2904	39.22	38.98	0.73
3720	39.28	39.19	0.75

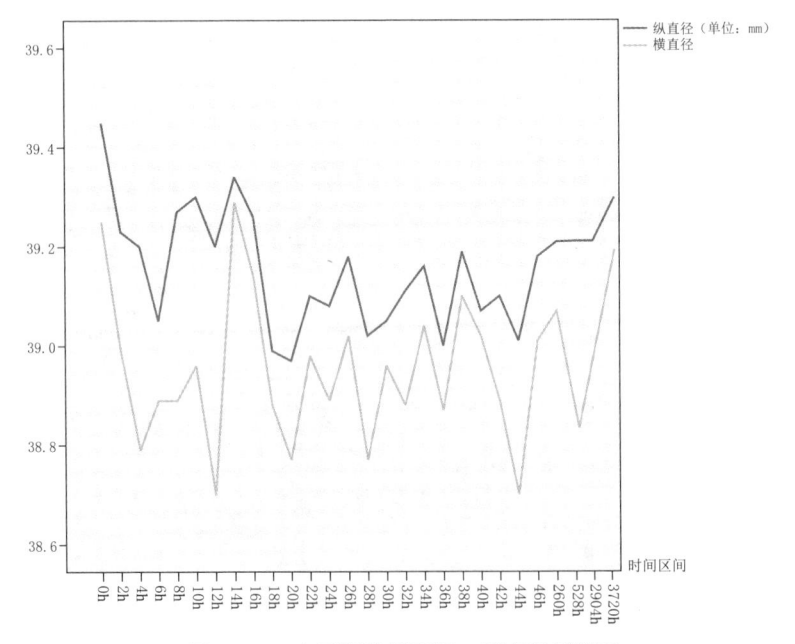

图 3-37 木质印章纵直径、横直径折线图

从以上图表与数据分析中可以看出，在低温条件下的 4 小时内，木质印章的尺寸持续变小，而随着实验时间的推进，其

第三章 印章印文特征阶段性变化规律实证探析

印章尺寸不再继续减小，反而与最小值相比，稍微有些增大。观察章体，发现经过低温实验的木质实验印章，章体有部分开裂。实验前预留的印文样本，印文较为完整，文字图案均较为清晰；在经过2小时低温实验后，实验印章形成的印文有部分缺失现象，文字笔画及线条边框有间断现象，为低温环境下，木材产生不均匀收缩所导致，该现象一直持续至实验结束。对低温环境下所制成的木质印章历时性样本进行观察，发现随着实验时间的加长，实验印文的印迹逐渐变淡，为印面在极度低温下收缩变硬，着墨能力降低所致。在制作实验样本过程中，笔者发现将实验印章从低温环境转移至室温环境时，印面结上一层白霜，为其周围空气中的水分遇冷液化，凝结于印面之上。在盖印过程中，印面的冰霜融化，稀释了蘸取的印油，因此印迹较为轻淡。

2. 低温条件下牛角印章印文规格特征变化考量与分析

| 牛角印章低温实验前印文形态 | 低温2小时印文形态 | 低温4小时印文形态 |

图3-38 牛角印章低温实验前后印文形态对比

表 3-14 牛角印章低温实验印文特征量化数据表

实验时间 / h	纵直径 / mm	横直径 / mm	边框粗细 / mm
0	39.30	39.17	0.86
2	39.25	39.14	0.78
4	39.24	39.18	0.80
6	39.26	39.25	0.83
8	39.20	39.08	0.85
10	39.41	39.12	0.87
12	39.27	39.18	0.76
14	39.41	39.20	0.84
16	39.41	39.18	0.77
18	39.20	39.13	0.76
20	39.08	39.08	0.77
22	39.10	39.08	0.73
24	39.17	39.10	0.76
26	39.25	39.15	0.80
28	39.19	39.18	0.76
30	39.10	39.08	0.75
32	39.06	39.08	0.74
34	39.18	39.19	0.76
36	39.15	39.10	0.74
38	39.19	39.07	0.77
40	39.08	38.99	0.73
42	39.08	38.96	0.75
44	39.02	39.00	0.71

续表

实验时间 / h	纵直径 / mm	横直径 / mm	边框粗细 / mm
46	39.20	39.13	0.79
260	39.18	39.10	0.78
528	39.13	38.89	0.72
2904	39.15	39.04	0.75
3720	39.16	39.05	0.76

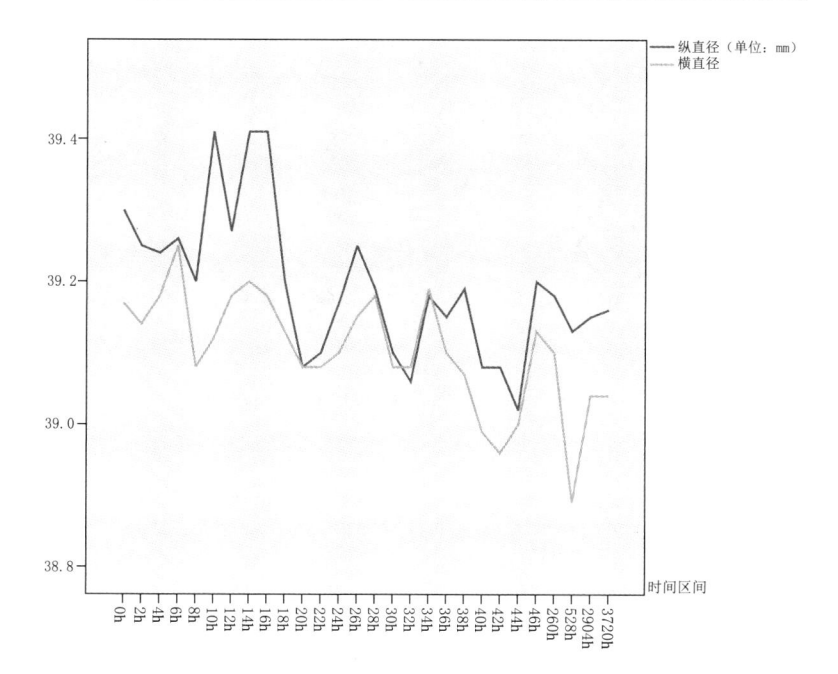

图 3-39 牛角印章纵直径、横直径折线图

从以上图表与数据分析中可以看出，牛角印章在极度低温环境下，印文尺寸略微缩小，其中实验时间第 10~18 小时之

间，印文尺寸与实验前预留的印文尺寸相比反而有所增大，应为盖印压力较大所致。对低温环境下所制成的木质印章历时性样本进行比对观察，发现低温实验中所制成的印文样本，印迹较为轻淡，但是印文较为完整，着墨均匀，文字图案边框线条无明显缺损。

3. 低温条件下橡塑印章印文规格特征变化考量与分析

橡塑印章低温实验　　低温 2 小时印文形态　　低温 4 小时印文形态
前印文形态

图 3-40　橡塑印章低温实验前后印文形态对比

表 3-15　橡塑印章低温实验印文特征量化数据表

实验时间 / h	纵直径 / mm	横直径 / mm	边框粗细 / mm
0	39.48	39.26	0.87
2	39.07	39.06	0.84
4	39.13	38.87	0.86
6	39.16	38.89	0.85
8	39.20	39.02	0.73
10	39.09	39.09	0.78

续表

实验时间 / h	纵直径 / mm	横直径 / mm	边框粗细 / mm
12	39.26	39.13	0.80
14	39.18	39.18	0.76
16	39.18	38.94	0.70
18	39.15	38.96	0.73
20	39.21	38.75	0.76
22	39.20	39.18	0.78
24	39.10	39.08	0.68
26	39.18	39.02	0.68
28	39.21	38.99	0.70
30	39.25	39.19	0.72
32	39.15	39.15	0.68
34	39.06	38.88	0.66
36	38.97	38.98	0.67
38	39.02	38.87	0.68
40	39.10	38.95	0.65
42	39.02	38.87	0.70
44	38.93	38.81	0.65
46	38.95	38.86	0.66
260	39.14	38.82	0.73
528	38.98	38.98	0.70
2904	38.98	38.98	0.73
3720	39.12	39.01	0.75

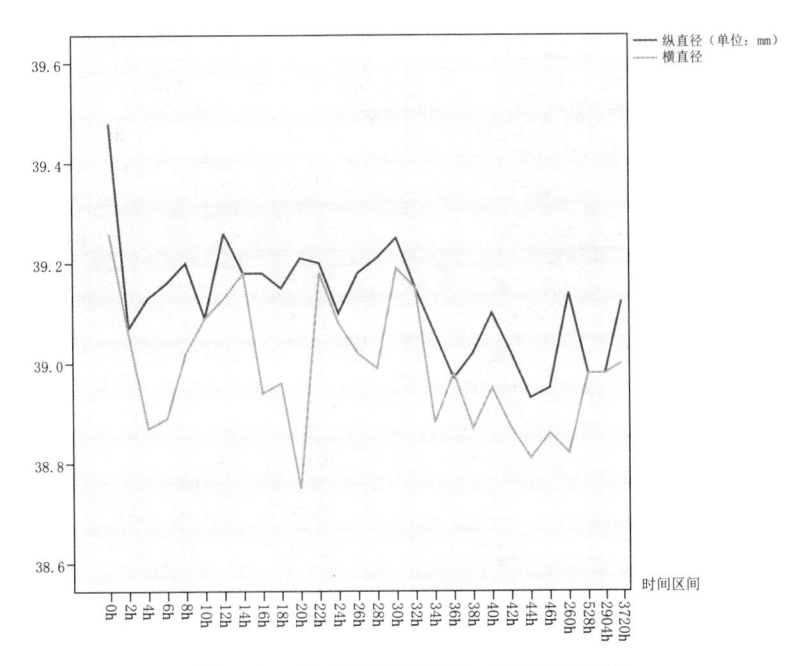

图 3-41 橡塑印章纵直径、横直径折线图

从以上图表与数据分析中可以看出，在低温条件下的 2 小时内，橡塑印章的尺寸迅速变小，而随着实验时间的推进，其印章尺寸也不再继续减小，趋于相对稳定状态。实验前预留的印文，盖印清晰，文字图案完整，边框线条有少许间断现象。将之与在低温环境下所制成的木质印章历时性样本进行比对观察，发现实验中所形成的印文轻淡，文字图案边框线条有缺失，为橡塑在极端低温条件下发硬，与承印纸张的接触不完全所致。并且橡塑材质的吸水性与木质相比较差，其凝结于印面之上的液化水蒸气融化后，极少会被章体吸收，很大程度上

稀释了印面蘸取的印油，因此其形成的实验印文，比相同条件下形成的木质印文更加轻淡。

4.低温条件下原子印章印文规格特征变化考量与分析

原子印章低温实验　　低温 2 小时印文形态　　低温 4 小时印文形态
前印文形态

图 3-42　原子印章低温实验前后印文形态对比

表 3-16　原子印章低温实验印文特征量化数据表

实验时间 / h	纵直径 / mm	横直径 / mm	边框粗细 / mm
0	39.68	39.66	1.08
2	39.50	39.49	1.02
4	39.27	39.27	1.06
6	39.22	39.20	1.03
8	39.44	39.30	1.05
10	39.15	39.15	1.01
12	39.15	39.32	1.06
14	39.58	39.37	1.05
16	39.35	39.28	1.03
18	39.28	39.28	1.02

续表

实验时间 / h	纵直径 / mm	横直径 / mm	边框粗细 / mm
20	39.26	39.04	0.88
22	39.45	39.30	0.99
24	39.25	39.28	0.95
26	39.22	39.18	0.98
28	39.30	39.20	1.00
30	39.40	39.33	1.02
32	39.20	39.15	0.94
34	39.17	39.17	0.95
36	39.55	39.20	0.87
38	39.40	39.22	0.84
40	39.19	39.18	0.86
42	39.22	39.20	0.86
44	39.23	39.06	0.82
46	39.17	39.08	0.83
260	39.15	39.11	0.86
528	39.12	39.08	0.82
2904	39.13	39.10	0.82
3720	39.14	39.10	0.83

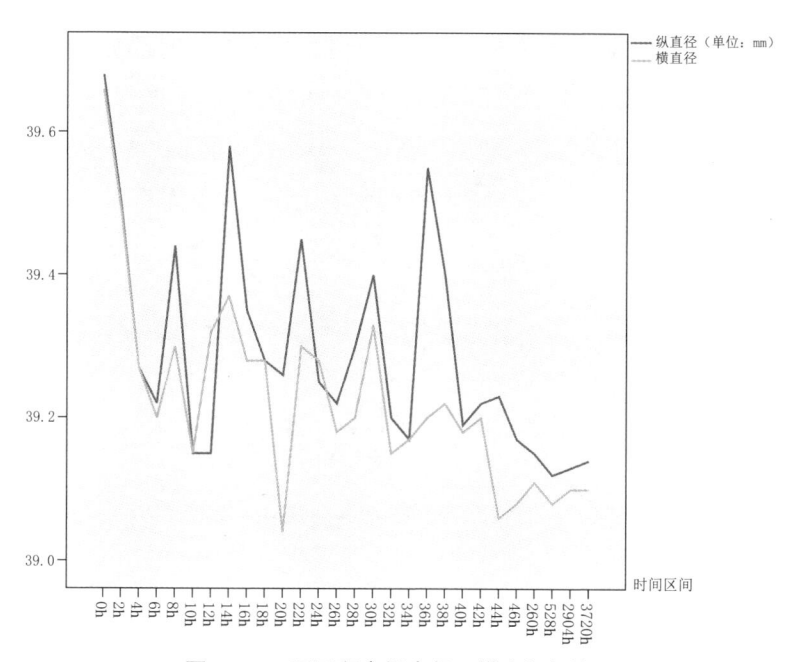

图 3-43　原子印章纵直径、横直径折线图

从以上图表与数据分析中可以看出，在低温条件下的 4 小时内，原子印章的尺寸迅速变小，并且随着实验时间的推进，其印章尺寸仍会持续略微有所缩小，但从图上可以看出，曲线的变化愈来愈平缓，说明其会逐渐达到相对稳定的状态。与蘸墨型印章相比，原子印章在低温环境下尺寸的变化十分明显。对低温环境下所制成的原子印章历时性样本进行观察，发现实验前预留的原子印章印文，盖印清晰，文字图案边框线条完整，有少许墨迹洇散现象；低温实验中制成的印文，盖印较为清晰，文字笔画线条明显变细，并且偶尔有部分缺损，为低温环境影响原子印章印面出墨所致。由于原子印章为原

子粉压铸而成的章墨一体的印章，因此其印文的部分缺失，并不是章面堵塞造成的，如加大盖印的压力，仍能形成完整清晰的印文。

5. 低温条件下光敏印章印文规格特征变化考量与分析

光敏印章低温实验前印文形态　　低温 2 小时印文形态　　低温 4 小时印文形态

图 3-44　光敏印章低温实验前后印文形态对比

图 3-45　光敏印章低温环境下的堵塞现象

表 3-17　光敏印章低温实验印文特征量化数据表

实验时间 / h	纵直径 / mm	横直径 / mm	边框粗细 / mm
0	40.14	39.71	0.89
2	39.79	39.41	0.85

续表

实验时间 / h	纵直径 / mm	横直径 / mm	边框粗细 / mm
4	39.66	39.45	0.90
6	39.81	39.65	0.84
8	39.52	39.39	0.77
10	39.64	39.44	0.76
12	39.74	39.44	0.67
14	39.68	39.35	0.78
16	39.70	39.48	0.77
18	39.72	39.55	0.68
20	39.60	39.45	0.70
22	39.64	39.50	0.75
24	39.66	39.47	0.72
26	39.68	39.44	0.67
28	39.66	39.35	0.70
30	39.62	39.38	0.65
32	39.70	39.45	0.69
34	39.72	39.40	0.72
36	39.67	39.36	0.67
38	39.55	39.41	0.65
40	39.74	39.44	0.76
42	39.49	39.33	0.70
44	39.60	39.35	0.67
46	39.55	39.32	0.65
252	39.67	39.45	0.76
520	39.50	39.31	0.64

续表

实验时间 / h	纵直径 / mm	横直径 / mm	边框粗细 / mm
2896	39.55	39.33	0.65
3712	39.57	39.34	0.67

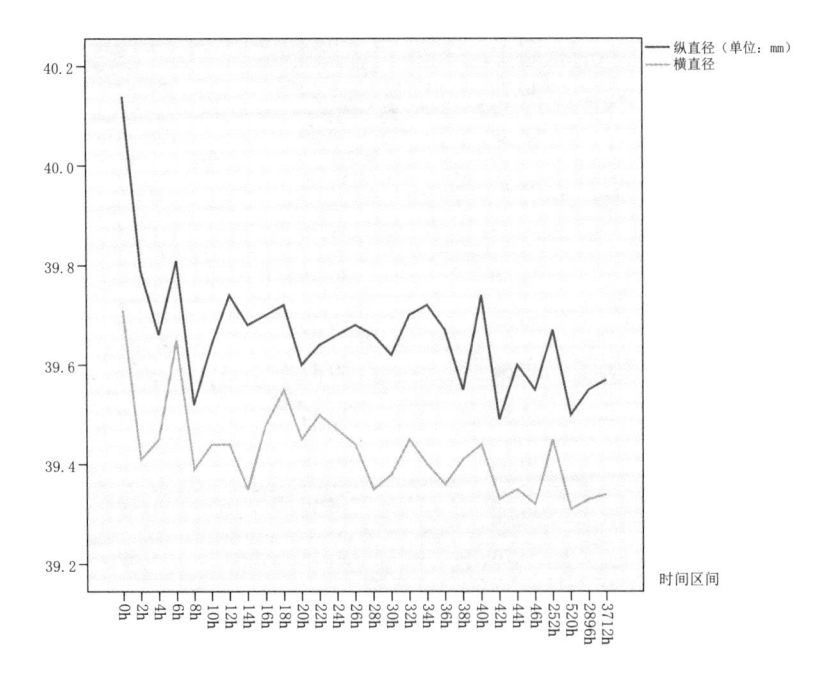

图 3-46　光敏印章纵直径、横直径折线图

从以上图表与数据分析中可以看出，在低温条件下的 4 小时内，光敏印章的尺寸迅速变小，并且随着实验时间的推进，其印章尺寸仍会持续略微有所缩小，从图上可以看出，曲线的变化愈来愈平缓，说明其会逐渐达到相对稳定的状态。与蘸墨型印章相比，光敏印章在低温环境下尺寸的变化十分明显，其

印文尺寸的缩小程度比原子印章更大。对所制成的光敏印章历时性实验样本进行观察，发现在极度低温环境下，光敏印章形成的印文并不完整，文字图案边框线条有缺失，并且伴有堵塞现象，印文印迹较淡。于印垫上添加印油，发现印油渗透较慢，印油完全渗透的时间比低温实验前长约5分钟。添加足够的印油后继续盖印，发现印文的文字图案边框线条仍有缺失现象，应为低温环境下，光敏印章收缩造成出墨口堵塞所致。

6.低温条件下纸张材质对印文特征阶段性变化影响程度的考量与分析

将盖有印文的纸质材料置于低温环境，记录承印纸张在极度低温环境下产生的变化趋势，以及印文特征随着纸张的变化而形成的阶段性变化。

三、湿润条件印章印文特征变化实验考量

据有关学者的统计研究，木质印章在使用过程中，因空气温度、湿度的影响和印染物的浸润，印章逐渐发生着胀缩性的变化，一般启用一年后外径可增大3%至5%，两年后可增大5%至8%。天气干燥或不经常使用的情况下，又可略微缩小。[1] 木材结构的不均匀，导致其印面的纵直径和横直径的胀缩率不同，因此在胀缩的同时，其印文形态随着双径的胀缩而变化。

---

[1] 涂丽云主编：《文件检验学》，群众出版社2007年版，第224页。

(一)湿润条件印文特征变化规律实证考量

1.湿润条件下木质印章印文规格特征变化考量与分析

木质印章湿润实验　　木质印章湿润24小时　　木质印章湿润384小时
前印文形态　　　　　　印文形态　　　　　　　　印文形态

图3-47　木质印章湿润实验前后印文形态对比

图3-47左侧为木质实验印章进行湿润条件实验前所留样本印文,以此作为后续湿润实验的参照。可以看出,实验前的木质印章印文,着墨基本较为均匀,印文内容也较为完整;而于水中浸泡,湿度达到100%的条件下,印文有部分缺失,着墨不均匀,为木质材料在湿润条件下吸水,印面不规则膨胀导致的。

图3-48　木质印章湿润实验重叠检验图片

图 3-48 中，红色为湿润条件实验前的木质印章样本印文，左侧为木质印章于湿度为 100% 的环境中浸泡 24 小时的印文图像与原样本印文的重叠比对图片，右侧为木质印章于湿度为 100% 的环境中浸泡 384 小时的印文图像与原样本印文的重叠比对图片。经过重叠比对检验发现，经过湿润实验后，木质印章的章体明显胀大。同样地，将浸泡 24 小时（蓝色）与浸泡 384 小时（红色）的印文重叠进行比对（见图 3-49），可以发现，随着实验时间的不断推移，浸泡 384 小时的印文尺寸比浸泡 24 小时的印文尺寸又有所胀大，但是增大程度较小。

图 3-49 木质印章湿润条件 24 小时与 384 小时的重叠比对

表 3-18 木质印章湿润实验印文特征量化数据表

实验时间 / h	纵直径 / mm	横直径 / mm
0	39.20	39.20
0.5	40.54	40.53
1	40.78	40.66
1.5	40.78	40.66
2	40.80	40.67
2.5	40.80	40.67
3	40.80	40.67
3.5	40.90	40.75
4	40.90	40.75
……		

续表

实验时间/h	纵直径/mm	横直径/mm
24	40.90	40.78
48	41.06	40.97
72	41.10	41.02
96	41.16	41.05
……		
330	41.16	41.05
384	41.16	41.05
744	41.16	41.05
840	41.16	41.05

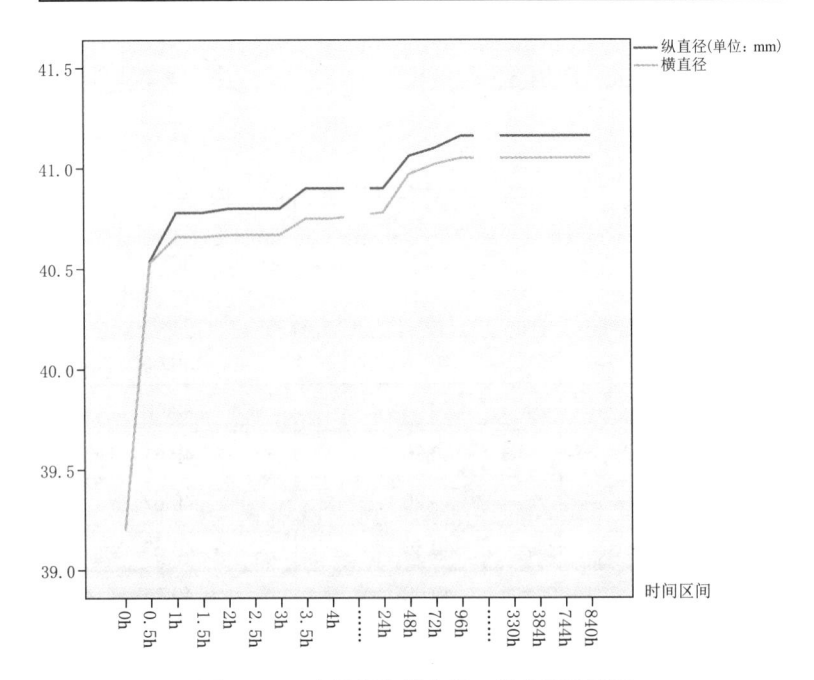

图 3-50　木质印章纵直径、横直径折线图

由上图表及数据可以看出，木质印章在进行湿度为100%的湿润条件实验时的0.5小时内，其印章尺寸迅速胀大，而后膨胀速度放缓，直至水中浸泡96小时后，印章尺寸变化趋于稳定。章体容易发霉，明显增重，为木材吸水所致，并且各部位的膨胀程度并不均匀。总而言之，木质印章于水中浸泡伊始，木材迅速吸水，迅速胀大；随着浸泡时间越来越久，其印章尺寸还会在一定范围内略微胀大，最终保持相对稳定。

2. 湿润条件下牛角印章印文规格特征变化考量与分析

| 牛角印章湿润实验前印文形态 | 牛角印章湿润24小时印文形态 | 牛角印章湿润384小时印文形态 |

图3-51　牛角印章湿润实验前后印文形态

图3-51左侧为牛角实验印章进行湿润条件实验前所留样本印文，以此作为后续湿润实验的参照。可以看出，实验前的牛角印章印文，着墨基本较为均匀，印文内容也较为完整；而于水中浸泡，湿度达到100%的条件下，其仍旧着墨均匀，并未出现木质印章印文缺失的现象。将湿润条件实验后的实验印文与湿润条件实验前的样本印文进行重叠比对（见图3-52），发现能够进行较好的重叠，说明印文的尺寸并未发生太大变化。

图 3-52 牛角印章湿润实验重叠检验图片

表 3-19 牛角印章湿润实验印文特征量化数据表

实验时间 / h	纵直径 / mm	横直径 / mm
0	39.17	39.05
0.5	39.18	39.02
1	39.17	39.03
1.5	39.17	39.02
2	39.18	39.02
2.5	39.17	39.06
3	39.18	39.02
3.5	39.18	39.03
4	39.17	39.02
……		
24	39.18	39.02
48	39.17	39.02
72	39.17	39.06
96	39.17	39.02
……		
330	39.17	39.01

续表

实验时间 / h	纵直径 / mm	横直径 / mm
384	39.17	39.07
744	39.20	39.07
840	39.21	39.07

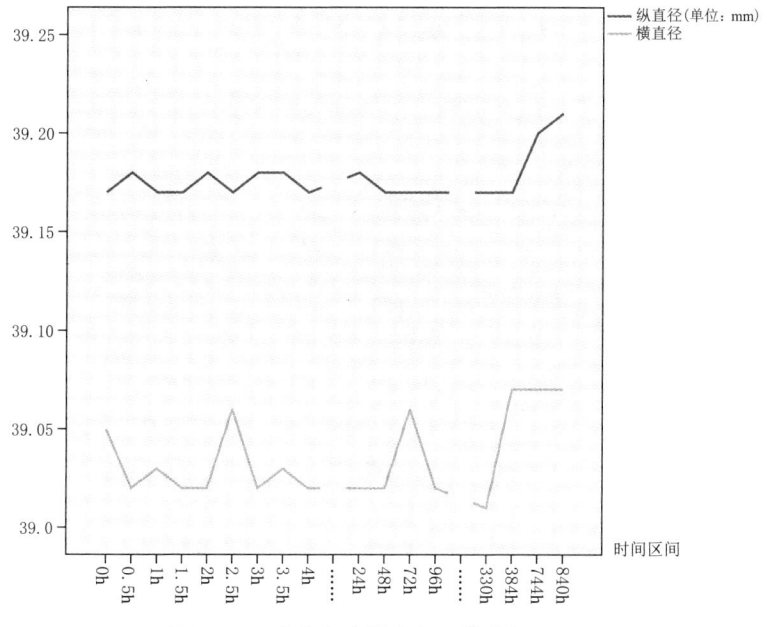

图 3-53 牛角印章纵直径、横直径折线图

而将浸泡 24 小时（红色）与浸泡 384 小时（蓝色）的印文重叠进行比对（见图 3-54），并测量牛角印章印文的纵直径与横直径（见表 3-19），同样可以发现牛角印章在湿度为 100% 的湿润条件下，其章体及印面不会发生太大变化。

图 3-54　牛角印章湿润条件 24 小时与 384 小时的重叠比对

3. 湿润条件下橡塑印章印文规格特征变化考量与分析

| 橡塑印章湿润实验 | 橡塑印章湿润 24 小时 | 橡塑印章湿润 384 小时 |
| 前印文形态 | 印文形态 | 印文形态 |

图 3-55　橡塑印章湿润实验前后印文形态对比

图 3-55 左侧为橡塑实验印章进行湿润条件实验前所留样本印文，以此作为后续湿润实验的参照。可以看出，实验前的橡塑印章印文，着墨较为不均匀，雕刻特征较为明显；而于水中浸泡，湿度达到 100% 的条件下，其着墨较实验前变得均匀，同样未出现木质印章印文缺失的现象，仍能观察到雕刻特征。将湿润条件实验后的实验印文与湿润条件实验前的样本印文进行重

第三章 印章印文特征阶段性变化规律实证探析

叠比对（见图 3-56），发现能够进行较好的重叠，说明印文的尺寸并未发生太大变化。

图 3-56　橡塑印章湿润实验重叠检验图片

表 3-20　橡塑印章湿润实验印文特征量化数据表

实验时间 / h	纵直径 / mm	横直径 / mm
0	39.20	39.01
0.5	39.23	39.02
1	39.24	39.01
1.5	39.24	39.01
2	39.24	39.01
2.5	39.25	39.02
3	39.24	39.01
3.5	39.20	39.01
4	39.24	39.03
……		
24	39.25	39.01
48	39.24	39.01

续表

实验时间 / h	纵直径 / mm	横直径 / mm
72	39.24	39.01
96	39.27	39.06
……		
330	39.30	39.03
384	39.24	39.01
744	39.25	39.05
840	39.32	39.10

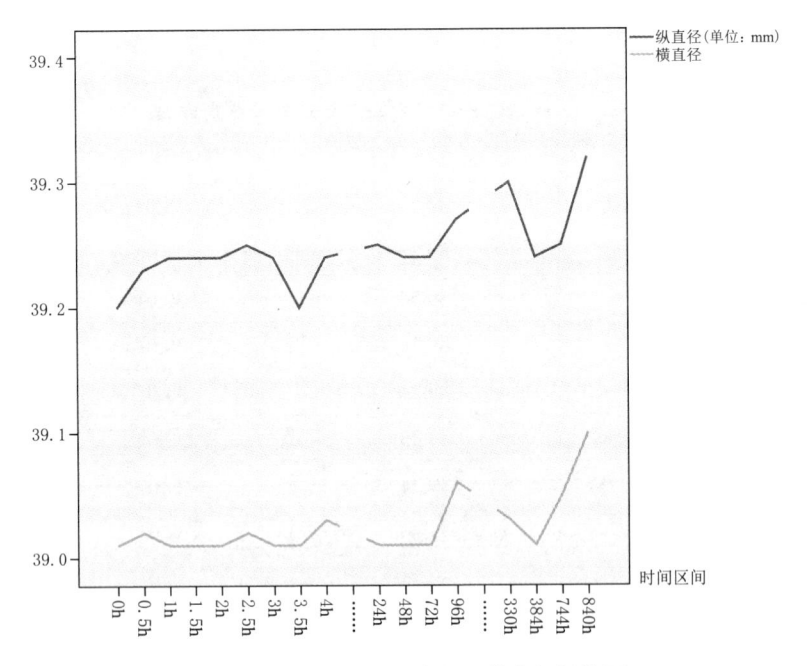

图 3-57 橡塑印章纵直径、横直径折线图

而将浸泡 24 小时（红色）与浸泡 384 小时（蓝色）的印文重叠进行比对（见图 3-58），同样可以发现橡塑印章在湿度为 100% 的湿润条件下，其章体及印面不会发生太大变化。

图 3-58　橡塑印章湿润条件 24 小时与 384 小时的重叠比对

（二）印油浸泡实验印文特征变化规律实证考量

如今机关、团体、企事业单位的公章主要以牛角、铜质、橡塑等材质的蘸墨型印章为主要材质。而在使用印章的实际生活中，为了简化盖印程序，印章往往会被置于印台上，直至工作结束再将其存放。因此在许多检案实际中，会遇到一些印文形态因长期浸泡于印台上发生较为明显变化的案例。为了观察与研究印章于印台之上长期浸泡而导致印文形态变化的趋势与规律，笔者设计了印油浸泡实验以考量在此条件之下印章印文阶段性特征的变化路径，为鉴定实务提供相关科学依据。

1. 实验环境

印油浸泡实验于实验室中开展，实验室的温度一般控制在 25℃左右。该环境可模拟日常工作生活中印章所使用与存放的正常环境，并且保证该实验的开始至结束一直处于实验室条件下,以排除其他环境因素对本实验的干扰。

2. 实验过程

将木质印章、牛角印章及橡塑印章的印面直接浸泡于上海气枪厂出品的红色工字牌印泥之中,并在实验前已预留了三种印章最原始的印文形态。在实验开始后,每 24 小时收集一次实验样本。实验样本收集时,采用右手站姿盖印,使用正常作用力,作用力保持与纸面垂直,以保证实验样本印文的清晰完整。

3. 实验结果的统计与分析

针对利用印泥进行盖印形成的印文,在本质上属于立体痕迹的特性,本实验结果的分析与统计首先尝试借助于 KEYENCE 公司研发的 3D 轮廓测量仪 VR–3000(见图 3–59)。该仪器内置有观察软件 VR–H2VC 与分析软件 VR–H2AC,可对横截面轮廓、高度、宽度、角度、半径等进行观察与测量,同时还兼具高度差、面积、体积和粗糙度等 3D 分析功能。观察与显像完毕后,分析软件还可对收集来的图像、测量数据进行显示、编辑、测量和管理。

图 3–59 3D 轮廓测量仪 VR–3000

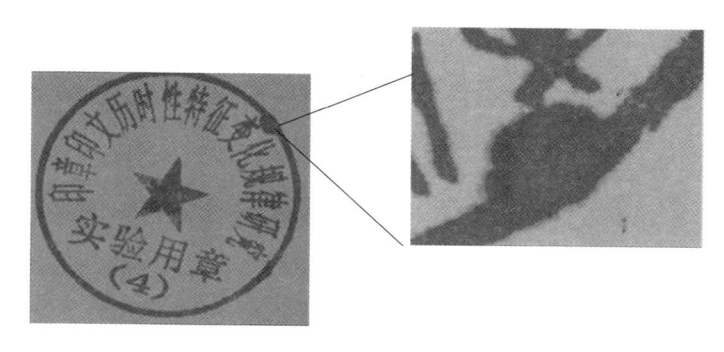

图 3-60　牛角印章实验样本印泥黏附的阶段性特征

以上右图为笔者利用 3D 轮廓测量仪 VR-3000 观察的牛角印章印油浸泡实验的样本主图像（测量日期为 2018 年 6 月 13 日）。在该印文右上边框中有一处明显的印泥黏附形成的阶段性特征，将该阶段性特征置于轮廓测量仪下进行高倍观察，其 3D 图像如图 3-61 所示。

图 3-61　实验样本印文阶段性特征 3D 图像

其具体高度如图 3-62 所示，红色越深代表高度越高，蓝色越深则代表凹陷越深。图 3-62 为 3D 轮廓测量仪 VR-3000 测得的印文阶段性特征的高度图像，红色部分为印泥黏附部分，因此高度越高。

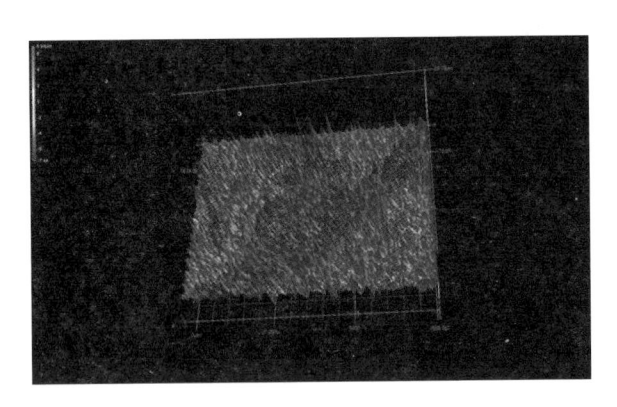

图 3-62　利用 3D 轮廓测量仪 VR-3000 测量到的
阶段性特征的高度 3D 图像

3D 轮廓测量仪 VR-3000 可用于测量立体痕迹较为明显的图像高度，虽盖印介质为印泥的印文图像，由于印泥的黏附，也存在一定的立体高度，但其高度的变化受盖印条件与保存环境的较大，对于阶段性特征变化的研究意义并不大。

第三章 印章印文特征阶段性变化规律实证探析

图3-63 木质印章、牛角印章、橡塑印章印油浸泡实验重叠检验图片

图3-63为木质印章、牛角印章及橡塑印章印油浸泡实验的重叠比对图片，其中实验前的印文样本图像均为红色，蓝色为在印油中浸泡30天所得实验印文。可以看出，与湿度100%环境下的湿润条件相比，于印油中浸泡的木质印章、牛角印章、橡塑印章的印章尺寸并未发生太大变化。

四、印章印文特征变化的双变量相关分析

利用双变量相关分析对印文特征的纵直径与横直径之间相关关系进行统计分析，这两个变量之间的相关性是通过Pearson相关系数对定距变量数据进行计算来度量的，即通过相关系数P，即可分析两个连续性数据之间的关系。[1]

---

[1] 罗应婷、杨钰娟编著：《SPSS统计分析从基础到实践》（第2版），电子工业出版社2010年版。

表 3-21 不同材质印章纵直径与横直径的双变量相关分析

			历时性样本		高温实验样本		低温实验样本	
光敏印章	纵直径	perason的相关性	1	0.045	1	1.000**	1	0.799**
		显著性（双侧）		0.777		0.000		0.000
		N	43	43	22	22	28	28
	横直径	perason的相关性	0.045	1	1.000**	1	0.799**	1
		显著性（双侧）	0.777		0.000		0.000	
		N	43	43	22	22	28	28
木质印章	纵直径	perason的相关性	1	0.741**	1	0.918**	1	0.627**
		显著性（双侧）		0.000		0.000		0.001
		N	32	32	22	22	26	26
	横直径	perason的相关性	0.741**	1	0.918**	1	0.627**	1
		显著性（双侧）	0.000		0.000		0.001	
		N	32	32	22	22	26	26
牛角印章	纵直径	perason的相关性	1	0.237	1	0.787**	1	0.052
		显著性（双侧）		0.184		0.000		0.792
		N	33	33	22	22	28	28
	横直径	perason的相关性	0.237	1	0.787**	1	0.052	1
		显著性（双侧）	0.184		0.000		0.792	
		N	33	33	22	22	28	28

续表

			历时性样本		高温实验样本		低温实验样本	
橡塑印章	纵直径	perason的相关性	1	0.279	1	0.019	1	0.556**
		显著性（双侧）		0.111		0.934		0.002
		N	34	34	22	22	28	28
	横直径	perason的相关性	0.279	1	0.019	1	0.556**	1
		显著性（双侧）	0.111		0.934		0.002	
		N	34	34	22	22	28	28
原子印章	纵直径	perason的相关性			1	1.000**	1	0.771**
		显著性（双侧）				0.000		0.000
		N			22	22	28	28
	横直径	perason的相关性			1.000**	1	0.771**	1
		显著性（双侧）			0.000		0.000	
		N			22	22	28	28

注：** 表示在 0.01 水平（双侧）上显著相关。

选择 Pearson 相关系数，从表 3-21 相关性分析结果中，可以看到不同材质印章的纵直径与横直径的相关性系数，以及其对应的显著性。其中纵直径与横直径的 Pearson 相关性检测结果依次是：光敏印章在高温条件下纵横直径的相关性系数为 1，呈高度正相关；光敏印章在低温条件下纵横直径的相关性系数为 0.799，呈中度正相关；木质印章在正常条件下盖印形成的纵横直径的相关性系数为 0.741，呈中度正相关；木质印章在高温条件下纵横直径的相关性系数为 0.918，呈高度正相关；木质印章在低温条件下纵横直径的相关性系数为 0.627，呈中度正相关；牛角印章在高温条件下纵横直径的相关性系数为 0.787，呈中度正相关；橡塑印章在低温条件下纵横直径的相关性系数为 0.556，呈中度正相关；原子印章在高温条件下纵横直径的相关性系数为 1，呈高度正相关；原子印章在低温条件下纵横直径的相关性系数为 0.771，呈高度正相关。

通过以上 Pearson 相关性检测结果发现，不同材质的印章在不同的环境中，其横纵直径变化的显著相关的关系是不同的，说明因为材质的不同，其受到外部环境影响程度也是不尽相同的，从而显现在印文特征的变化上也是不同的。而在有些条件下形成的印文，其纵直径与横直径并没有显现出一定的相关性，应是受到盖印压力或者测量误差的影响。

第三节　印章印文特征阶段性变化规律实验成果总结

基于上述实验的设计、开展以及实验结果的统计与分析，还需对于一些条件下印章印文阶段性特征会发生的变化趋势与规律进行总结与展示，以便于鉴定人员在鉴定实践中利用印章印文特征阶段性变化规律实证研究成果，对阶段性特征的性质及形成原因进行分析与判断，进而为印章印文鉴定工作提供一定的科学支撑。

一、印面结构变化对印章印文特征影响的参考依据

经过一系列印章印文阶段性特征实验研究，发现印章的印面结构可以是印章印文特征阶段性变化的参考依据之一。其章面材料直接决定了印章在使用存放过程中耐磨损耐磕碰的程度，及其材质的软硬也与其形成印文的形象反映直接有关。

（一）章面材料变化是印章印文阶段性特征的内在因素

从高温干燥、湿润、印油浸泡及人为老化实验结果的反馈中，可以得出章面材料的变化是印章印文阶段性特征的内在因素这个结论。章面材料的软硬水平、松散紧凑与其形成印文的过程与存放保管的过程受其他因素影响程度有关。牛角印章章面坚硬、材质紧凑，其受到周围环境条件变化的影响最小；橡塑印章章面材料为化学混合物，其间化学键容易受到极端条件的影响发生断裂，因而其受到使用与存放环境条件影响较大；木质印章材质与牛角印章相比较为松软，尤其是在潮湿的环境中，这是由木材是植物这种具有多孔性且非均匀的有机体决定的。木材间含有大量的空隙，因此受潮后就会吸收水分而膨胀发生起拱与变形。

（二）附着物是印章印文阶段性特征的不确定因素

附着物的出现是随机的，因此其成为印章印文阶段性特征的一个不确定因素。在使用印泥作为印文色料进行盖印的过程中，印泥容易黏附于笔画之间，形成附着物特征。在盖印时，该印泥黏附可出现于印文的不同位置，并且该特征维持的时长亦是不可确定的。光敏印章、原子印章等储墨型印章则容易沾

上毛发、尘埃、纸屑等附着物体，形成一个时间区间内的附着物特征。以上这些附着物的黏附，可能只是短暂性地出现并体现于印文特征之上，亦有可能长期出现于印文上，而形成相对稳定的印文阶段性特征。

二、盖印条件变化对印章印文特征影响的参考依据

从以上设计的实验及实验成果的分析统计中发现，盖印条件也可以是影响印章印文阶段性特征变化的参考依据之一。尤其是在印面成印过程中，不可或缺的作用力、承印客体及印文色料介质三个要素的变化，对印章印文阶段性特征的表现与变化会产生一定的影响。

（一）成印四要素之作用力的变化

众所周知，力的作用直接影响着印文特征的反映与呈现。盖印力是印章印文形成不可缺少的一个因素，同一枚印章在不同作用力大小与施力角度的作用下，肉眼观察其印文特征是不一样的。因而在现实工作生活中，作用力是影响印章印文阶段性特征的一个重要因素。在实验过程中，为了控制这一要素对实验所要研究的变量的影响。笔者尽可能使用正常作用力、正常盖印角度进行实验样本的收集，并且盖印时均采取右手站姿，试图将作用力对印文阶段性特征的影响降至最低。然而人的活动无法像机器般精准一致，在收集样本过程中，无法保证实验样本的收集均是在相同作用力相同施力角度下完成的，因此实验成果难免会受到作用力的变化，而产生一定的误差。而该误差于印章印文鉴定实务中是有意义的，因为在当今社会现实，

盖印这一过程基本上仍属于人类活动,每一枚印文均是于存在着实验中误差的情况下形成的。

(二)成印四要素之承印客体的变化

现实生活中,不同的场合会使用不同材质的纸张作为制作文件的客体,因而印文也会出现于不同承印纸张之上。不同品牌、厂家、批次生产的纸张有着不同的特性,这决定了印文形成于该纸张之上的表现形式及后续的变化方式的不同。纸张材料本身有着其复杂的理化特性,在进行盖印活动时,其能够承受的作用力、对印文色料的吸附与显现程度及在存放过程中的吸水能力等均是有所差异的。在材质较薄的临摹纸上盖印时,由于其结构较为松脆疏散,在力的作用下,容易发生断裂破碎,并且墨迹容易向外扩散。同样地,为了控制承印纸张这一变量,笔者在进行实验过程中,选择了性能较为优异的纸张作为承印客体,以排除承印物的变化对印章印文阶段性特征的影响。

(三)成印四要素之色料介质的变化

笼统地讲,印文色料有着诸多品种与颜色,而在正式场合中,人们不会使用黄色、紫色、绿色、白色等颜色作为色料介质,最常使用的还是红色色料。因而笔者挑选了红色印油与印泥作为实验色料介质,关于色料介质对印文阶段性特征的影响需要涉及理化分析,本书不作过多阐释,只要侧重于其显微特征进行分析与总结。印泥中的印文色料为油溶性物质,其较难溶于水,颜色稳定,不易褪色,形成的印文立体感较强,同时印泥较为厚重,纸张背面可能会渗透出印文的油痕,同时红色颗粒物状的物质会黏附于纸张表面,并且可能会发生洇散。原子印油色料均匀，无印油堆积、洇散现象。因此不同品种的印文色料形成的印文有着不同的形象特征与显微特征，有学者将不同种类的印油混加于光敏印章中，发现注油一段时间后，会产生露白特征并逐渐扩大，当扩大到一定程度时，即在一定时间内保持稳定。[1]

三、印章印文特征阶段性变化规律归纳

印章制成之后，由于章体材料的物理性涨缩变化和使用过程中的磨损、老化、磕碰等原因，会导致印章印面自身发生不同程度的变化，作用力的大小、方向都会影响印章印文的形态，承印纸张的质量、衬垫物的厚薄、承受物面的平整光滑与否都会对印文的形成产生影响。盖印时所用的印染物质不同、蘸取印染物的多少，都会对所形成的印文特征产生不同的影响。印文形成后，由于文件纸张受潮而膨胀、晾干后又收缩，印文也会相应地发生胀缩变化。[2]由此可见，印章印文阶段性特征的变化，与这能够对印文特征产生各种程度上影响的诸多因素有着直接或间接的关系。虽说在单一因素或多种因素的作用下，印文形态千变万化，但是经过笔者的梳理与总结，发现印章印文阶段性特征的变化，可以概括为印文特征的交替、转化与消失。

---

[1] 马俊杰：《影响印章印文特征变化的相关因素研究》，华东政法大学2014年硕士学位论文，第29~31页。

[2] 贾治辉主编：《文件检验》，中国检察出版社2010年版，第182~184页。

第三章 印章印文特征阶段性变化规律实证探析

（一）印章印文特征阶段性交替路径

印章印文特征，是在不断地发展与变化之中的，其在一定时间区间内，只是在逐渐地、不显著地发展与变化着。在这个阶段内，其印文特征保持着相对的平衡、静止与稳定。这是印章作为一种事物、客体，自身存在的延续和渐进的变化。该种变化的路径便是印章印文阶段性特征的交替路径。在阶段性特征的交替过程中，主要存在阶段性的整体变化与局部变化两种情形。由于事物处于不断运动与发展中的本质，随着时间的推进，其一直处于量变之中，但在这个阶段的变化中，事物的本质属性并不改变，该事物的整体在发生着阶段性的不显著的变化。譬如一枚原子印章在不断重复使用过程中，其文字笔画及图形边框线条不断地被磨平，而导致笔画边框线条等特征不断地加粗加宽。该变化是积年累月形成的，不显著的，并且该印文特征的性质并未改变。

（二）印章印文特征阶段性转化路径

事物是由各个部分、要素组成的有机整体，而由于事物内部存在的矛盾，导致了事物内部各部分发展的不平衡。因此组成事物整体的各个部分之间的发展变化是不完全一致的。由于各种条件因素的影响，在事物整体的根本性质微变，并且还处于量变积累过程中，事物内部的某些部分、要素就已经发生了性质的变化。该变化为阶段性的局部变化，该过程表现于印章印文特征的变化过程中，为印章印文阶段性特征的转化过程。在转化过程中，印文特征只是局部出现较为明显的变化，该变化的前提也是要以一定量变为基础的，因此其也具备相对稳定性，可以为印章印文鉴定人员提供较为可靠直观的依据。

（三）印章印文特征阶段性消失路径

在阶段性特征的交替路径与转化路径中，其印文特征是在相对稳定的渐进状态，发生着整体与局部的变化，此为事物发展的总方向与必然趋势。而同时存在着的还有偶然性因素，该偶然性因素则可能造成印文阶段性特征的突然消失与出现，其为联系与发展过程中并非一定要发生的，可以不同形态出现的不确定的趋势。最有代表性的偶然性因素为印章印文的附着物特征，该特征的消失与出现可以归纳为印章印文阶段性特征的消失路径。消失，是以出现与存在为前提的消失。而在发展过程中，经过量变的积累，事物最终会发生质变，此时事物的性质发生了改变。这个过程实质上就是印文特征的消失路径，在不同阶段内，不同印文特征走向消失，同时又不断出现新的印文特征。因此消失的尽头，伴随着的是全新的开始，循环往复，印章印文特征又开始不断地交替、转化。

第四章
印章印文特征阶段性变化影响因素探讨与研究

　　印文的形成是以印章的章体形态及其印面结构为基础的人为盖印活动，而不是印面结构在承印纸张上的直接反映。[1]不同的因素可能会对印文特征造成相同的影响，因此需要对印文特征进行深入分析，以正确把握该印文特征变化的原因。比如说印章印文的尺寸大小变化，主要可能来源于两个方面：一是印章在使用过程中因材质、保存条件、色料浸湿等因素的影响导致印面发生涨缩形成的变化；二是受盖印条件和盖印后的外部环境等影响，如印文墨迹洇散、承印纸张收缩会使印文大小产生变化。其中第二类变化是不具备必然性的，在无法作为印章印文鉴定的特征依据时，是需要加以鉴别并剔除的。[2]前述章节对印章印文的阶段性特征的变化进行了实证考量。若需将该实证结果加以归纳总结并运用于检案实践中，则应对该

---

〔1〕 马俊杰：《影响印章印文特征变化的相关因素研究》，华东政法大学2014年硕士学位论文，第6页。

〔2〕 孙维龙、施少培、卞新伟：《印文大小特征变化在印文盖印时间鉴定中的应用》，载《中国司法鉴定》2009年第6期。

阶段性特征变化的影响因素进行更为深入的剖析与判辨，观察并认识印文阶段性特征变化的根本原因，这对于印章印文检验理论研究与鉴定实务具有重要的意义。

第一节 制章过程对印章印文特征的阶段性影响

印面的整体形象主要定格于印章的制作过程，经过上千年的发展，我国制章方法从手工雕刻逐步过渡到机器雕刻。如今手工雕刻印章主要以其无可替代的艺术性存于民间活动中，而带有现代工业文明标记的机器雕刻活跃于现代刻章业中。手工雕刻往往有着不可复制性，同一个人刻两枚相同内容的章体，也会有所不同。机器雕刻则可以实现批量生产，但是即使采用相同的制章方法，选用了相同的印章材质，利用同类型工具与相同的印稿，制作而成的印章虽然相似度极高，但是由于具体的制作过程中机械控制以及选用的参数不同，该印章之间必然存在不同程度的细微差别。而印章材质的选择，从上文中就可看出，有象牙、木材、牛角、橡胶、橡塑、铜、水晶、玉石、光敏材料、树脂材料等，范围十分广泛。不同材质的软硬程度、使用方式、使用年限等特性会有所不同，因此印章制作材料的选择也会对印文阶段性特征的变化有所影响。

一、物质特性对印章印文特征阶段性变化的本质性影响

（一）制章材料特性是印章印文特征阶段性变化的内在本质

印材是制作印章最基本的材料，不同材质的印章在使用过

第四章 印章印文特征阶段性变化影响因素探讨与研究

程中会有不同程度的变化，其根本原因在于印章材料特性的不同。本书选取的 5 种实验印章，其印章材质分别为木材、牛角、橡塑、光敏材料和储墨材料。除两种储墨型印章外，另外 3 种蘸墨型印章材质的特性之间有较大的差别。牛角印章较为坚硬耐用，蘸墨均匀；橡塑印章质地较软、弹性较大，盖印压力过大时易产生形变；木质印章硬度适中、较前两种材质则较为松散，较易收缩，与纸张的贴合度较差。使用相同印稿制作而成的牛角印章、橡塑印章及木质印章，用等力等压并使用同一印泥盖印而成的印文，从图 4-1 中可看出其印文形态上的差异，木质印章边缘不平滑，整体概貌带有木屑感；牛角印章与橡塑印章边缘平滑，着墨均匀，但仍能看出，橡塑印章由于自身材质的弹性，其图文笔画线条较牛角印章而言相对粗大。

| 木质印章形态概貌 | 牛角印章形态概貌 | 橡塑印章形态概貌 |

图 4-1　木质、牛角、橡塑印章形态概貌对比

也是因为印章各材质特性的不同，其在使用保管过程中，受到磨损、腐蚀、磕碰、胀缩的程度也不同，这将对印文阶段性特征的形态学上反映产生直接影响，所以说制章材料特性是印章印文特征阶段性变化的内在本质。

（二）印文色料特性是印章印文特征阶段性变化的内在因素

印文的形成需要一定的载体，将印章印面的形象特征显现于承印纸张之上。通常情况下，上述载体一般为印泥（油）这两种印文色料。钢印为特殊情况，其印文的形成无需印文色料的介入。图4-2为牛角印章分别蘸取印泥、油性印油及水性印油为印文色料所形成的印文形象。

印文色料—印泥　　印文色料—油性印油　　印文色料—水性印油

图4-2　印泥、油性印油和水性印油形成印文形象对比

基于上文的阐述与说明，明确了不同类型的印文色料的不同特性及其主要成分组成。比如油性印油与纸张结合度比较好，盖印清晰，较容易干；利用水性印油盖印时易使纸张变形，但是具有挥发快、无毒无污染等优点。而印泥在蘸取时容易黏附于印面上，其印迹在承印纸张上容易扩散。纵观以上印文色料的特性，会发现利用不同印文色料形成的印文，在印文形态上会有所差异，色料若是过少，可能会造成印文文字线条的残缺或间断。更为重要且明显的差异在该印文色料与承印纸张的结合度与其色料后期的挥发程度。印文色料中某些成分在保管过程中会挥发于空气中，而树脂、着色剂等成分能够较为稳定地存

第四章 印章印文特征阶段性变化影响因素探讨与研究

留于承印客体之上，由此会造成印文的阶段性特征反映的不同。并且不同品牌、型号、批次的印文色料配方存在差异性，为印章印文种属鉴别提供了理论依据。[1]同样地，若是存在更替印文色料的行为，也会呈现于印文的阶段性特征中，并通过有效的鉴定方法加以检验。因此，印文材料特性是印章印文特征阶段性变化的内在因素，其对印文阶段性特征的影响具体表现在印文色料的光泽度、均匀性及洇散程度。从图4-2所反映出的印文形象特征中可以明显发现3种印文色料成印后的差异，其中蘸取印泥进行盖印而成的印文上易形成印泥堆积，在文字图案边框等凸显处容易黏附印泥而造成粘连或形成一些细节性特征并且盖印后容易发生洇散现象。油性印油及水性印油形成的印文盖印清晰完整，文字图形线条较为平滑，但在存放期间油性印油容易向外洇散。

二、制章工艺对印章印文特征阶段性变化的决定性影响

印章的制作方法从古时的"铸印"[2]和"凿印"[3]发展到了如今高效快捷的机器雕刻，这个从手工雕刻到机械雕刻的发展，离不开文明的进步与科技的发展。在印章印文检验活动中，首先需要对涉案印文的形成方式进行初步判断，即对形成该印文的印章的制作方法与材质进行判断。若是根据印文特征，发现

---

〔1〕 韩伟、黄建同、王皓：《利用拉曼光谱技术对印泥和印油种类的鉴别》，载《中国人民公安大学学报（自然科学版）》2016年第2期。

〔2〕 铸印，也称"拔蜡"，是指一种制作印章的方法，有些只铸印坯，铸好再刻凿印文；也会将印坯与印文一起浇铸。

〔3〕 凿印是指刻印的一种方法，在预制的印坯上用刀直接击凿印文。

检材印文与样本印文的形成方式不同，则可作出否定同一的判断。研究制章工艺对印章印文阶段性特征的影响，能够有效地保障印章印文鉴定活动的顺利开展。现代制章主要包括半自动雕刻、光电全自动雕刻、数控全自动雕刻、激光雕刻、热压成型技术、照相制版技术及感光成型技术等，对不同材质的印章可选用适合其材质特点的制作方式进行雕刻。

（一）手工雕刻技术的主要特点

手工雕刻印章，是凝聚了材质美、雕刻美、书法美及文学美为一体的艺术品，是我国特有的艺术门类和传统文化艺术，蕴含了中华民族的传统审美，体现了我国的民族精神。手工雕刻技法传承千年，是用手工工具直接在印章章体表面雕刻形成印面的方法。手工雕刻对印文特征的影响，主要取决于雕刻工具、雕刻手法及刻制人三个方面。手工雕刻手法灵活，因形造势，富有层次的美感，能够充分地发挥刻章人的智慧与灵感。手工雕刻的创作者们因材施艺，结合印章材质的形体进行创作，能以自己的聪明才智化腐朽为神奇，斟酌每件作品原件的特点后，赋予其各自的灵魂，有着其独特的情绪化、个性化、肌理感、流动性及随意性。[1]但是手工雕刻不可避免会出现各种雕刻误差，变化多端，造成了即使同一个刻章人利用同种印章同一印稿，连续雕刻两枚印章，也无法做到一模一样，个性特征较为明显。并且手工雕刻耗时耗力，工期较长，对雕刻者的雕刻手法要求高，产业相对比较传统。

---

[1] 李敏琦、于帆、李彤：《传统竹刻手工艺与现代机械雕刻工艺的比较》，载《大众文艺》2011年第19期。

第四章 印章印文特征阶段性变化影响因素探讨与研究

（二）机器雕刻技术的主要特点

机器雕刻方式与手工雕刻方式由很多相似之处，机器雕刻可以说是手工雕刻的进阶，其两者在加工工具上的功能可相互对应。现代印章制作技术是以光电技术和制版技术为核心的自动化、现代化制作印章的技术，机器雕刻机相当于各种类型的雕刻刀，通过数控技术、光电技术等快捷准确地雕刻出设计好的印稿，实质上是以机械加工的方式代替手工进行雕刻，以实现印章制作的自动化。机械雕刻通过相关的电脑软件，对印稿文字图形进行处理，有着精确性、细致性及规范性的特点。其操作简单、生产流程短促进了批量化生产的实现。在细节的处理上，机器雕刻与手工雕刻有很大的差异。机械雕刻出的线条粗细均匀、精准细致、深浅一致，看上去整齐规律，有着理性化的特点，不过对于手工雕刻，机器雕刻在精神审美高度上较为刻板、简单、缺乏层次感。不同的机器雕刻所依据的原理不同，因而有其各自的雕刻特点。譬如激光雕刻适用于牛角、木质、有机玻璃等非金属材料的印章，刻制而成的章面整齐美观，图文线条流畅，深度和精度较好，但往往都带激光束雕刻的路径特征。而数控全自动雕刻技术则适用于铜、钢等金属材料，常用于铜质公章、钢印的制作，制成的章面往往能够反映出机械加工的痕迹特点。

第二节 盖印过程对印章印文特征阶段性变化的多元性影响

盖印过程中，存在着诸多因素可能会对印章印文阶段性特征产生影响。主要因素有盖印压力大小与角度的选取，承印纸张的选择以及衬垫物的软硬程度，其中任一因素或多种因素的改变，都会引起印文特征的变化，由此形成的印文阶段性特征，可为印章印文鉴定结果的判断提供重要的依据。

一、压力、角度的选取与印章印文特征阶段性变化的联系

人们利用印章进行盖印活动时，需要通过向印章施加作用力，才能使之与承印纸张接触，并在衬垫物的反作用力的作用下，使印面结构形态显现于承印纸张之上。作为成印四要素之一的作用力，其对印文的形态特征的表现形式有着直接的联系与影响。作用力对于印文特征的影响主要是由力的大小与角度决定的，不同大小压力与角度的选择会对印章印文特征阶段性变化产生多元性的影响。

（一）不同压力大小对印章印文特征阶段性变化的影响程度分析

盖印力对印章印文特征阶段性变化的影响程度与印章材质有着直接关系，材质较软的印章受盖印力的影响较大；反之，材质较坚硬的印章受盖印力的影响相对较小。如橡胶印章、橡塑印章等材质弹性较大，印面受到较大作用力产生挤压时，会导致印面发生弹性形变，造成笔画加宽加粗等印文特征，而牛角

第四章 印章印文特征阶段性变化影响因素探讨与研究

印章、金属印章等材质较硬的印章则不容易发生形变。在外力的作用下，物体发生形变，在外力撤销后，物体又能恢复至原状，这样的形变叫作弹性形变。[1]材质较软的印面受到作用力的挤压，发生弹性形变，因而印文特征会发生较大的变化，在作用力撤去后，印面又能恢复原状。正常盖印压力大小均匀适中，盖印方向与承印纸张垂直向下，由此形成的印文图文线条清晰端正，无明显的变形和错位，能够显现出印面结构的真实形态。盖印压力过轻，印文的图文线条无法清晰完整地呈现于纸张之上，文字笔画及边框线条相对较细，局部字迹可能缺失，露白缺损特征较正常盖印压力可能相应扩大，而原有的疵点或附着物特征可能难以体现于印文上。[2]盖印压力过重时，印文的色调会变得浓重，印文的文字笔画与线条可能会加宽加粗，在重力的挤压下，油墨可能外溢并造成两边浓中间淡的挤墨现象。尤其是印面较软的印章，文字图形会向外延生、变形，局部线条间隙可能会变小甚至弥合，严重时还会出现"盲字""脏底"等现象。

---

〔1〕 百度百科"弹性形变"，载 https://baike.baidu.com/item/%E5%BC%B9%E6%80%A7%E5%BD%A2%E5%8F%98/718514?fr=aladdin，最后访问日期：2018 年 6 月 7 日。

〔2〕 马俊杰：《影响印章印文特征变化的相关因素研究》，华东政法大学 2014 年硕士学位论文，第 7 页。

表 4-1 光敏印章、橡塑印章、牛角印章于盖印压力较轻、正常盖印压力及盖印压力较重情形下的形态比较

	盖印压力较轻	正常盖印压力	盖印压力较重
光敏印章			
橡塑印章			
牛角印章			

（二）不同施力角度对印章印文特征阶段性变化的影响程度分析

在不同盖印压力的作用下，印文的文字笔画、线条、边框的宽度等形态特征存在差异，不同的盖印压力分布及施力角度的选择，也会对印章印文阶段性特征产生相应的影响。若是盖印压力不均匀，可导致同一枚印文上出现不同的变化。印文的墨迹分布可能呈现浓淡不一的状态，压力较重的图文线条往往比较清晰；压力较轻的部位笔画和线条露白中断，起末端和转折形态不

第四章　印章印文特征阶段性变化影响因素探讨与研究

完整，与章面文字线条图案形态相似度高，总体变形小。[1]

同样地，在盖印过程中，受施力角度的影响，印面的一侧首先落于承印客体之上，在盖印力的继续作用下，印面的另一侧也需要与承印客体接触，在这个过程中，章体可能会出现偏移或挪动，导致印文出现模糊、重影等现象。在这种情况下，将其与正常盖印的印文作比对，会出现一侧印文符合较好，而另一个印文无法重合的情况。并且往往印面与承印客体最先接触的部位是出现错位程度最高之处。因盖印压力分布及施力角度造成的印文阶段性特征的变化，在检验实践中需加以注意。

从图 4-3 左图可以看出，施力点在木质印章的左边，从而造成印文左边部分清晰，而右边部分文字较淡、边框较细并且有间断的现象。图 4-3 右图为橡塑印章施力不均印文形态，由左下点向印章施力，而在与承印纸张的接触过程中，印章发生了挪动，造成了图中重影、模糊的现象。

木质印章施力不均印文形态　　橡塑印章施力不均印文形态

图 4-3　木质印章与橡塑印章施力不均印文形态对比

---

〔1〕 杨进友、吕梦婷：《光敏印章印文盖印变化研究》，载《中国司法鉴定》2017 年第 6 期。

二、盖印材料的选择与印章印文特征阶段性变化的联系

印章印文鉴定中所指的盖印材料通常是指借据、收条、合同、支票、发票、遗嘱等纸张类的文件载体，不同种类、品牌、厂家生产的纸张，其所用的纤维、胶料、填料及荧光增白剂等成分与配比会有所差异。而承印纸张的成分及特性与印文阶段性特征的变化息息相关，主要表现在盖印过程和保管过程中。以下将通过对不同材质纸张的考察，来衡量承印客体对印章印文特征阶段性变化的影响程度。

（一）不同纸张材质对印章印文特征阶段性变化的影响因素考量

纸张是以固相（纤维）为主体，液相（水分）、气相（空气）组合而成的多相结构物质，由于纤维在原料种类和处理工艺的不同，与抄造工艺和设备的不同，使得各类纸张的结构和理化性质存在差异。从微观角度看，纸张具有复杂的多孔结构，各类纸张的多孔性决定了其吸收性能、透气度及平滑度。在盖印过程中，某化学混合物——印文色料通过印章印面的作用，在承印纸张上留下印迹，印文色料中的水分渗透到纤维间的间隙，而纸张中的胶料具有憎水性，可阻碍水分的渗透和润胀，从而阻止纸页出现变形。[1]在盖印或保管过程中，纸张的褶皱情况会对印文的形态产生影响。这一纸张特性对印文阶段性特征的影响往往会因纸张种类的不同而存在差异，通常表现为纸张

---

[1] 袁世炬：《纸张结构、性能与影响因素》，载《湖北造纸》2004年第1期。

第四章 印章印文特征阶段性变化影响因素探讨与研究

纤维较为疏松者，对印文的形态特征影响较小。在保管过程中，受文件存放的环境的影响，纸张受潮、受热均会影响印文特征的阶段性变化。

表 4-2 光敏印章、橡塑印章、牛角印章于四种不同材质
纸张盖印形成的印文形态

	光敏印章	橡塑印章	牛角印章
得力 70g 象牙白双胶纸			
临摹纸			
得力 70g 莱茵河复印纸打印纸			
Double A 80g 复印纸打印纸			

(二)不同纸张材质对印章印文特征阶段性变化的影响程度分析

承印纸张的匀度、抗张强度、耐折度、耐破度、光滑度、形稳性[1]等物理参数都会影响印文特征的反映及变化程度。在上述物理参数较差的纸张上盖印,会出现色料洇散的现象,导致印文的图文线条变粗、模糊甚至弥合等现象。有些纸张吸附能力较差,其上所盖印文在保管过程中还可能产生色料擦蹭、脱落等现象,导致印文某些部位出现中断、缺失等变化。

在印文形成前,纸张出现折痕,而印文又落于折痕处,则会导致纸张褶皱处的印文形象不清晰,甚至无着墨现象。并且由于折痕处的纸张纤维与施胶层遭到了破坏,也会出现墨迹堆积的现象。而在保管过程中,正常形成的文件,纸面一般都是光滑平整的,其上印文的着墨程度、扩散程度以及纸张纤维的平整程度应当都是一致的。文件制作完毕后,由于人为因素,纸张可能会出现揉搓褶皱现象,若对其进行反复折叠或长期折叠保存,会导致纸张纤维和施胶层的变形甚至断裂。该部位的印文痕迹也会遭到不同程度的破坏,呈现出一些表观特征。[2]若是将盖有印文的纸张存放于潮湿的环境中,纸张受潮后容易产生膨胀,附于纸张上的印章印文也会随之膨胀变形。因此在鉴定实践中,需要对纸张特性及状况进行一系列分析,将纸张材质对印文特征造成的影响程度纳入考察范围,以分析与掌握

---

[1] 形稳性是指纸张在经历水分变化时,其尺寸的稳定性。
[2] 李彪、冯明帅:《判断纸张折痕与写印字迹先后次序的实验研究》,载《广东公安科技》2008年第4期。

印章印文阶段性特征变化的具体成因。

三、衬垫物的选择与印章印文特征阶段性变化的联系

在日常生活中，人们使用印章进行盖印时，往往会于承印纸张之下衬垫某一物体，在印面落于承印纸张上时能有一个力的支撑，以便能够轻松省力地完成盖印活动。在印文痕迹的形成中，衬垫物与成印的四要素一样，起到了造痕的效用。印章盖印于承印客体上留下印迹的过程，从物理学角度而言，本质上是印面与衬垫物的硬度、塑性、脆性等物理性质相互较量的过程。[1]一般而言，该衬垫物可以为纸张、书本、树脂垫[2]、桌面等，同一枚印章在不同衬垫物的支撑下，所形成的印文形态可能有所不同，而不同材质的印章受衬垫物的影响也有所不同。衬垫物对印文形态特征的影响主要由其软硬及平整程度决定的，衬垫物形态不平整，形成的印文容易出现文字图形残缺不全、线条间断、边框消失等现象。若是衬垫物的软硬适中，表面平整光滑，则于其上形成的印文清晰完整。

（一）衬垫物的软硬程度对印章印文特征阶段性变化的影响程度分析

衬垫物对印文形态的影响，还需视印章种类分类讨论。其中对于蘸墨型印章而言，材质较坚硬的印章在衬垫物过硬的条件下盖印，印文的文字图形、边框线条可能出现不实的现象。

---

[1] 崔净齐：《静态环境下衬垫物变化对笔迹特征影响的实验研究》，华东政法大学2014年硕士学位论文，第6页。

[2] 生活常用的鼠标垫为合成树脂材质。

若是在衬垫物过软的条件下盖印,纸张的边框处受力较中心处要大,容易造成印文边框实中间虚的形态,并且可能由于受力不均的关系,造成纸张着墨不均匀,印文深浅不一的现象;而橡胶、橡塑印章由于本身材质具有一定的弹性,在衬垫物较硬的情况下也能与承印纸张进行着较好的结合。

| 铜质印章于桌面上成印的印文形态 | 铜质印章于海绵垫上成印的印文形态 |

图 4-4　铜质印章于桌面和海绵垫上成印的印文形态对比

图 4-4 为材质坚硬的铜质印章分别于衬垫物为桌面及座椅海绵垫上形成的印文。可以看出,在桌面上形成的印文,由于衬垫物较硬的缘故,文字图案不实,边框线条有中断现象。而在座椅海绵垫上形成的印文,由于衬垫物过软的缘故,印面整体受力不均,形成的印文深浅不一,并且纸张带有起皱现象。

第四章　印章印文特征阶段性变化影响因素探讨与研究

| 光敏印章于桌面上成印的印文形态 | 光敏印章于海绵垫上成印的印文形态 |

图 4-5　光敏印章于桌面和海绵垫上成印的印文形态对比

如图 4-5 所示，光敏印章于桌面上盖印时，成印清晰完整，墨迹分布较为均匀；而在过软的海绵垫上盖印时，印文的边框处受力较大，有边框实中心虚的现象，并且纸张起皱，印文的边框特征较明显。

对于光敏印章、原子印章等储墨型印章而言，在衬垫物过硬的条件下盖章，印文往往清晰而完整，这是由储墨型印章的特性决定的。如光敏印章本质上是一种类似海绵垫的聚合物制品，其质地与牛角印章、铜质印章、石料印章等材质较坚硬的印章相比而言较软。在衬垫物过软时，印文中心区域的色泽较边框色泽也如蘸墨型印章一般较淡。并且由于衬垫物过软，对章体施加作用力，章体与纸张接触后，纸张较易出现按压起皱的现象，从而显现出储墨印章的边框特征。[1]

---

〔1〕 马俊杰：《影响印章印文特征变化的相关因素研究》，华东政法大学 2014 年硕士学位论文，第 28 页。

（二）衬垫物的平整程度对印章印文特征阶段性变化的影响程度分析

表面较为光滑平整的衬垫物，对承印客体的受力没有太大的影响，能够较完整地辅助印文形态的显现。在较为坚硬且表面不平的衬垫物上盖印时，无论是蘸墨型印章还是储墨型印章，其形成的印文均容易出现文字图形残缺不全、笔画线条间断或边框消失等现象。并且往往在衬垫物的凸显处，盖印的部分较为清晰；而在衬垫物的凹陷处，则容易出现盖印不实的现象。

图 4-6　铜质印章与光敏印章于衬垫物不平时的印文形态

图 4-6 所示为铜质印章与光敏印章分别于衬垫物不平的情况下进行盖印，发现两种印章均有文字图形残缺不全的现象，并且残缺处主要为衬垫物的凹陷处。其中铜质印章受衬垫物不平整的影响较大，光敏章由于光敏垫本身较为柔软，与衬垫物之间能够较好地贴合，反映出来的印文则较为完整。

第三节　使用保管过程对印章印文特征
阶段性变化的局限性影响

印章在长期使用过程中，印面容易黏附尘埃、毛发、纤维、纸屑、烟灰等细小的附着物，引起印文特征的暂时性的变化。同时，印面会因老化、磨损、磕碰或人为因素而导致印文发生相应的变化。上述在使用保管中的各种因素对印文特征的变化有着不同程度与深度的影响，从而形成的印章印文阶段性特征在稳定性上会有所不同。其中有些阶段性特征是单向性的、不可逆的，而有些阶段性特征会消失或继续发生变化。

一、环境因素对印章印文特征影响的潜在性

整个世界是一个相互联系的整体，任何事物与它周围的其他事物都相互联系着。正是由于事物之间联系性的存在，决定了印章印文会受到其所使用与存放环境的影响。印章印文会受到使用与存放环境中各类因素的影响，导致对印文阶段性特征潜在性的变化。其具体表现在两个方面。首先是存放环境的湿度与温度会导致章面的老化，在章面逐渐老化的过程中，会出现变形、缺损等现象，导致印文特征的阶段性变化。并且这个过程不是一蹴而就的，其印文特征的变化也不是十分明显的，而是一个循序渐进的历程。譬如在极端条件下，橡塑印章材质容易热胀冷缩，导致其印面的尺寸外径发生变化，甚至出现章体开裂的情况，以上现象均能够在其所形成的印文中反映出具体的特征，是为环境对其造成的潜在影响。其次是印章的使用

与存放环境对印面的污染程度。无论是蘸墨型印章还是储墨型印章，其在盖印过程中，均容易黏附上处于周围环境的尘埃、毛发等附着物。由于储墨型印章省略了蘸墨这一环节，其吸附附着物的概率较储墨型印章而言相对较小。

二、外力作用对印章印文特征影响的单向性

外力的作用会使印章印文发生不可逆的变化，并带来相应的阶段性特征的反映。有些材质的印章在使用过程中容易发生磨损、磕碰等变化，尤其是以木材、牛角、石料等材质为印面的印章，在外力的作用下，会形成相应的阶段性特征。外力磕碰往往会造成印面的缺损，从而导致印文的相应部位的残缺。长时间的使用，还会使印面发生磨损，印文的文字线条的尖角状态会变得圆滑，导致文字笔画可能加粗加宽、细节性特征的消失变化等现象。外力作用对印章印文特征是单向的且不可逆的，外力可以作用于印章印面且导致其发生变化，而印章则无法作用于外力。并且在印面上形成的磨损、磕碰痕迹均是出现后则不可消除的，但是该痕迹后期还可能不断发生着变化。

三、附着物质对印章印文特征影响的易变性

印章在使用和保管过程中，印面可能会受周围环境的污染，黏附上来自空气、人体等的附着物质，其主要为尘埃、毛发、纤维、纸屑、烟灰等细小异物，形成附着物特征。该印文特征是暂时性的且易变的，与附着物的数量、出现的部位、表现的形态等因素有关。有些附着物随着盖印活动的进行可能移动或

脱落，进而造成印文特征的变化。也有的附着物经过人为的清理随即消失，持续的时间较短。附着物的黏附形成的附着物特征主要特点为易变性，其可能只会出现一次，也可在多次盖印时重复出现，并且其形态、相对位置在每次盖印时都可能发生变化。另外还需要注意的是，承印纸张表面可能本身具有尘埃度[1]，该尘埃是暴露在纸张表面肉眼可见的、与纸面有着显著区别的纤维束或其他杂质，应将其与印文的附着物特征加以鉴别、区分。[2]

四、人为因素对印章印文特征影响的随机性

除却上述的因素外，印章在使用与保管过程中还可能随机地受到人为因素的影响。譬如人为地在印面上制作特殊标记以达到防伪的目的，由此造成的印面缺损会使印文某些原有的特征发生变化或者消失，并且该特征还会随着印章的使用与老化，发生相应的变化，形成新的特征。人为因素可改变印章使用与存放的环境，通过环境因素对印章印文特征影响的潜在性使印文特征发生相应的变化。同样地，人为因素还可调整外力作用对印章印文特征的影响程度，一般而言，若是增大使用频率，则会加快印章的磨损；还可人为地施加外力使印章遭到磕碰、缺损，其印文特征也会随之变化。人为因素同样也能影响印章印文的附着物特征，可以随机地使之黏附上某一附着物，或是对

---

〔1〕 纸张表面的尘埃可能是纤维原料本身造成的，也可能是外来因素造成的，如煤渣、铁锈、油污等。

〔2〕 张盆、张文晖编：《纸张实用手册》，化学工业出版社2014年版，第12页。

印面进行清理，使原有的附着物特征消失，从而在印文特征上显现出相应的变化。括而言之，人为因素对印章印文特征的影响是随机的，其可以通过人为地改变印章使用和保管过程中的任一因素或多种因素，使印文特征发生相应的改变。

五、小结

从印章的制作、使用与保管，印章印文阶段性特征的变化会受到多重因素的影响。其中在制章过程中，章体材料的选择与印文色料的使用对印章印文阶段性特征有着本质性的影响，其直接影响了印文特征的反映形态及后期的磨损、腐蚀、磕碰、胀缩的程度。而制章工艺则直接确定了章体印面的形象特征，从而达到对印文阶段性特征的决定性影响。在盖印过程中，盖印压力的大小、盖印角度的选取、盖印力是否均匀、承印纸张的理化特性，以及衬垫物的软硬与平整程度均会对印章印文特征阶段性的变化产生多元性影响，其任一因素或多种因素的改变，印文特征都会发生相应的变化。在使用与保管过程中，环境因素对印文特征影响的潜在性，外力作用对印文特征的单向性，附着物物质对印文特征的易变性以及人为因素对印文特征影响的随机性等，均会对印章印文特征阶段性的变化造成局限性的影响。众多因素的影响，导致了印章印文特征阶段性变化的复杂性。在鉴定实践中，鉴定人员应充分分析检材印文的盖印条件，通过与历时性样本的比较，准确识别与分析印章印文特征阶段性变化的性质及形成原因。必要时还可通过相应的实验加以验证，为印章印文检验鉴定活动提供科学可靠的依据。

第五章
印章印文特征阶段性变化规律综合评断

对印章印文特征阶段性变化规律进行综合评断，是要对印章印文因阶段性特征的变化造成的符合点和差异点进行评断。由于印章印文特征在不同条件下变化的多样性，其阶段性特征中虽有差异呈现，但并不能仅此直接作出否定同一之认定，还须考察特征的符合情况；反之，其阶段性特征中即使呈现出若干基本符合点，也不应直接将其作为肯定同一的认定依据，还须具体分析特征差异性质与形成的原因。鉴此，唯有在检验鉴定实践中，全面地考察阶段性特征的差异点和符合点，并且将二者有机地结合起来，才能更准确地将印章印文特征阶段性变化规律运用在印章印文司法鉴定实务中。

第一节　印章印文特征阶段性变化规律体系架构

印章印文阶段性特征的变化形式与状态，需要通过观察，为司法鉴定人员所感知并认识。其是否能够被运用于印章印文鉴定实务之中，主要取决于印文阶段性特征价值的高低。为了最大限度发挥印文阶段性特征在印章印文检验中的应用价值，还需对印章印文特征阶段性变化规律体系进行合理的架构与完善。

一、特征的阶段性变化引发的冲突与矛盾

印章印文特征的阶段性变化并不是单一的、机械的、刻板的，而是印章印文各要素组成的特征反应体变化的有机统一。正如恩格斯在《自然辩证法》中指出："同一性自身包含着差异性。"[1]想要正确地进行印章印文同一认定，我们必须从辩证唯物主义的同一观出发，科学地看待与分析印章印文特征的异同点，尤其是在不断运动与变化中的阶段性特征。分析这些特征异同点形成的条件与机理，厘清是本质的异同，还是非本质的异同。以此作为目标，需要准确地通过印章印文阶段性特征来把握其特性，每一个特征反映体形成的时间和条件不同，同一客体的不同特征反映体之间必然也会有某些特征的差异，在此基础上解决特征的阶段性变化可能会引发的冲突与矛盾。

（一）特征变化呈现的非本质性符合的客观解析

在印章印文鉴定活动中，同一表示的形成受审查客体的印章与被寻找客体印章的自身相等同的范畴，当认定客体印章与其自身相同一时，就相当于认定了其与其他客体不同一。但是由于一些个别现象的发生，不同印章之间会出现相似甚至相同

---

[1] [德]恩格斯：《自然辩证法（摘录）》，载中共中央马克思恩格斯列宁斯大林著作编译局编：《马克思恩格斯选集》（第3卷），人民出版社1972年版，第537页。

的特征点,混淆鉴定人员的视听。这种个别现象的产生也是事物的一种发展趋势——偶然性。偶然性的产生不仅存在于事物的外部,而且可以存在于事物的内部,并且普遍地存在于各类自然系统之中。[1]我们根据特征之间的相似程度来判断客体是否同一,这里又涉及相似与同一的矛盾,这是同一认定过程中基本矛盾的又一表现。同一的本质与核心在于"一",其实质是针对某一物质性客体本身。相似则与同一有着本质上的差异,其指的是两个以上的事物之间有某些特征相同,根据不同的外在条件及内部因素,这种相似程度可能多也可能少,但是绝不可能完全相同,完全相同的情况仅存在于同一客体的前提下。[2]两个以上客体之间的某些特征相同的现象为非本质性符合,在本质上其为两个不同的客体,因此无法构成同一。基于上文的讨论,两个客体之间存在的差异为外差,这种差异十分明显,然而由于偶然性的存在,这种差异会有可能变得微乎其微,从而达到相似的状态,使得某些特征存在符合为非本质性符合,这样的偶然性现象不仅是个别的、不稳定的,且在实践中可能导致鉴定结果与客观事实之间的背离。

(二)特征变化导致的非本质性差异的客观解析

对印章印文进行同一认定活动,主要通过对印章印文特征的间接比对与分析实现的,而对其进行同一认定的本质,是要

---

[1] 庞元正:《必然性与偶然性辩证关系新探》,载《党政干部学刊》2011年第5期。

[2] 何家弘:《从相似到同一:犯罪侦查研究》,中国法制出版社2008年版,第190页。

证明其与自身的同一，即留下检材印文的印章与形成样本印文的印章是否同一。由此，应将印章看作是要认定是否同一的整体，而其中每一个印文特征都看作是该整体的特征反映，反映着印章的形象特征与物质成分特征。某一客体以其个体特殊性使其与其他客体之间存在本质差异，但是其个体特殊性并非一成不变的，而是在不断地发生着质和量的变化。

印章印文鉴定活动中，鉴定人员通过肉眼或在仪器设备的帮助下，经细致观察检验，不难发现检材印文和样本印文中的各处特征点，但是这些特征点此时还是分散的、孤立的，需要对它们进行综合分析，考察它们之间的相互关系，从这些分散的特征中寻找出带有规律性的特性，才能对印章印文阶段性特征的本质性符合或差异还是非本质性符合或差异进行辨别，从而保证印章印文鉴定活动的科学性。

二、特征变化引发冲突与矛盾的优化路径

印章印文特征阶段性的变化及其变化的多样性及复杂性，与印章印文鉴定活动存在着一定程度的矛盾与冲突。印章印文检验通过印文特征反映出来的形象是否同一来作为检案的依据，而特征的变化则阻碍了这一活动的进行。为了保障鉴定人员能够对其进行正确的分析与判断，可以从以下方面入手予以优化。

（一）适当了解相关案情

对印章印文进行鉴定是为了解决诉讼中涉及的有关印章印文专门性问题，在鉴定时适当了解案件相关案情是很有必要的，笔者认为这是有效解决特征变化引发冲突与矛盾的优化路径之

一。鉴定人作出鉴定意见的关键在于鉴定人依据鉴定材料的信息、鉴定材料形成的相关信息或前两者以外的案情信息来形成鉴定意见的内心确信。[1] 但是就印章印文鉴定而言，鉴定人对案情的了解也不是越多越好，若是超过了必要限度，会陷入人们不易察觉的"认知偏差"，这样很容易对案件做出预先的主观判断，影响鉴定活动的科学性。[2] 印章印文鉴定人了解案情的范围，从总体上说，应当是关于印文形成过程的情况。但需要注意的是，鉴定人在了解相关案情的同时，不能带入"先入为主"的观念。其了解案情的核心，在于更为准确地把握鉴定工作的方向。在具体检验鉴定时，仍需要严格依照鉴定程序与技术方法进行分析与鉴别。

（二）注重分析引起特征变化的各种因素

作为鉴定依据的印章印文特征，皆可反映并外显于印章印文之上，且可以被鉴定人员直接观察到。故鉴定人只需要加以细致观察，就不会忽略错过重要的特征信息。而影响印章印文特征的因素多种多样，既可能发生在印章的制作过程，也可能发生在印章的盖印过程，还可能发生在印章的使用保管过程中。在印章的制作过程中，印稿的不同，直接决定了构成印文的基本元素、结构、各元素内部和相互之间的布局等等形态学特征的不同。在印章的盖印过程中，造型客体、承印客体、盖印介

---

[1] 贾治辉、薛楠：《鉴定人了解案情的合理性分析——以庭审中的物证鉴定意见为视角》，载《证据科学》2017年第6期。
[2] 关颖雄：《试析物证鉴定人了解案情的必要性与限定》，载《理论界》2015年第10期。

质和作用力四个要素的任意改变，都会对印文特征造成不同程度的影响。在印章的使用保管过程中，也会有各种因素导致印文特征的变化。在众多因素的综合作用下，印章印文特征在不同阶段会发生不同程度的变化。鉴定人员在实践活动中，应基于客观检验的前提下，注重概括和总结引起印章印文特征变化的各种因素，准确认识和把握印文阶段性特征形成和变化的本质原因，此为有效解决特征变化引发冲突与矛盾的优化路径之二。

（三）严格遵守程序规范、技术标准

鉴定人员在出具印章印文鉴定意见时，必须同时具备程序正义与实体公正两个基本要件。这就要求了鉴定人员在进行印章印文鉴定活动时，一方面必须严格遵守相关的程序规范、技术标准等。具体来讲，就是司法鉴定主体必须具备法定资格，鉴定对象必须获得法律许可，鉴定材料的来源、提取、保管、审查、使用等必须符合法律规定，鉴定的申请、决定、委托、受理、实施等必须符合诉讼法律和鉴定管理法律法规的规定，鉴定文书和鉴定结果的表现形成应当符合证据法律要求。[1]另一方面必须严格按照技术标准实施鉴定活动。标准是衡量事物的准则，国家标准、部门标准均具有强制性。[2]印章印文鉴定则必须严格遵照司法部司法鉴定管理局颁布的司法鉴定技术规范《印章印文鉴定规范》（SF/Z JD0201003—2010，已废止）、

---

〔1〕 霍宪丹主编：《司法鉴定学》，北京大学出版社2014年版，第49页。

〔2〕 邹明理：《司法鉴定程序公正与实体公正的重要保障——以新〈司法鉴定程序通则〉的特点与实施要求为基点》，载《中国司法鉴定》2016年第3期。

《朱墨时序鉴定规范》（SF/Z JD0201007—2010，已废止）以及《印章印文形成时间物理检验规范》（SF/Z JD0201013—2015，已废止），以降低技术规范层面上的瑕疵，是为有效解决特征变化引发冲突与矛盾的优化路径之三。

（四）通过多种技术方法综合验证

印章印文阶段性特征的变化多种多样，鉴定人员在利用阶段性特征进行印章印文司法鉴定活动时，可以使用多种技术方法，相互验证，最后综合评断，得出鉴定意见，是有效解决特征变化引发冲突与矛盾的优化路径之四。根据印章印文司法鉴定对象的不同，以及不同案件需要解决的具体问题的不同，鉴定人员所采取的具体检验方法、技术手段也不尽相同。概括而言，印章印文鉴定基本方法包括观察、测量、比对、仪器检验和实验等检验方法。在检案实际中，鉴定人员需要根据要解决的具体问题的需要选择合适的检验方法。但是由于印章印文阶段性特征变化路径的复杂性，利用单一方法进行检验，观察到的特征信息往往会具有一定的局限性。因此，最好的方法就是利用多种技术方法进行综合验证，相互联系，相互补充，强调检验结果的科学性和可重复性。

鉴定活动是一种回溯性的专门性活动，其所针对的专门性问题已然是过去发生的事实。故即使采用多种技术方法加以综合验证，也仅仅只是无限期地接近客观事实，而非等同客观事实。若仅仅采用单一的检验方法，在鉴定实践中可能会有偶然性因素的出现，导致认识结果的偏差，因此可用多种检验方法进行互相验证，以实现验证结果可靠性与可重复性。

三、阶段性特征符合点或差异点的合理解释

相较于法医物证鉴定、法医毒物鉴定等高度依赖实验室仪器检测分析的鉴定类别,印章印文鉴定除借助于仪器设备检验外,还需要依靠鉴定人的专业技能与经验积累。前述过程在鉴定活动中的综合判断阶段反映尤为明显。从反映特征到客体特征,再从客体特征到客体特性,这就是同一认定的认识过程。[1]具体而言,综合判断阶段中,需要鉴定人对印章印文的阶段性特征的符合点和差异点予以系统全面的认识、把握和鉴别。对于检验中发现的各类符合点和差异点,需要基于科学客观的基础上,综合鉴定人自身的知识储备,予以合理解释。鉴定人在检验过程中发现的各类特征既有可能属于本质的符合或差异,也有可能属于非本质的符合或差异。鉴定人在此阶段中的重要工作,即是"去伪存真""去粗取精"。对于检验中发现的各类符合点与差异点,需予以合理解释,以强化鉴定意见最终的客观性、准确性、科学性。

(一)印章印文特征变化是复杂性与规律性的统一

《礼记·中庸》写道:"初渐谓之变,变时新旧两体俱有;变尽旧体而有新体,谓之化。"简单地说,事物渐渐在发展的过程,叫作"变",主要指的是量变;而事物突然发生从无到有或从有到无的状态,叫作"化",主要指的是质变。印章印文特征因印章自身的发展与外部条件的改变,一直处于变化之中,其

---

[1] 何家弘:《从相似到同一:犯罪侦查研究》,中国法制出版社2008年版,第202页。

第五章 印章印文特征阶段性变化规律综合评断

中任一要素的改变,都会造成印章印文特征不同程度上的变化,如高温的环境,会使印章发生胀大;低温的环境,会使印章发生缩小,这些变化都能直观地反映在印章印文特征上。总的来说,印章印文特征的变化是具有复杂性的,从唯物辩证的角度来看,复杂性和规律性是相伴随而存在的,因此复杂的印章印文特征的变化必然存在一定的规律。哲学上认为规律性是主观把握、思维把握对象的一种工具,即使在各种具体视角和特定层面之内也只是某种只能有限证实的东西,是某种假设、虚拟的范式。[1]而复杂性的解释意图与范围,不仅在于必然性,而且在于偶然性,复杂性本身是有序性和无序性的统一。[2]

作为一种客观事物,我们可以将印章看作是一个系统,除了内部结构具有多样性外,还具有与外部环境关系的多样性,其变化形态也具有无限多样性。物质的运动属性决定了不但系统的整体在运动,构成系统的每一个要素都在不停地运动,这种运动方式是印章印文特征变化的复杂性的表现。由于人类认识活动的有限性,我们很难掌握某一客观事物或系统的全部内容,因此只能尽可能多地掌握印章印文在什么条件下会发生何种变化,从中寻找印章印文中各个要素、各个因素之间的联系,从而认识和把握本质。

在充分认识印章印文特征变化的复杂性的基础上,我们可以反过来以规律性为核心认识,把握其运动性、系统中各要素

---

[1] 白利鹏:《理解人类的命运:从规律性假设到复杂性假设——兼与王南湜教授商榷》,载《学术月刊》2008年第11期。

[2] 陈一壮:《试论复杂性理论的精髓》,载《哲学研究》2005年第6期。

的普遍联系性及变化的多样性。可以说，复杂性之中包含有规律性，规律性是复杂性的核心，复杂性是规律性的基础。[1]在归纳总结印章印文阶段性特征的变化规律时，只有首先认识印章印文特征变化的复杂性为基础，才能更好地认识和把握规律，也只有以其变化规律为研究核心，才能更好地认识和把握印章印文特征变化的复杂性。

（二）印章印文鉴定是整体性与个体特殊性的统一

"整体与个体论"哲学思想包含了丰富的辩证法内涵，其中包括个别与一般、部分与整体、阶段与全程、分析与综合等的辩证统一关系，整体是个体的集合，而个体又是整体的元素，整体与个体互相依存，不可分割，内在统一。在伦理学上，黑格尔对整体性与个体性给予了深入的考察和剖析，认为它们各有其片面性，应该使它们结合起来，超越彼此间的相互对立。[2]将印章看作是一个整体，印章内部的各个要素都是其个体特殊性的体现，所有的要素组合在一块组成了印章这个整体，每一个要素缺一不可。正如一台电脑，其内部各个零件的组合组成了电脑一个整体，若是缺少任何一个零件，则整体电脑就无法正常运行；同样地，所有零件堆砌在一块，却没组成电脑这个整体，同样无法正常运行。在研究印章印文阶段性特征变化规律时，需要研究每一个变化的个体规律，再把每一个变化的个体

---

〔1〕 《以规律性为核心认识和把握复杂性》，载http://blog.sina.com.cn/s/blog_3cd21d450102wrgm.html，最后访问日期：2018年6月2日。

〔2〕 温克勤：《黑格尔对伦理学的个体性原则与整体性原则的批判》，载《天津师范大学学报（社会科学版）》2006年第3期。

规律总结归纳起来，成为整体规律，而整体规律则等于诸多个体规律的总和。并且任何事物都存在一个由始至终的过程，这个过程是可以划分为阶段的，印章在制作、盖印、保管使用过程中也必然包括若干依次递进的阶段，将全程看作是"整体"，那么每个阶段就是其"个体"。阶段有着相对的独立性和特性，又不能脱离全程而独立存在，全程则能够包容每个阶段及其特性，并综合着各个阶段的特性。将印章印文分解为多个个体，再找到各个特征的个体规律，得到多个个体规律，最后进行全面综合，构建而成的就是印章印文特征变化的整体规律。在此基础上，我们需要明白的是，印章印文阶段性特征变化规律并不是每一个特征变化规律机械相加的总和，而是各个特征个体变化规律的有机统一。

总的来说，印章印文的整体性与个体性是相辅相成、互为依托，相互促进、缺一不可的，只有把两者结合起来，才能避免单一化的弊端。把握印章印文鉴定是整体性与个体特殊性的统一，对印章印文鉴定实务与理论研究具有重要意义。

第二节　印章印文同一认定的重要判断依据

客观事物之间的绝对差异性为进行同一认定之客观基础，而印章这一客体具备了只能与其自身相同一的基本属性，使印章印文同一认定活动成为可能。印文特征的阶段性变化虽会阻碍鉴定人员认识其与自身同一的关系，但通过一系列处理方法能够予以优化解决。可见，印章印文阶段性特征体系的建构与完善也能够成为印章印文同一认定之重要判断依据。

一、判断印文形成方式的客观依据阐释

印章在外力作用下，通过盖印方式在文件纸张等载体上留下印章印面的印文形象痕迹。简言之，印文即是印章的特征反映体。当对文件载体上的印文真伪存在争议时，往往需要借助于印章印文鉴定来予以鉴别和判断。印章印文鉴定实践中，一般是通过检材印文与样本印文特征之间的比对实现的。鉴定人员在对检材印文与样本印文进行观察检验时，需要分别对检材印文与样本印文的形成方式加以判断，这对后续的检验活动具有重要的指向性意义。印章印文的特殊性表现在其阶段性的变化，并且每一个印章印文特征在某一阶段内都是其阶段性特征，而对阶段性特征的分析与总结，能够成为判断印文形成方式的客观依据阐释如下。

通常在实际检案中，委托方往往会提供检材印文与样本印文，而后鉴定人员根据提供的印文进行特征比对、测量与分析，综合评断特征的符合情况，得出相应鉴定意见。这种印文特征的比对，在同一认定中实质上是一种间接的反映，是通过各种特征形象把印章的本质及个性化特点外显，从而能够被鉴定人员所认识、掌握，通过印文特征间接反映出来的情况，判断检材印文与样本印文是否来源于同一枚印章。若是在检案中，能够直接获得嫌疑印章，将其与检材印文上的特征进行比对，可以直接认识并判断检材印文是否来源于该印章。将印文的诸多特征点形成特征的组合，进行回推，可以获得具有唯一性与排

第五章 印章印文特征阶段性变化规律综合评断

他性的特征的间接认识。而后随着认识的程度不断递进，在一定情况下，这种特征的组合便能锁定客体种属的界限，比如在检材印文上观察到了"挤墨"现象，反映出了典型的蘸墨印章的特点，即可确定形成该印文的印章属于该类印章，并排除渗透印章的可能性，而后随着更多印文特征的被认识与掌握，可以进一步地确定其有且唯一的客体印章，这种层层递进的认识梯度，是直接与间接的联系，也是由种属到同一的递进。

人们对客观事物的认识，总是要经历由低到高的认识阶段，对印章这一客观事物也是如此，先认识它的一般特征，再逐渐认识其细节特征。从理论层面来说，这便是从种属认定发展至同一认定的轨迹，体现了人类对客观事物的认识由浅入深的发展过程，"许多今天的种类认定也可能发展为明天的同一认定"。[1] 每一次印文特征的比较，都可以看作是一次种属认定，通过不断地对特征的间接认识，直至把客体限定在某一单一体的范围之内，而该范围内有且只有一个客体，即完成了种属认定到同一认定的转化。但是这种转化是有条件的，并非所有案件中都能通过检材印文判断其印文形成方式的，尤其是单一依靠印章印文特征更是很难对其进行种属认定。在这种情况下，印章印文阶段性特征体系的架构便能有效地填补这一空白。从上文的实验与总结中可以看出，不同种类的印章有着不同的阶段性特征变化规律，将这一规律运用于检案中，能够帮助鉴定人员从检材与样本印文的阶段性特征变化轨迹中，实现对其种

---

[1] 何家弘：《从相似到同一：犯罪侦查研究》，中国法制出版社2008年版，第161页。

属的认定。

印章印文阶段性特征体系不仅能够支撑对印章进行种属认定，同样也能够实现印章的同一认定，这是由种属认定与同一认定之间的联系决定的。印章印文鉴定领域内的同一，并不是检材印文与样本印文是否同一，因为检材印文与样本印文根本不可能同一，因此我们要判断的是形成检材印文的印章与形成样本印文的印章是否同一。而判断印章的同一，需要先考察检材印文与样本印文之间的相似程度，而这种相似程度的认定恰恰是种属认定的依据。由此看来，对印文形成方式的判断，是与同一认定相对而言的，二者之间既有区别，又有联系，并且可以在一定条件下相互转化。对印章印文阶段性特征体系能够支撑印章种属认定的客观依据阐释，只为了更准确地把握印章印文鉴定中种属认定与同一认定之间的辩证关系，而后才能有效地促进种属认定向同一认定的转化。

二、变化规律与印章印文同一认定的冲突及优化路径

客观事物之间具有绝对的差异，这是由事物的内在矛盾的特殊性和外部条件的多样性所决定的，这是人们对事物进行同一认定的客观基础。虽说物各有别，但是总有相近的客体之间存在相似性。在印章印文鉴定领域内，使用相同材质、相同印稿制作而成的印章，在内容、规格上相似程度很高，更别说规格特征基本一致的同源性印章印文了。我们根据印章的个体特殊性识别其与其他客体的不同，印章通过印文特征表现其特殊性，而我们对印章印文进行同一认定所依据的往往不是其全部

的印文特征，而只是某些特征的组合。印文特征一直处于运动与变化之中，当变化积累到一定的量时，便可达到质的飞跃，但是无论是量变还是质变，都会与印章印文同一认定有所冲突。笔者就解决印文特征的变化与同一认定活动的矛盾与冲突的优化路径作如下阐释。

（一）变化中的特征符合点评估的基本规律

对检材印文的阶段性特征与样本印文的阶段性特征进行比较检验时，鉴定人员首先会将特征一一标识，而后分别对相应的印文特征作比较分析，分析的过程也是鉴定人员在认识检材印文与样本印文中特征符合点与差异点的过程。与其他文件检验项目不同的是，印章印文鉴定可能存在印文特征完全符合的现象，而其他文检项目，如笔迹鉴定中，既不存在检材与样本笔迹特征完全符合且未见差异的现象，亦不存在完全差异且未见符合的现象。[1] 但是印文特征未见差异也不能草率作出认定同一的判断，基于印章印文阶段性特征变化体系的前提下，应对印文各项特征符合点的价值予以评估。

单看一个特征点，会有成千上万个印章都能存在符合现象；将特征点限定为两个，存在符合现象的印章就减少了许多；据此我们可以设想，如果特征符合点为十几个或甚至几十个时，客体的范围就越来越小，不同印章之间存在符合现象的可能性也越来越小，直至锁定一个单一客体。由此可见，特征的数量越多时，这些特征组成的组合稳定性与特定性就越强，出现重复

---

[1] 沈臻懿：《笔迹鉴定视域下的同一认定研究》，华东政法大学2015年博士学位论文，第103页。

的可能性也越小,并且当特征达到一定数量时,该特征组成的组合便能够达到同一认定所要求的特定性,并不会再出现重复。

再者,不同的印文特征具有不同的质量,也就是说不同的印文特征在鉴定活动中的特定性价值不同。在鉴定实践中,普遍来说是以特征的出现率来界定特征的特定性价值的,即特征的出现率愈低,其特定性价值愈高;特征的出现率愈高,其特定性价值愈低。印文阶段性特征也符合此规律,阶段性特征出现率越低,则其在印章印文鉴定中的特征价值就越高,印文特征的价值越高,则对特征数量的要求就越低。

(二)变化中的特征差异点的科学分析

客观事物之间的绝对差异性说明再相似的两种客体之间也终存在某些差异,并且差异是普遍存在的,也正是差异性的存在,奠定了人们可以根据其特征之间的差异来识别不同客体的客观基础。印章印文鉴定中所谓"差异点"指的是检材与样本之间印文特征存在的不同方面,[1]由于印章内在矛盾的存在与外部环境的改变的多样性,变化必然导致差异点的产生,同时段的或者不同阶段的印文特征比较检验可能无法完全重合。印章因自身的差异和变化,即上文讨论的"内差","内差"是客观存在的,因"内差"导致的差异点为非本质性差异。并且因外部环境的改变导致印章印文特征发生的变化,该变化仍然是表现在印章印文上的,因此也属于非本质差异。而客体之间的差异,即"外差",由此产生的特征差异点为本质性差异。对于大

---

[1] [法]莫里斯·梅洛-庞蒂:《行为的结构》,杨大春、张尧均译,商务印书馆2005年版,第73~74页。

部分不同客体之间，差异性是较为明显的，但是对印章印文来说，不同印章印文的相似程度可以达到很高的程度。比如伪造、变造印章印文，在获得真实印章或印文的情况下，再利用伪造、变造等手法制作而成的印章印文，在一定技术条件下，可以达到以假乱真的状态。我们需要明确的是，再相似的印文特征，只要是出自不同客体印章，必然存在差异性，而且是本质性的差异点。

印文特征随着时间不断变化而导致差异点的出现，可以从横向和纵向多方位对印文特征进行印证，即可通过对同时段印文与历时性印文特征的分析，若是差异的特征在样本中能够得到相互印证，则差异点得以解释，可判断为非本质性差异，反之则为本质性差异。对于鉴定型的同一认定活动而言，其特征比对并非机械式的僵化比较。鉴于客体系处于绝对运动的状态之中，故其在不同时空范畴下所揭示出的特征在一定限度内皆存在若干差异。就此而言，应把差异点置于动态变化的系统之中，分析其表现的方面、层次以及数量的多少和价值的高低，尤其注意差异点之间的联系，进而判断其差异是本质的还是非本质的。[1]

（三）数量与质量并重的综合评断

印章印文鉴定实践中，对印文特征的分析与评价主要依靠鉴定人的经验判断，印文特征的不断变化则会给鉴定活动带来了不小的难度。对特征符合点与差异点的综合评断需要基于客

---

[1] 贾治辉：《论笔迹鉴定差异点的评断》，载《中国司法鉴定》2009年第4期。

观反映的基础上，经过专业人员的经验判断进行。由于人认识的缺陷及经验层次与知识水平的不同，会存在一定的检验过失情况。鉴定人认识印章印文特征出现错误的原因可能表现在专业知识和经验的不足，对印文阶段性特征变化的认识不够深入，没有正确认识印章印文特征变化的多样性和复杂性，无法掌握印文特征因变化形成的特征符合或差异。因此在检案中，鉴定人员一方面需要不断提升自身知识层次，并在实践中不断总结与积累经验，并且加强科学研究，通过实验的方式归纳出相应的规律应用于实践中；另一方面应秉持特征数量与质量并重的理念，对变化中的特征符合点与差异点进行综合评断。

如前所述，印文特征发生变化有两种情况：一种是印章自身因时间的推移发生的变化；另一种是外部条件的变化导致印文特征产生了变化。也就是说，虽然是同一个印章留下的印文，其不同特征反映体之间也会存在差异，即同一枚印章留下的印文之间并不完全相同。我们要以发展的眼光看待印文特征的变化，需要从以上两个方面来分析差异点和符合点的性质。综合评断的一般步骤为先差异点，后符合点，对差异点进行评断时，应了解在检验印文标称时间前后，印章有可能发生哪些变化，既包括印章的自然变化，也包括外部环境造成的变化。而后分析其特征产生变化的机理与条件，试图找出能够解释特征差异的根据。若是在这两方面都没能找到形成差异的原因，即可判定该差异是源于不同客体之间的差异，为本质性差异。对特征符合点的评断，可按照"物以稀为贵"的原则，对符合点的价值进行评断。对于特征符合点来说，不仅质量比较重要，数量亦同样重要，其符合点之总和往往具有特定性。

在综合评断之中，对特征进行充分运用与分析，主要是依据特征数量与质量之间的辩证统一关系。[1]既是综合评断，就必须把特征的差异点与符合点结合起来进行评断，二者不可偏废。有差异并不意味着不同一，须同时考察特征符合的情况；而特征基本能够符合也并不意味着同一，必须同时分析差异之处的性质及形成的原因。[2]印文作为印章印面的形象反映体，以留下印面痕迹的形式，记录着印章在留下痕迹那一刻印面的状态。可以说，印文上所涵盖的所有特征的组合能够准确地反映印章印面，鉴定人员需要对印文特征进行分析比对，才能不断地认识形成该印文的印面的形态。尽管检验人员在起初分别检验时，已经对检验印文与样本印文进行了分析，并选择了相应作为判断依据的印文特征，但是由于认识的局限性或其他因素的干扰，可能会遗漏某些价值较高的特征，因此在综合评断阶段，可以重新核实、甄别特征的数量与质量，只有当印文特征的数量与质量达到一定程度，才能客观地反映印章印面的真实形态。只有全面地考察印文特征的差异点与符合点，并且将二者有机地结合起来权衡，才能获得符合客观实际的结果。

---

[1] 连豫晋：《浅谈综合评断中对笔迹特征定量与定性的分析》，载《广东公安科技》1998年第3期。

[2] 何家弘：《从相似到同一：犯罪侦查研究》，中国法制出版社2008年版，第237页。

第三节　盖印时间判断的辅助参考

印文形成时间的判断依赖于鉴定人员能够运用有效的检验方法对检材印文与样本印文中的阶段性特征进行寻找与分析。目前由于印章印文特征阶段性变化体系的缺位，使得印文阶段性特征这一重要判断依据无法被全面系统地运用。从理论研究与实际运用的层面上看，印章印文特征阶段性变化规律体系不只是印章印文同一认定的重要判断依据，其仍能为印文盖印时间的判断提供辅助参考。

一、印章印文特征阶段性变化规律体系应用的基本思路

印章印文特征阶段性变化规律体系能否顺遂地应用于实践检案之中，还取决于鉴定人员的具体操作过程。为了保障印章印文特征阶段性变化规律体系能够最大程度地发挥其功用，笔者对其实际应用提供了一个合理的基本思路。

（一）全面分析需检印文

对检材印文的初步分析与检验，即全面了解印章印文司法鉴定的对象，是明确鉴定要求、案件需解决的具体问题的基础与前提。印章印文鉴定人员在对印章印文进行鉴定时，需要以检材印文反映出的印文特征为基准，进而利用样本印文特征加以异同比较，然而印章在使用保管过程中，在不同阶段可能会呈现出不同的特征，在实际生活中，很少有人会细心地保管好其各阶段的印文以供检验。再加上司法鉴定委托人专业知识的缺乏，其送检的样本印文往往够不到检验要求，需要鉴定人员

第五章　印章印文特征阶段性变化规律综合评断

先初步对检材印文进行观察与分析，再根据待解决的具体问题要求委托人补充样本印文。另外，检材印文有着其形成过程中独特的复杂性与偶然性，需要对其形成的背景、条件等情况进行全面了解，才可能找到印章这一事物内部系统的必然联系。

在对检材印文进行检验时，鉴定人员应从检材印文的形成方式上予以展开，首先判断检材印文是盖印而成还是打印而成，这对后续检验方法的选择具有决定性作用。若是盖印而成印文，鉴定人可从其盖印压力、盖印角度、图文形态、边框属性及墨迹形态等多方面入手，形成对于检材印文的整体印象，并初步判断形成检材印文的印章规格、材质、种类等相关信息。在此基础上，可对检材印文所受影响的因素进行分析，既可排除印文特征因印章自身的变化或受外部条件的变化造成的干扰和影响，又可准确把握印文特征在动态变化过程中仍然保留着的能够反映其印章个体特殊性的本质特征。检材印文特征因外部客观环境而受到的影响，主要源于承印纸张、盖印介质、盖印压力、衬垫物品、存放环境等条件的变化，一旦其中某一项或数项条件发生变化，即会导致印文特征发生某些变化。再者人为主观因素也会对检材印文造成影响。一般情况下，印章盖印活动的进行需要人力完成，因而盖印力的大小、盖印角度的选择都取决于行为人的主观思想，可以说检材印文的清晰与否也取决于行为人的主观因素。若是盖印时稍加抖动、拖曳，或者盖印的作用力过轻或过重，抑或印油（印泥）数量多少，都会对印文特征的检验造成干扰和影响。

（二）充分收集样本印文

印文特征阶段性变化规律的应用，需要依赖于样本印文足够的前提下。在印章印文鉴定实务中，无论是进行同一认定还是对盖印时间进行判断都需要借助于检材印文与样本印文的比较而实现。因此，除了需检的检材印文外，与之相比较的样本印文，可为鉴定人提供一条了解该印章印文阶段性变化路径的有效途径，亦是不可或缺的。在实际操作中，鉴定人还应对样本印文予以严格审查，以满足印章印文鉴定之要求。

对样本印文的收集，可参照检材印文的怀疑形成时间，试图收集检材印文的同时段样本，并对样本印文的标称时间进行审查。在同时段里印章形成的印文，其特征基本上能够保持相对稳定，有条件的情况下再收集其历时性样本，从历时性样本印文特征中观察印章的自然变化路径，与同时段样本互相佐证。但是受限于实际情况，往往很难收集到合适的样本，在这种情况下，只能尽可能充分地收集样本印文。作为供比对材料，鉴定人员需要对样本印文的充分性、真实性及可比性进行审查，样本印文需要具备盖印清晰这一基础条件，其印文特征才能满足检验所需的可比性。基于可比性的要求，鉴定人员应尽可能选取与检材印文盖印条件相近的样本印文，用于检案，以排除外在环境及人为因素的干扰。

（三）恰当选择印文特征

印章印文鉴定（除朱墨时序外），基本上须依赖于检材与样本中呈现出的印文特征的相互比较与分析。为了更好地实现特征间的比对，需要从众多印文特征中选取合适的、恰当的、有效的相应特征予以认识、比对和分析。进行印章印文鉴定的理论基础之一便是印章的个体特殊性，这种特殊性表现在两个方面，一方面是客体本身固有属性的不同，另一方面表现在加工过程和使用过程中所形成的特殊性，这种来自客观条件的差异，使得印章印文的特定性更加明显，即使同一批生产出来的印章或者同一枚印章一次盖印形成的几枚印文都会存在不同的细微特征。在对检材印文进行检验时，应选取这些具有一定特殊性的印文特征，才能于样本印文的比较中，发现两者特征的相应符合点与差异点。

　　收集到了样本印文，还应充分发挥样本印文的作用。在对其真实性、充分性及可比性进行审查后，可运用各种比对、测量等技术方法对样本印文逐一进行比较检验，分析其是否能反映出印文阶段性特征，并观察该印章印文的变化情况是否在现有样本印文中能够得到全面的反映。以样本印文所反映出的阶段性特征也可判断与其标称时间是否吻合。

　　由于印文特征变化是一个动态的过程，其阶段性特征便是这种动态过程的具体体现。因此选取有价值的阶段性特征，再加以样本印文阶段性特征的变化规律互相佐证，不仅可以该阶段性特征作为其认定同一或不同一的证据，更可以此为进一步分析判断检材印文形成时间的有利条件。

　　（四）检材样本综合评断

　　经过特征比对环节梳理的印文特征符合点与差异点，最终需要通过评估所选取特征的总体价值作出综合评断，并根据综合评断的结果，作出相应的鉴定意见。综合评断的主要任务，就是要综合检材印文与样本印文的特征符合与差异情况，根据特征差异点的性质及形成的原因，评断符合点或差异点的质量。从综合评断的角度而言，符合点或差异点中质量高的一方往往能够在同一认定的最终认识结果中占据主导地位。[1] 若是符合点特征价值高，则说明阶段性特征并未产生质的变化，有利于得出同一认定的结果；若是差异点特征价值高，一方面需考虑是否特征产生质的变化导致差异，另一方面也可能是不同客体之间的差异，则可以认定不同一。

通过对检材印文与样本印文的分别检验与比较检验，对检材与样本印文特征的符合点与差异点都有了客观的认识，但是单独依靠某一个或某几个印文特征的符合和差异情况无法得出客观准确的结论，必须综合所有印文特征的符合点和差异点，将二者有机地结合起来，根据印文特征的总体价值，才有可能得出符合事实的结论。为此，我们必须反复观察与分析检材印文，从概貌到局部，从整体到细节，从单一到相互联系，深入挖掘每一个细微的特征，再根据样本印文反映出的阶段性特征的变化规律，对检验印文与样本印文反映出的阶段性特征的吻合、不同或变化特征的总价值作出综合评断。综合评断的准确与否，不仅依赖鉴定人员的专业知识水平和实践经验积累，还取决于其认真细致的工作作风与辩证的思维。

---

[1] 沈臻懿：《笔迹鉴定视域下的同一认定研究》，华东政法大学 2015 年博士学位论文，第 106 页。

二、印章印文特征阶段性变化规律体系应用的合理建构

印章印文在制作、使用和保存过程中,不断地发生着变化并反映于印文特征上。通过本书的实验结果统计与论述,得出了印章印文的阶段性变化是有律可循的。因而在印章印文鉴定实务中,为了最大程度发挥印章印文特征阶段性变化规律的应用价值,需对其体系应用予以合理建构与完善。

(一)全面分析印文中存在的各类特征

协议、合同等文件载体上留下的每枚印文,其尺寸不过在方寸之间,但却存在着诸多特征。印章印文特征,从形态学角度而言可分为一般特征与细节特征。前述特征在印章保存与使用过程中,会发生各类动态变化。每一个特征都以其独特方式反映着印文的某一部分,在对检材印文与样本印文进行检验时,需要全面细致地寻找出各类特征,以便对每个特征点的符合或差异进行比较与分析。诚然,对于每一处特征而言,其都蕴含着若干自身信息,但所有特征所组成的体系从整体角度反映出某一印章的客体特性。正如英国哲学家乔治·爱德华·摩尔认为,有机统一原理表示的是整体与其组成部分的一种特殊关系,即事物的各个组成部分是相互联系的。[1] 印章印文检验也可利用有机统一原理,看待印文特征与印章印文之间的关系。印章印文作为一个整体,其价值离不开按特定方式组织起来的各部分,但各部分及其价值却可以离开整体而存在。在上文的讨论

---

[1] [英]乔治·爱德华·摩尔:《伦理学原理》,长河译,上海人民出版社 2003 年版,第 158 页。

中，我们得出的是"部分"之和组成了"整体"，离开了"整体"，"部分"就没有了意义；而离开"部分"，"整体"也就没有意义。这一观点形成于物质层面，而通过一定的理论与实证研究，笔者在初步建构印章印文阶段性特征体系的目标下，需要把对印章印文特征的感性认识上升至理性认识，因此需要从更深层次的角度出发，重新梳理"整体"与"部分"的逻辑关系。按照摩尔的观点，我们会发现印文特征作为一个"部分"，虽然不能单独地、独立地存在，但是其仍有独立的价值。正是因为如此，在发现印文中的阶段性特征后，可以对其单独存在时的价值、功能或作用进行考察。若只是机械地按照感性认识层面上的"部分"脱离了"整体"，则并无意义，那么对阶段性特征的研究也就变得无意义了。当然，我们要明白的是，在考察阶段性特征单独存在的功能、价值的同时，仍需要回归"整体"，从有机整体的价值、功能、作用出发，分析其作为某个组成部分的价值、功能、作用。

有机统一原理所反映的阶段性特征与印章印文的整体与部分的关系得到了充分的丰富和发展，在检验过程中，我们不能孤立地、静止不变地看待特征，需要以辩证的眼光全面观察与分析印章印文的各个特征，并且要特别注意特征的表现方式及其形成机理与形成条件，将对特征的感性认识上升到理性认识。合理构建印章印文阶段性特征体系，需要全面分析印文中存在的各类特征，在整体性原则的指导下，充分认识印章印文在整体上的性质并不等于多个印文特征在孤立状态下性质的机械相加，而是一种有机统一，系统地认识和把握各个特征，达到

"1+1＞2"的效果。[1]印章印文整体的价值离不开按特定方式组织起来的各个印文特征，但印文特征的价值却可以离开整体而存在，即构建印章印文阶段性特征体系之前提条件。

（二）选取应用价值较高的印文特征

在开展印章印文鉴定活动中，对检材印文与样本印文进行分析与检验时应全面、细致，深入把握各类特征。全面是指选用印章印文特征的广度，即一一选出鉴定材料中所能提供的印文的形状、规格、布局、内容、结构，文字笔画、线条、图案、留白的形态及防伪、特殊暗记、疵点、划痕、残缺等特征。而细致指的是选用印文特征的深度，即对上述寻找出的印文特征进行细化和深化，将印文上的文字、图案、线条甚至留白处的细节特征都逐一找出。[2]客观而言，留存于印文中的各类特征，既有保持着相对稳定未发生变化的印文特征，又有已发生变化甚至扭曲的印文特征。不同阶段性特征的价值存在着高低差异，有的阶段性特征能够形象地反映印文特征的变化轨迹，则该阶段性特征在印章印文鉴定活动中就有很高的利用价值；而有的阶段性特征无法追溯其随时间的推移而产生的变化路径，该阶段性特征反而会混淆鉴定人员的视听。即使是真实且在一定阶段内保持相对稳定不变的印文特征，其特征价值的高低亦有所不同，因其所蕴含的个性化程度的不同而存在差异。

---

〔1〕 汪涛、刘丹：《解读整体与部分——兼论G.E.摩尔的有机统一原理》，载《理论月刊》2006年第5期。

〔2〕 连豫晋：《浅谈综合评断中对笔迹特征定量与定性的分析》，载《广东公安科技》1998年第3期。

从现代系统论的观点看，各个印文特征的存在不是孤立的，而是与其他特征甚至印章印文整体相互联系的。评价某个印文特征的价值，不能就事论事，应将其放在印章印文这个大系统中去观察，结合印章的变化情况和盖印时的相关外部环境去分析。比如选取某检材印文的五角星部分进行分析，不能只对五角星的图案形态进行观察与测量，而是应联系其他印文特征与印章印文这个整体，分析该图案与其他文字图形的照应关系、着墨分布是否均匀、盖印条件是否变化等等，各方面综合考虑之下，才能正确地评价这一特征的价值。印章并非一次性用品，因此不仅各个印文特征之间是一个有机联系的整体，该印章重复使用过程中形成的印文也是相互联系的，只有全面地、联系地、多角度地、多层次地发掘，才能客观充分地反映出印文特征自身的价值。

　　首先，对于印文特征的选择，可关注其在印文上的出现率和重复率。由于印文阶段性特征是可变的、易变的，有些特征可能在某一阶段随机产生或消失。此类特征具有较强的个性化特点，其对于印章印文鉴定结果之判断必然产生决定性的影响。而对于印章印文的一些基本特征主要包括印文的形态、大小、内容、结构、布局特征等，在正常保存条件下，基本上能保持相对稳定，这些印文特征的较高出现率令其特征价值相对较低。在检验过程中，可以起辅助作用，可与其他印文特征相互印证。若是在实际检案中能够发现有较为罕见且能对其的产生与显示作合理解释的阶段性特征，对印章印文检验活动即有较高之运用价值。其次，同一个印文阶段性特征，在不同背景下，其价值的高低可能也会有一定的差异，需要鉴定人根据实际案情予以分析。譬如，在样本印文十分匮乏的情况下，阶段性特征很难发挥其价值与作用，此时其特征价值并不高。

在文件检验领域内，对印章印文特征价值的评断是一个理论性和实践性都很强的重要问题，我们对印文特征的认识也只有通过"实践—认识，再实践—再认识"的不断循环过程才能将印章印文检验水平提高到一个新的阶段。[1]我们应在一定的研究基础上进行归类与梳理，通过理论研究、实证研究以及实践检案操作，对阶段性特征的运用方法加以归纳总结。在对印文特征进行全面分析的基础上，选取应用价值较高的印文阶段性特征，为鉴定人员进行印章印文鉴定活动提供有力的依据。

（三）综合分析印文中差异点的形成路径

印章印文特征在各阶段内保持相对稳定性的前提下，有些印文特征在某一阶段可能会随机地产生或消失。相较于DNA检验所依据的遗传标记来说，印章印文特征的这种阶段性变化是易变的、随机的。这就需要印章印文检验人员从宏观和微观上对印文材料进行观照和感悟，深入到印文阶段性变化的深层规律，对印文的形成方式、盖印条件、盖印环境甚至是形成该印文的印章的材质、制章方法等方面进行分析与体会，从而发现印文特征形成的本质原因。也需要鉴定人员在检案实践中不断归纳总结、积累经验，才能准确地感知、正确地评价和使用印文特征。

印章印文特征阶段性变化规律体系应用的夯实，需要从印

---

[1] 王锦生：《笔迹特征价值论》，载《中国人民公安大学学报（自然科学版）》1999年第2期。

文特征本身出发开展研究，保障印章印文鉴定活动的客观性与科学性。具体而言，首先，要落实各类印文特征种类的系统性运用。经过上文的讨论，我们得知了印文特征与印章印文属于"部分"与"整体"的关系，一个"整体"由诸多"部分"要素组合而成，因此一个印文中存在着许多印文特征。而根据承印纸张的不同特性以及使用保管的不同环境及条件，有些印文特征可能保持着相对稳定，有些印文特征可能会消失，有些印文特征可能会变化，也可能会出现新的印文特征，由此看来，印文特征的变化可谓是十分复杂。将各类印文特征综合应用于鉴定中，将每一个印文特征反映出的部分独特性融合在一起，整合为一个有机的系统，从而实现"1+1＞2"的效果。其次，对于印文特征中易变的或会产生随机的变化的阶段性特征的价值应作理性的判断。通常情况下，鉴定人需要根据自身的经验对特征的符合或差异作出判断并对其符合或差异的原因加以解释。但是由于现实案件的复杂性以及印章印文所受影响可能产生变化的多样性，为了保证印文特征应用的可靠性，鉴定人员应通过相应的方法（如针对性的模拟实验、多种检验方法相互验证等），对阶段性特征自身所存有的疑问进行充分合理的解释。

　　印章印文特征阶段性变化规律体系的合理建构，应在先全面检验印文特征的基础上，选取应用价值高的阶段性特征，对其中有差异的特征的成因及性质进行分析，充分重视盖印条件的变化对印文特征造成的影响。在检案实践中，应对发生变化的印文特征加以描述，并作出合理解释，进而夯实印章印文特征阶段性变化规律体系应用之依据。

第六章
印章印文鉴定质量监控研究[1]

我国印章印文鉴定技术一直处于国际领先地位，在印章印文鉴定技术标准领域自然享有话语权。为了监控印章印文鉴定质量，司法部于 2018 年制定了《印章印文鉴定技术规范》（GB/T 37231—2018）；以全国刑事技术标准化技术委员会为归口单位，于 2016 年发布了行业标准《法庭科学印章印文鉴定意见规范》（GA/T 1311-2016）；以全国刑事技术标准化技术委员会文件检验分技术委员会（SAC/TC179/SC10）为归口单位，于 2017 年发布了《法庭科学印章印文检验技术规程》（GA/T 1449-2017）；以全国刑事技术标准化技术委员会为归口单位，于 2019 年分别发布了《法庭科学 印章印文检验 第 1 部分：显微检验法》（GA/T 1690.1-2019）、《法庭科学 印章印文检验 第 2 部分：重合比对法》（GA/T 1690.2-2019）、《法庭科学 印章印文检验 第 3 部分：细节特征比对法》（GA/T 1690.3-2019 ）、《法庭科学 印章印文检验 第 4 部分：测量比较法》（GA/T 1690.4-2019）。

---

〔1〕 此章为国家社会科学基金项目"司法鉴定标准化研究"（项目批准号：18BFX082）阶段性研究成果。

2016年9月9日，习近平同志在致第39届国际标准化组织大会的贺信中指出，"中国将积极实施标准化战略，以标准助力创新发展、协调发展、绿色发展、开放发展、共享发展"，并向世界宣告愿"共同完善国际标准体系"。标准化体系是现代国家治理体系的重要组成部分，以印章印文鉴定标准为切入口，充分发挥我国在印章印文鉴定标准的起草、制定、运行、管理的领先地位，推进司法鉴定标准化进程，在国际标准化工作上取得一定的话语权。

第一节 司法鉴定标准化对印章印文鉴定质量监控的作用

一、司法鉴定标准化在国家质量基础设施中的定位

标准化体系是现代国家治理体系的重要组成部分，标准化在保障产品质量安全、促进产业转型升级和经济提质增效、服务外交外贸等方面正起着越来越重要的作用。司法鉴定标准化在加强司法鉴定统一管理，提高司法鉴定效率，节约时间成本，提高司法鉴定公信力，满足以审判为中心的诉讼制度改革方面有着至关重要的作用。司法鉴定标准化在行业准入、行业监管、行业发展的基础性、支撑性地位对于印章印文鉴定质量监控发挥着引领性作用。

（一）司法鉴定标准化与国家质量基础设施

国家质量基础设施（National Quality Infrastructure, NQI）的

概念最早由德国联邦物理研究院（PTB）于2002年提出，后由联合国贸易和发展会议（UNCTAD）和世界贸易组织（WTO）于2005年正式向国际发布，是指一个国家建立和执行标准化、认证认可、检测检验等所需的质量体制框架的统称，可分为标准、计量、检测、认证、认可五大要素，这些要素之间的联系十分复杂并且高度相依。它涉及诸多公共和私人机构，这些机构负责制定标准，评估产品、流程或服务是否符合具体技术要求，以及证明这些要求是否得到了满足。与交通、通信、文化教育、医疗卫生等基础设施一样，国家质量技术基础设施是保障一个国家或地区产品质量的基础，通过配合相关的质量法律、法规对市场与企业生产的质量、技术标准等稽查、监督，促进企业采用先进生产、检测检验技术，以保证产品质量水平，进而促进技术水平的提高。[1]

而标准化是指，为在一定的范围内获得最佳秩序，对现实问题或潜在问题制定共同使用和重复使用的条款的活动。[2]因而司法鉴定标准化既是要通过确立司法鉴定的标准体系，并监督标准的实施，即时收集反馈信息，再进而修正标准的过程。而司法鉴定标准则包含了司法鉴定标准的制定、发布、实施与修订过程。通过司法鉴定标准化，可以使鉴定工作走向规范化、科学化、法治化，是司法鉴定走向成熟与完善的重要标志。司法鉴定标准化需要司法鉴定管理与执业标准、司法鉴定的对象

---

〔1〕 池仁勇、刘宇：《NQI、市场治理制度与出口技术复杂度》，载《浙江工业大学学报（社会科学版）》2018年第3期。

〔2〕 谭福有：《标准和标准化的概念》，载《信息技术与标准化》2005年第3期。

与术语标准、司法鉴定程序标准与司法鉴定的文书标准共同作用，才能充分发挥其作用。其中任一环节都或多或少地体现了国家质量基础设施的基本要素，如司法鉴定的实验室需要通过中国合格评定国家认可委员会（CNAS）的认可工作，经评审合格的，即正式承认实验室具备相应的能力和资格。

在国家质量基础设施的框架中，计量为认证认可与检测提供了量值基准，标准则为认证认可与检测提供了规则依据。其紧密相连，共同支撑着质量基础设施。司法鉴定标准化需要通过司法鉴定标准的一致性来保证司法鉴定质量，在服务过程中，技术的发展和社会的需求在不断变化，因此司法鉴定标准也需要不断完善和改进，同时还要支撑认证认可等相关技术工作的协调一致，在更大范围、更全面的质量提升工作中，提供必要的技术支撑。司法鉴定标准在规范工作程序、统一工作规则方面有着非常重要的作用，其须同标准的一致性来加强部门间的联动，推动相关职能部门、公共设施部门以及社会服务部门协同产出效益。

司法鉴定标准化，增强了司法鉴定活动的科学性、客观性与准确性，支持了对司法鉴定活动的监管，提高了司法公信力，维护了司法公正，由此得以体现国家质量基础设施的作用。可以说，标准与国家的经济社会发展是息息相关的，司法鉴定标准化能够解决司法鉴定领域的质量问题，切实提升国家质量基础设施整体的效能。在司法鉴定标准化进程中，我们需要进一步创新工作机制，强化沟通交流，高效协调配合，实现优势互补，形成合力，共同推动国家质量标准基础设施的能力提升。[1]

（二）司法鉴定标准化对国家质量基础设施的支撑性作用

质量基础设施是国内市场运行有效的必要条件，其是否被国际承认，对于能否进入国外市场至关重要。质量基础设施是促进和保持经济发展以及环境和社会福祉的一个关键因素，质量基础设施依赖于计量、标准、认可、合格评定和市场监管。国家质量基础设施可以有效地提升司法鉴定领域标准的有效供给，促进标准计量、检验检测、认证认可的高效协同。在国家质量基础设施的框架下，可以促进司法鉴定标准的丰富和发展，充分激发市场活力，能够充分发挥行业协会等社会团体的作用，提升科技引领技术标准水平，以技术标准促进科技成果转化应用，推动我国优势行业标准走出去，进一步深化同世界各国的标准合作。

我国认证认可工作，无论是制度的齐全性、实施的规模，还是评价监督机制，当前均走在了国际的前列。但仍需进一步努力，不断加强与国家质量基础设施相关因素的协同发展，更好地发挥作用。在治理结构上，可通过中国合格评定国家认可委员会构建统一体系，共同参与的组织体系。认可的相关利益方代表，同样也是国家质量基础设施相关利益方的代表，其共同参与对认可政策的制定工作，以及对认可工作运行的治理，能够很好地体现认可工作与质量基础设施相关方的密切协同。在司法鉴定标准化进程中，还需要认真学习党的十九大精

---

〔1〕 刘洪生：《标准：规则的一致性和国家质量基础设施》，载《上海质量》2018年第5期。

神，全面贯彻《中共中央 国务院关于开展质量提升行动的指导意见》，落实相关工作的决策部署，进一步提升司法鉴定标准化程度，进一步加强与国家质量基础设施的协同发展，在质量提升的同时，充分发挥司法鉴定标准化的作用。同时，我国也需要完善国家质量基础设施体系，为司法鉴定标准化提供更加强有力的支撑。

二、司法鉴定标准化在诉讼活动中的地位

司法鉴定标准化是司法鉴定质量监控的支撑性手段。司法鉴定是需要运用专门的知识体系、职业技能、技术手段、经验积累进行的司法证明活动，而技术的使用则需要一系列的质量体系加以保障，即统一完善的鉴定标准。司法鉴定标准化，可为司法鉴定制定一套硬性的指标和操作规程，使所使用的技术和操作规范形成固定的程序，用以评估和保证鉴定的质量。目前我国司法鉴定领域涵盖了法医类、物证类、声像资料类、环境损害类以及其他类（如知识产权类、司法会计类、建筑工程类、产品质量类等），学科交叉跨度大，专业分类门类多，标准化可以很大程度上解决不同学科体系中技术操作方法和结果评定的差异问题，同时也能够使不同学科体系下形成的科研成果具有可比性，实现信息共享。

（一）加强司法鉴定统一管理的重要举措

党的十八届四中全会审议通过的《中共中央关于全面推进依法治国若干重大问题的决定》中明确指提出，健全统一司法鉴定管理体制的目标。因此，司法鉴定管理部门需要切实加强

司法鉴定管理与监督，健全统一的司法鉴定管理体制，提高司法鉴定质量与公信力，保障诉讼活动顺利进行，增强人民群众对公平正义的获得感。[1] 司法鉴定标准化是建立司法鉴定活动统一化的状态，这种统一化的状态是严格的、稳定的。

当前我国司法鉴定实践中使用了诸多层次的标准与方法，其中包括了技术法规、公共安全行业标准、医疗卫生行业标准、金融行业标准、司法部技术规范以及机构自编方法等。这种情况就容易在一定程度造成同一鉴定事项采用不同鉴定标准而做出不同鉴定意见的现象，况且各标准的发展与成熟程度不同，有些标准可能已经相对滞后，而新兴鉴定领域的标准和技术规范却有所匮乏，无法覆盖司法鉴定需要解决的专门性问题。从法治建设的角度看，我国目前尚未建立起国家层面的完善的司法鉴定标准体系。2017年7月19日，中央全面深化改革领导小组第三十七次会议审议通过了《关于健全统一司法鉴定管理体制的实施意见》，其中明确，根据《中共中央关于全面推进依法治国若干重大问题的决定》和《中华人民共和国标准化法》，由国务院司法行政部门会同最高人民法院、最高人民检察院、公安部、国家安全部、中央军委政法委等有关单位，按程序成立"全国司法鉴定标准化技术委员会"，统筹规划、统一制定、发布和解释司法鉴定标准，另有安排的除外，加强司法鉴定标准化和刑事技术标准化工作的协调。2019年，根据《全国专业标准化技术委员会管理办法》，拟筹建全国司法鉴定标准化技术委

---

[1] 郑智辉、向安平：《全面提升司法鉴定质量和社会公信力》，载《中国司法》2018年第6期。

员会，对口国际标准化组织法庭科学技术委员会（ISO/TC 272 Forensic sciences），负责司法鉴定基础标准、技术标准和管理标准，包括法医类、物证类、声像资料类、环境损害类及其他实行登记管理的司法鉴定标准制修订工作。标准化体系构建是司法鉴定标准化顶层设计的核心，全国司法鉴定标准化技术委员会须把握全局，系统谋划，立足标准化工作的总体规划，严格按照标准化管理办法、标准体系表编制导则、标准制定与附加程序等基础文件的要求，来推进我国司法鉴定标准化工作。

司法鉴定标准化是一项需要长期努力的系统工程，全国司法鉴定标准化技术委员会的筹建将是标准化进程上的里程碑，对于在全国范围内保证司法鉴定质量、保证标准试用的一致性和鉴定意见的可比性具有不可替代的作用。困扰多年的司法鉴定标准化管理缺位的问题将得以解决，同样也是加强司法鉴定统一管理的重要举措。

（二）提高司法鉴定效率，节约时间成本

标准化状态建立的过程，是一个淘汰无效化、优化、建立有效秩序的过程。因此，对司法鉴定实施标准化，将提高司法鉴定运行的效率。司法鉴定标准化通过建立合理的操作程序，可有效避免低水平的无效重复工作。司法鉴定活动在相应领域中，可看作是相似的重复性劳动，每一次重复将使劳动时间有一定百分比的缩短，劳动的熟练程度会不断提高，在剔除多余性操作，建立有效程序的基础上，可提高司法鉴定效率，带来时间节约和费用节约的效果。司法鉴定标准化，使司法鉴定活动，从实体到程序，从形式到内容，都严格遵守相关规定。在司法鉴定活动中，鉴定的申请、决定、委托、受理、实施，以及鉴定质量的监控与保障，都应处于统一有效的司法鉴定技术标准体系之下的。即司法鉴定机构和司法鉴定人都应严格遵守和采用统一的技术标准和技术规范，确保鉴定过程规范，鉴定意见科学、准确、可靠。[1]

司法鉴定标准化有助于减少司法鉴定领域的交流障碍，有助于对鉴定活动进行验证，并能够帮助司法鉴定技术进行持续改进与自我修正，减少重复鉴定，从而达到提高效率、节约成本的作用。

（三）提高司法鉴定公信力，满足以审判为中心的诉讼制度改革的需要

司法鉴定在诉讼活动中扮演着提供法定证据的证明活动的重要角色，具有法律性与科学性的双重属性。鉴定意见的客观公正，需要依靠司法鉴定的标准化和鉴定标准的科学化来实现。司法鉴定人依据鉴定标准通过专业知识进行鉴别和判断并作出的鉴定意见应当具备科学性和客观性。司法鉴定活动的基本性质决定了其标准化活动有着独特的运行规律，因此司法鉴定鉴定标准也应当具有科学性、客观性、统一性和公认性。司法鉴定标准化是规范司法鉴定活动健康有序发展的重要工具，同时也是提升鉴定意见证明力和提升司法公信力的有力保障。[2] 司法

---

[1] 参见司法部司法鉴定管理局编：《〈司法鉴定程序通则〉导读》，法律出版社 2007 年版，第 77 页。

[2] 何晓丹等：《比较法视野下我国司法鉴定标准化制度的完善研究》，载《标准科学》2019 年第 4 期。

鉴定的标准化能够保障司法鉴定系统的健康运行，由此才能有效地查明事实、打击犯罪、保护公众。统一鉴定标准、规范鉴定程序，才能保证鉴定活动的规范化、程序化、制度化，才能保证鉴定意见的科学、客观与公正。司法鉴定人依据统一、有效的鉴定标准，正确地运用自己掌握的科学知识和经验，从而作出的鉴定意见，相对而言，是较为科学、客观、公正的，才能保障诉讼的进行，保证庭审在查明事实、认定证据、保护诉权、公正裁判中发挥决定性作用，以此来满足以审判为中心的诉讼制度改革的需要，同时有利于司法鉴定权威的树立和推动司法鉴定公信力建设。

在司法鉴定领域，可以积极依托司法行政管理部门、鉴定机构、行业协会、高校、科研机构等多方位的资源优势，学习吸纳先进成熟的国际标准、团体标准、行业标准等，在结合我国实际情况的基础上，加强行业内外的学术交流与研讨，多方位、多维度地推动我国司法鉴定标准化建设。司法鉴定的标准化建设，需要将现代服务与科学技术进行有机整合，搭配出一套结构合理、层次分明、协调统一的标准体系框架。

三、司法鉴定标准化与司法鉴定行业治理

（一）司法鉴定标准化对行业准入的支撑作用

根据党的十八届四中全会《中共中央关于全面推进依法治国若干重大问题的决定》设立的司法鉴定机构、鉴定人的准入条件门槛较低，而且未能严格落实与执行。加之，侦查机关因侦查工作需要设立的鉴定机构，由其各系统自行管理，并未纳

入到司法行政机关的统一登记管理范围。因此，我国当前的司法鉴定行业准入制度，还存在诸多漏洞。司法鉴定人是司法鉴定活动的实施主体，其业务素质能力会直接影响到鉴定的质量。

司法部印发了《司法部关于严格准入 严格监管 提高司法鉴定质量和公信力的意见》（司发〔2017〕11号），强调司法鉴定实施严格准入，从准入范围角度，对没有法律、法规依据的，一律不予准入登记。从准入条件看，申请人必须自有必备的、符合使用要求的仪器设备；自有开展司法鉴定业务必需的依法通过计量认证或者实验室认可的检测实验室等。司法鉴定的标准化，可以完善健全司法鉴定行业准入制度，制定统一的鉴定主体准入门槛，解决当前司法鉴定多头管理，鉴定机构及鉴定人准入门槛高低不齐的现状。

司法鉴定标准化对行业准入的支撑作用，一方面是能够统一鉴定机构和鉴定人的准入标准，另一方面是能够统一审核鉴定机构和鉴定人的准入标准，由司法行政机关进行统一登记管理，保障鉴定人的专业性。可以说，行业准入条件的统一，是落实健全统一司法鉴定管理体制的重要内容。

（二）司法鉴定标准化对行业监管的基础作用

我国司法鉴定行业还存在着对鉴定机构和鉴定人监管乏力，缺乏对违法违规行为的具体处罚规定的问题。整个行业的发展缺乏了一个整体的规划，鉴定机构布局较为散乱，各地的鉴定力量与水平发展不均衡，鉴定人的专业素养良莠不齐。

为了解决司法鉴定实践中监管不严的问题，上述《司法部关于严格准入严格监管 提高司法鉴定质量和公信力的意见》要求各级司法行政机关采取坚决有效措施，整顿司法鉴定执业不规范行为，在全行业形成从严治鉴、从严监管的态势，全面提升司法鉴定质量和公信力。在行业监管方面，上述《司法部关于严格准入严格监管 提高司法鉴定质量和公信力的意见》强调了，省级司法行政机关要统筹规划司法鉴定机构布局，既要防止一个地区资源不足，不能满足鉴定需要，又要避免鉴定机构过多，导致恶性竞争。支持依托大专院校、科研院所设立集教学、科研、鉴定于一体的鉴定机构的发展。上述《司法部关于严格准入严格监管 提高司法鉴定质量和公信力的意见》同时强调，要加强司法鉴定事中事后监管，建立"双随机、一公开"监管机制，对于不再符合申请条件或执业条件的鉴定机构、鉴定人，予以注销。

我国司法鉴定管理已经开始重视行业的自我管理，通过司法鉴定行业协会制定一系列的行业标准，对鉴定机构的资质进行评估，对鉴定人违反行业标准的行为进行确认和惩处，引入良性竞争机制，同时需要对鉴定标准的适用情况进行监督，适时修正标准。

司法鉴定的标准化，通过对司法鉴定的概念、原理、方法、依据、形式等全方面地在全国范围内进行系统性的统一，可以很好地督促鉴定人严守法律法规、职业道德与执业纪律，促进司法鉴定行业有序竞争、优胜劣汰，确保鉴定质量。

（三）司法鉴定标准化对行业发展的引领作用

全球化的进程在逐步推进，科技在社会生活中占领着越来越大的比重。现代科学技术增强了我们发现、获取、证明证据的技术与能力，因此未来必将步入科技证据物证时代。以科学技术为重要支撑的司法鉴定活动，通过同一认定、种属认定等原理，为查明事实提供线索与依据。但是随着司法实践的逐渐深入，司法鉴定行业暴露出了一系列的问题，加之法官、检察官、律师、当事人自身知识的局限性，盲从鉴定意见的情况时有发生，从而影响了司法鉴定公正。若要使得司法鉴定充分发挥其科学性、客观性，保证鉴定意见的公正可靠，我们需要确立司法鉴定的标准体系，实现司法鉴定的标准化。

司法鉴定标准化对司法鉴定行业具有引领作用，主要体现在两个方面：其一，司法鉴定标准化可使新的成熟的科学技术快捷地被运用于司法鉴定领域。科学技术不断在发展，社会需求也在不断变化，司法鉴定领域需要不断吸收新方法与新技术，利用最前沿的新科技为司法实践服务。其二，司法鉴定的理论与技术，是为了解决司法实践中的专门性问题，而逐步发展形成的。司法鉴定标准的制定，需要对司法鉴定活动的每一个环节都进行严格的科学探讨。推行司法鉴定标准化的进程，并不是一个简单的整合加工的过程，而是一个需要对综合技术、标准化理论知识和立法理论知识进行全面研究的系统工程。这一系统工程的必然会促进司法鉴定技术的进步，增强司法鉴定的科学性与准确性。[1]

司法鉴定标准化可以在很大程度上解决实验室间方法、技术操作和结果判定的差异问题，从而提高鉴定意见的可靠性，

---

[1] 徐为霞、孙延庆、徐卫红：《司法鉴定标准化问题研究》，载《海南广播电视大学学报》2006年第4期。

与其证据效力。从另一个角度看，司法鉴定标准还能够使各实验室的结果具有可比性，有利于进行跨地区、跨国合作，实现信息、技术共享与交流，为与国际接轨创造条件，从而适应鉴定方法与技术国际化的发展趋势。

第二节　国际合作与发展对印章印文鉴定质量监控的作用

司法鉴定标准化建设，是一个世界性的司法话题。司法鉴定检验技术的准确性与可靠性，为司法审判提供更好的服务是世界各国司法鉴定界共同一致的目标。在司法实践中，即使是经过充分验证的司法鉴定技术与检验方法，也总会受到外界各种各样因素的影响，从而可能出现显著的或者不明显的、有意或者无意识的偏差；抑或是在进行司法鉴定活动时存在潜在偏见和人为误差。以上提及的问题普遍地存在于全球司法鉴定实践中，美国科学院国家研究顾问委员会发布了名为《加强美国法庭科学之路》（Strengthening Forensic Science in the United States: A Path Forward）的报告借此明确的司法鉴定的未来发展方向和对司法鉴定标准化的急迫需求。针对司法鉴定所面临的严峻问题，其作出了一系列建议，美国法庭科学学会（American Academy of Forensic Science）也提出了7条原则予以支持，其中包括"所有法庭科学实验室应当接受认可；所有法庭科学家应当接受认证；法庭科学名词应当标准化；现有的法庭科学职业实体应当接受政府的监察"。[1] 即通过司法鉴定的标准化,来保证司法鉴定活动的科学性、客观性、中立性与准确性。美国、德国、日本、英国等均是在当前国际标准化舞台上具有重要影响力的国家,对其参与国际司法鉴定标准化工作机制的研究,可以从中预测国际司法鉴定标准化合作和发展的态势。

一、司法鉴定国际合作和犯罪情报信息网络建立的必要性不断增强

（一）大数据背景下的犯罪情报信息模式

伴随着互联网的迅速发展,依靠传统手段打击犯罪已经无法适应不断发展着的当前形势的需要,必须主动依托大数据,树立互联网思维,集成应用各种高新技术,推动司法鉴定与犯罪打击工作的创新与持续发展。通过"大数据"将数据、技术与运用三者进行有机整合,推进跨行业、跨部门、跨地区的情报共享融合,是构建大数据背景下的犯罪情报信息网的有效路径。

司法鉴定与犯罪情报信息工作要通过大数据走可持续发展道路,必须汇聚海量的信息数据。因此,相关部门,需要立足自身实战需求,着力打破部门之间、地区之间、国家之间的信息壁垒,共同努力达到数据共享,从而达到信息重构关联的目的。一个较为完备的犯罪情报信息网,可实现数据信息一体化的要求,将各种类型的数据整合到一个平台上,便于不同地区

---

〔1〕 邢学毅：《〈加强美国法庭科学之路〉的反响和启示》,载《证据科学》2011年第4期。

与国家进行信息交流与信息共享。加之大数据的运算能力,可为信息关联提供更多的可能,通过特定的应用模型,能够从海量数据中快速提炼出精准、有用的信息,让单一、孤立的数据,实现倍增式的关联,为侦查工作提供新线索、新途径、新手段。

美国曾以情报机构重组、系统互联互通和情报分析能力建设为重点,以隐私权、知情权保障与互利互惠为基石争取广泛新任与支持,培育"信息管家"与"需要分享"的情报文化破除共享壁垒,通过灵活的机制建设与制度设计,推动跨层级、跨部门、跨辖区、跨行业的"跨界"融合,以应对"所有犯罪"和"威胁",取得了执法界与警务工作的一次胜利。[1]

同时需要对相关数据进行综合研判,准确把握实时态势及其发展变化规律,全方位地指引决策,优化资源配置,精确打击防范,以有效控制威胁与风险。而后进行多元信息的共享汇集,将零散、残缺、低价值密度的原始数据,通过科学的分析研判,转化为有价值的情报产品,及时传递给合适的用户,是建立大数据背景下的犯罪情报信息网的关键。相关部门可借鉴美国做法,推动建立跨层级、跨地区、跨行业的情报信息中心,突破传统的国家安全、公共安全以及其他相关行业之间的壁垒,实现更为广泛的共享与深度融合。

(二)积极建立多渠道协作机制

国际司法鉴定的合作,与犯罪情报信息网的建立,需要进行跨层级、跨部门、跨辖区、跨行业合作,突破部门之间、地

---

[1] 谢晓专:《美国执法情报共享融合:发展轨迹、特点与关键成功因素》,载《情报杂志》2019年第2期。

区之间、国家之间的信息壁垒，积极拓宽国际刑警组织渠道，实现情报交流共享、资源高度整合、执法紧密联动、运转快捷高效的目标。对于这两项工作的国际协作，可从信息资源共享、重大跨国案件互查共破、重点协查人员互监共控、优势技术资源互补共用等工作机制建设入手，以资源共享为纽带、以基础合作为支撑，从而确立职责明确、结构合理、运行顺畅的国际协作机制。

美国"9·11"事件之前，其情报工作缺乏全国范围的统筹规划。各级执法部门以及国土安全部门依托内设情报机构以及行业内的情报协作均处于自给自足的状态，美国联邦调查局（FBI）在全国各地的地方情报工作组主要为FBI服务，区域信息共享系统尽管为地方执法机构服务，但难以架起地区之间、地区与联邦之间共享的桥梁。之后，就开始设立各地的融合中心，用来弥补国土安全、恐怖主义和执法信息共享方面的不足；而后又开始着手支持和统筹推动全国融合中心网络建设，建立了跨行业、跨辖区、跨机构、跨领域的信息共享与情报融合枢纽。其在情报信息共享环境建设进程中，联邦政府大力推进了国家整体性的信息共享环境建设，同时情报界、国土安全界、执法领域界也进行了改革，为国土安全、情报、执法、国防、外交这五个领域提供了更为广泛的情报支持。首先，2008年出台的《情报界信息共享战略》，对情报界的信息共享作出了统一的部署。其次，2008年《国土安全部信息共享战略》与2013年《国土安全部信息共享与防护战略》，对国土安全信息共享做了全面的规划与部署。犯罪情报协调委员会于2004年成立，负责协调各级执法机构贯彻落实《国家犯罪情报共享计划》,且 FBI 也成立了情报处、信息共享政策委员会、首席信息共享官等机构或职位为信息共享提供支持。

借鉴美国情报信息共享的成功经验,可以用于加强国际司法鉴定合作与犯罪情报信息网的建设中来,通过灵活的机制建设与制度建设,以及完善多渠道的协作机制,推动跨层级、跨部门、跨行业、跨区域的信息共享,为国际协作提供科学合理、操作规范的合作途径。

二、科学技术国际共建促进司法鉴定发展的需求逐步形成

(一)加大科技创新,是推动司法鉴定技术发展的新需求

司法鉴定作为诉讼活动中的一项调查取证活动,需要运用科学技术或专门知识进行鉴别和判断。在诉讼中有些问题,是无法通过人们的五官感知或逻辑推理来进行直接认识和判断的。因而必须借助于科学技术或专门知识进行鉴别和判断。人们在利用自然和改造自然的过程中,逐渐形成了反映自然、社会、思维等客观规律的知识体系,被称为"科学技术"。可以说,司法鉴定的实施过程,就是一个科学认识的过程,司法鉴定是科学认识证据的重要方法和手段,司法鉴定是以科学技术为生命的。

随着现代科学技术与司法鉴定的融合的不断加深,要求司法鉴定行业以科技创新为新动力,持续加大对高新技术设备和专业技术人才的投入,打造现代化、专业化、规范化的实验室,深入推动司法鉴定专业化、信息化、科学化建设。《国家创新驱

动发展战略纲要》明确指出，创新驱动是世界大势所趋，是发展形势所迫，是国家命运所系，国家力量的核心支撑是科技创新能力，司法鉴定行业要实现高质量的发展，离不开科技的创新。司法鉴定行业较其他的科技领域而言，起步较晚，专业力量也较为分散，人才结构较为不合理，缺乏高端技术人才。鉴此，司法鉴定行业与技术的发展，需要围绕国家的战略规划，引进高层次急需人才，逐步改善人才结构，布局科研团队建设，激发科技创新活力。

司法鉴定科学研究院基于国家战略需求和司法鉴定行业的突出问题，牵头主持了"十三五"国家重点研发计划《司法鉴定创新技术研究与应用示范》，旨在解决我国当前司法鉴定行业急迫需要解决的核心共性问题，亦是全球范围内的科学前沿问题，同时搭建了全国顶级的科技人才与科技资源团队，联合研究出多项新技术、新标准、新产品，来有效提升我国司法鉴定的科技水平，从而提高我国司法鉴定机构解决重大、复杂、疑难问题的综合鉴定能力和服务能力。

科学性是司法鉴定的本质属性之一，科学技术的进步是全球司法鉴定行业发展的永恒主题。司法鉴定的科技创新，应立足司法鉴定日益复杂化、多样化与高科技化的特征，以满足政治、经济、文化、社会、生态文明建设等方面有关司法实践的现实需求和潜在需求，实现司法鉴定技术的重大突破。

（二）科学技术国际共建是拓展优质高效司法鉴定服务的新路径

司法鉴定制度的改革与发展，也要适应科学技术发展的要求，做到法律规范、行政规范与技术规范的协调统一。由于借助科学技术手段获得的鉴定结果在现代社会是公认的发现真相的最有效手段，一般情况下，会将其直接作为认定事实的依据，鲜少会质疑其准确性与客观性。然而鉴定人在确认事实之前，都需要对事实进行判断，这种判断很难摒弃人的主观思维。在当前司法实践中，由于鉴定人的不同、鉴定机构的不同、采用技术手段的不同，均可能导致作出不同的鉴定意见，特别是在科技进步的冲击下，鉴定的实施在诉讼程序上的衍生问题也越来越多，因此需要通过司法鉴定标准化，来完善司法鉴定制度，规范司法鉴定程序，提高司法鉴定行业的科技含量，来加以完善。

新一轮的科技革命和产业变革正在重塑社会经济结构，互联网、大数据、人工智能等新科技正在兴起，世界正在进入以信息产业为主导的经济发展时期。司法鉴定服务模式的优化与升级，需要以智能化为主攻方向，以数据库建设为基础，将之融入司法鉴定技术创新之中。2018年5月28日，习近平总书记在中国科学院第十九次院士大会、中国工程院第十四次院士大会上的讲话中指出，"要把满足人民对美好生活的向往作为科技创新的落脚点，把惠民、利民、富民、改善民生作为科技创新的重要方向"。司法鉴定是为诉讼服务的，不仅要为司法机关服务，还要为当事人服务。在民事诉讼中，司法鉴定活动不仅涉及当事人的权利，也同时还涉及公共利益和社会其他利益的调整和补偿，因此司法鉴定活动具备了很强的公共性，其还被纳入了公共法律服务的职能范畴。要求其不仅要满足鉴定意见证据属性的要求，满足审判机关、检察机关、公安机关的业务需求，同时更需要关注人民群众在司法鉴定过程中的满意程度。

司法鉴定工作应当坚持规范、创新、提升，全面依法管理，切实加强监督，提升科技含量，努力为人民群众提供优质高效的司法鉴定服务。在加强硬件基础建设的同时，还需要关注人员素质的提升与制度完善落实两个方面，使司法鉴定人才专业素质与高新设备相匹配，使制度落实与服务实战相适应，增强司法鉴定科学技术的发展后劲。

三、司法鉴定检验检测结果的国际互认逐渐形成

（一）以开展国际标准化合作为重点

英国标准协会（British Standards Institution，BSI）是英国参加国际标准化活动的重要机构，其不仅致力于代表英国发声，将英国标准转化为国际标准，还对其他国家标准化工作给予技术支持。BSI帮助埃及建立了高效高质的基层组织，以满足埃及政府、国家标准化机构和工业的要求；其也为俄罗斯提供过国家标准化机构规范，以及帮助阿尔巴尼亚和罗马尼亚支持和培训其国家标准化机构人员。BSI在国际上开展标准化工作的双边和多边合作，在国际标准化活动中发挥着越来越大的作用，期望借此在全球舞台上发挥更加重要的引领作用。

日本也在通过组织培训、派遣专家、召开研讨会等多种方式，来加强与发展中国家标准化机构的合作关系。近年来，其积极联合推进有关国际标准项目的开展，还通过太平洋地区标准大会（Pacific Area Standards Congress，PASC）等区域论坛，开

展区域标准与标准化活动，推进国际标准化战略。

同样地，德国近年来也十分重视在国际范围内开展标准化活动的合作。德国标准化学会（Deutsches Institut für Normung，DIN）是欧洲和国际标准化组织的成员，在国际标准化活动中，DIN十分活跃。其近年来积极参加了对发展中国家的咨询与培训工作。其与韩国技术标准署签署了合作协议，且与俄罗斯联邦技术法规与计量署（GOST R）签署了备忘录，与美国国家标准学会（American National Standards Institute，ANSI）建立了稳定的对话机制，与印度标准化协会签署了合作协议，帮助了突尼斯标准协会改革基层组织，以此来加强标准化的合作。

在俄罗斯，GOST R代表俄罗斯联邦参加国际标准化活动，也早已同中国、美国、英国、德国、法国、韩国、蒙古国、波兰、日本、捷克、奥地利、土耳其、匈牙利、以色列等30多个国家和地区签订了双边合作协议或者谅解备忘录，就标准化、计量、合格评定等领域加强合作关系。

而美国则是利用其在国际标准化舞台上的优势，主导和影响着国际标准化活动。其民间标准化团体，也在以抢占国际标准化组织的领导地位为目标，积极参与国际标准化活动。

可以说，重视开展国际标准化活动的合作关系，是参加国际标准化活动，扩大国际影响力的重要举措。诸多国家现今十分重视与发展中国家的合作，通过对发展中国家提供各种帮助，来传播本国标准的影响，从而扩大本国标准在国际上的影响力。鉴此，以发展国际司法鉴定标准化活动合作关系为重点，是国际司法鉴定检验检测结果的互认趋势逐渐发展之前提。

（二）以本国标准国际化为基础

ANSI 制定了《美国参与 ISO 国际标准活动的 ANSI 程序》，其设有 ANSI/ISO 理事会，负责参与 ISO 活动的政策战略，与国际政策委员会，专门负责开展国际标准政策的研究，其还针对国际电工委员会（International Eletrotechnical Commission，IEC）理事会设有专门的技术管理委员会。根据《美国参与 ISO 国际标准活动的 ANSI 程序》的规定，所有的 ISO 美国技术顾问组（TAG）都必须得到 ANSI 的认可，并按照既定的程序进行工作。这些技术顾问组通过 ANSI 对 ISO 的政策和技术文件及活动进行研究，而后以通信的方式，代表美国提出观点，其中包括对 ISO 标准的投票表决、批准、修订或废止事项等。ANSI 的目标就是要将美国标准国际化，使代表了本国利益的国家标准成为国际标准。为此，美国国家标准战略明确地指出要从三个方面实现美国标准的国际化：其一，要用美国的标准原则与构想，来改变国际标准化程序；其二，要用美国技术、标准和程序的价值观，来影响区域性的标准化活动；其三，要极力用美国标准整合国际标准。立足以上三方面，美国在几个主要的技术领域重点承担了 ISO 和 IEC 技术秘书处工作，积极参与了国际标准化活动，努力制定反映了美国标准的国际标准。

英国在 2009 年发布了《英国政府 2009 年在标准化中的公共政策利益》，明确指出英国政府将与国家标准机构共同工作，创造快速制定标准的机会，积极影响国际标准，为英国和欧洲的行业提供先发制胜的优势。BSI 是国际标准最强大的出品者，据其介绍，BSI 有 75% 的工作都集中在国际标准化上。英国尽量使 BSI 标准与国际和欧洲标准趋同一致，将其国内标准与国际标准化紧密结合在一起，希望从国际标准化活动中获得最大的经济利益。

为了争夺 ISO 的控制权，美国制定了采用和转化国际标准的政策，同时推行了标准化向外发展的政策，极力用美国标准和标准工作程序影响国际标准和国际标准化工作，保证采用和转化国际标准工作的进行，从而达到用美国标准和美国标准化工作程序来影响和改造国际标准和国际标准化工作的目的。

日本为了参与国际标准化活动，专门成立了国际标准化活动支持中心，主要负责提供关于国际标准化的信息和材料，提供关于国际标准化的咨询服务，支持国际标准化的制定，发展人力资源，提供培训项目，促进参与国际标准化活动信息的交流与共享，促进标准化双方和多方合作及举行国际标准化论坛等工作。其也利用了本国技术先进等特点，制定了大量的标准，并将其作为了国际标准的基础。

可以看出，各国标准化工作的目标，均是要使本国标准成为国际标准，或是以本国标准为基础制定国际标准，以及在国际标准中，更多反映本国的意志和利益。以本国司法鉴定标准国际化为目标，是国际司法鉴定检验检测结果的互认趋势逐渐发展之基础。

（三）建立参与国际司法鉴定标准化工作机制

在国际标准化工作机制的构建上，美国、英国、德国、日本已经积累了较为丰富的经验。其中，美国已经形成了以 ANSI 为主导，政府、协会及企业积极参加的国际标准化活动参与体系与跟踪体系。ANSI 是被美国政府指定为在国际标准化组织中代表美国发声的机构，代表美国参加国际标准化活动，确保 ISO/IEC 所有政策和技术层面代表美国利益。

英国也制定了一系列参加国际标准化活动的规范，其标准规定，从事英国标准化工作的人员必须同时从事国际标准化工作，且涉及书面投票表决的国际标准草案，首先要考虑本国采用的可能性，在国际标准会议上的发言，必须代表英国的观点。为了规范参加国际标准化活动的工作机制，英国将参加国际标准化活动、承担国际标准化组织技术秘书处与采用国际标准的具体政策与措施纳入了标准中，通过标准条款的方式固定了下来。

在德国，DIN 开展标准化活动始终遵循着两条原则，第一条原则为国际标准化活动优先于欧洲标准化活动，第二条原则为欧洲标准化活动优先于国内标准化活动。标准化是推动德国经济与社会发展的重要力量，其也一直从战略高度重视与参与国际和欧洲标准化活动。因此，DIN 开展的技术工作，90% 都是基于欧洲或是国际层面，即 DIN 每年参与制定的标准中，90% 都是欧洲标准或是国际标准。以此全力将欧洲标准化模式，以及欧洲采用的国际标准模式，推向全世界。

日本为了参加国际标准化活动，专门成立了国际标准化活动支持中心。在《日本工业标准化法》中，把国际标准化提到了重要的位置，且制定了参加国际标准化活动的计划及相应的措施。在日本，政府直接管理并引导标准化活动，内阁授权日本工业标准调查会（Japanese Industrial Standards Committee，JISC）参与国际标准化活动。当预测到有国际标准出台时，如果没有特殊的理由，原则上要迅速制定与国际标准一致的日本工业标准（JIS 标准），为了有效地整合，对于存在问题的 ISO/IEC 标准，要求迅速修订，并以 JIS 标准为基础制定国际标准提案，便于其积极参加国际标准化活动。

从以上各国参与国际标准化活动的工作运行机制中，可以得出，明确具体、行之有效工作机制对于开展国际司法鉴定标准化活动十分重要。伴随着我国司法鉴定业务的发展，以及以审判为中心的诉讼制度改革的深化，中国的司法鉴定标准建设，不断地以跨地区、跨领域的合作方式，促进行业形成基本共识，建立和优化司法鉴定标准化体系，努力开辟着科学标准视野下的中国特色司法鉴定发展路径。[1]

第三节　印章印文鉴定质量监控对我国参与国际司法鉴定标准化活动的作用

在我国积极融入全球化进程的同时，司法鉴定领域也在逐步地与国际接轨。国际司法鉴定领域十分注重标准化活动，美国、英国、法国、德国、澳大利亚等国家均已将司法鉴定标准纳入国家标准管理体系，并通过专业标准委员会、行业协会或专业研究机构对司法鉴定标准进行管理。[2] 国际标准化组织法

---

〔1〕　王旭、陈军：《2018'中国的法庭科学/司法鉴定标准建设与步伐》，载《中国司法鉴定》2019 年第 2 期。

〔2〕　沈敏、吴何坚：《试论司法鉴定技术标准体系建设》，载《中国司法鉴定》2007 年第 4 期。

庭科学技术委员会于 2012 年成立，其秘书处设于澳大利亚国家标准化学会（Standards Australia），主要负责司法鉴定领域的标准化与技术指导工作，截至目前发布了 ISO 18385:2016、ISO 21043-1:2018 与 ISO 21043-2:2018 这三项国际标准。[1]

澳大利亚国家标准化学会作为国际标准化组织法庭科学技术委员会的秘书单位，其高度重视参与国际和区域的标准化活动，并在早期就深度介入了国际标准的起草工作中，将国家标准转化为国际标准，因此澳大利亚司法鉴定标准化的国际工作成效卓越。标准化研究源于欧洲，其标准化活动在国际上影响深远。而美国试验与材料协会（American Society for Testing and Materials，ASTM）国际标准组织于 1970 年设立了司法鉴定标准化委员会，可以说是世界上最早的司法鉴定标准化组织。各国在司法鉴定领域的标准化，均带有各国司法体制、管理体制和标准化政策的显著特征，我们可以从中借鉴与反思，从而研究探索参与国际司法鉴定标准化的中国路径。

一、提高政治站位，深刻认识参与司法鉴定标准化国际合作的战略意义

2015 年 3 月 11 日，国务院印发了《国务院关于印发深化标准化工作改革方案的通知》（国发〔2015〕13 号），着力推动实施标准化的国家战略，加快完善标准化体系。伴随着全球化进程的深入，标准化在支撑产业发展、规范社会治理、促进科技

---

[1] ISO/TC 272-Forensic sciences, https://www.iso.org/committee/4395817/x/catalogue/p/1/u/0/w/0/d/0.

进步的作用日益凸显,标准化已上升为宏观国家战略高度。站在国家战略高度,从国家经济社会发展角度,谋划司法鉴定标准化的长期规划,为增加国家核心竞争力,为司法鉴定标准化发展提供路线指引和战略支撑。

(一)实施质量创新与创新驱动,提高司法鉴定质量

2016年9月9日,习近平总书记在致第39届国际标准化组织大会的贺信中指出,标准助推创新发展,标准引领时代进步。中国将积极实施标准化战略,以标准助力创新发展、协调发展、绿色发展、开放发展、共享发展。[1] 标准化实质上本身就是一种创新,通过标准化全面提高司法鉴定质量水平,提升我国司法鉴定行业的竞争力。

司法鉴定意见在诉讼以及仲裁活动中的证据性质,直接决定了司法鉴定的程序规范要求和鉴定意见的质量保证要求。司法鉴定质量的高低,直接关系到了司法公正与人民合法权益的保护。司法鉴定标准化,对司法鉴定活动进行标准化管理,有利于对司法鉴定的质量进行监控,可以促使司法鉴定质量管理体系的完善,对影响鉴定质量的所有因素,进行全过程、全方位的有效控制与管理,确保司法鉴定行为的公正性、程序的规范性、方法的科学性、数据的准确性、结论的可靠性,为司法活动的顺利进行提供技术保障和专业化服务。提高司法鉴定质量,同时也是切实落实司法鉴定标准化的体现。

国家进行标准化建设,并将其提升至战略高度,意在经济

---

[1] 刘智洋、高燕、邵珊珊:《实施国家标准化战略 推动中国标准走出去》,载《机械工业标准化与质量》2017年第10期。

全球化进程中，增强我国的核心竞争力。标准是最大限度地保障司法鉴定质量的重要手段，在司法鉴定标准化进程中，需要鉴定机构不断加强规范化建设，建立质量监控体系，对鉴定人员的能力、鉴定方法和程序、鉴定环境和设施进行全面管理，对影响鉴定质量的所有因素进行有效控制。确保鉴定机构和鉴定人能够以公正的行为、规范的程序、科学的方法、正确的结论，来为审判以及仲裁等司法实践提供优质高效的鉴定服务。同时还需积极履行国际标准，着手制定适合我国的司法鉴定行业标准，并监督对标准的落实，争取实现司法鉴定标准化，提升我国司法鉴定的科技含量和整体水平。

标准体系的研制，需要与创新体系相协调，在创新的过程中，还需兼顾质量的保证，提高标准的适应性与竞争力，以此才能在竞争日益激烈的国际环境中掌握主动，保证我国司法鉴定标准的生存与发展，发挥标准对司法鉴定行业的引导作用。

（二）争取司法鉴定国际标准研制更多的话语权

标准化是科学技术创新、提升司法鉴定质量、参与国际合作与竞争的重要手段。以标准来全面提升推动司法鉴定行业升级发展，形成新的竞争优势，增强国际竞争力，争取司法鉴定国际标准研制的话语权，是新形势下标准化成为国家战略的必然要求。目前发达国家的经济与科技实力都比较强，因而诸多国际标准均为发达国家所制定。加之欧美等主要国家的司法鉴定标准化工作起步较早，其占领了司法鉴定国际标准领域的一席之地。新一轮的产业结构调整已经到来，这将使发达国家进一步成为向世界提供技术标准的主体国家，而发展中国家将成为使用发达国家提供的技术标准进行工作的车间。

美国正在实施的国家标准战略，旨在从三个方面去实现美国标准的国际化：其一，是用美国的标准原则与构想去改变国际标准程序；其二，是用美国技术、标准和程序的价值观去影响区域性活动标准，如南北美洲、太平洋地区，进而来影响国际标准化活动；其三，是用美国标准去整合国际标准。据统计，截至2010年，美国参与了80%的ISO技术委员会，承担了138个ISO技术委员会、分技术委员会秘书处和494个工作组召集人工作，以及29个IEC TC/SC秘书处工作。[1]为了与欧洲争夺ISO的控制权，美国制定了完整的相关政策，来采用和转化国际标准，并从政策和资金上保证可采用和转化国际标准工作的顺利进行。同时，其积极推行标准化向外发展的政策，极力用美国标准和美国标准化工作程序来影响国际标准和国际标准化工作，从而达到用美国标准和美国标准化工作程序来影响和改造国际标准和国际标准化工作的目的。另外，美国的民间标准化团体也在积极参与国际标准化活动，将抢占国际标准化组织领导席位，作为其重要的工作目标。

德国于2005年发布了《德国标准化战略》，其战略核心是要强调充分利用欧洲标准可以直接上升为国际标准的法定渠道，借助标准化迅速将创新产品推广到国际市场上；加强、改善并优化现有的标准体系，借助标准化提高技术创新的市场效率，并通过推广欧洲标准化模式，继续保持德国对国际标准化活动的

---

[1] 刘春青等编著：《美国 英国 德国 日本和俄罗斯标准化概论》，中国质检出版社、中国标准出版社2012年版，第47~49页。

影响力。

日本的标准化战略、国际标准综合战略和标准化长期规划，都把加强国际标准化活动作为重点，建立适应国际标准化活动的技术标准体系。其甚至制定了具体的实施措施，将信息技术领域、环境保护领域、制造技术、基础技术等领域作为工作重点，实施战略赶超，以争取在世界的领先地位。

通过对美国、德国、日本的标准化战略的分析，我国的司法鉴定标准化战略也可以借鉴其标准化战略的成功经验，尽快制定标准化发展战略，由政府、行业组织、科研机构等广泛参与。同时还应完善相应的保障体制和监督检查措施，使司法鉴定标准化这一发展战略对有关各方都具有约束力，成为举国共同遵循的行动纲领。

发挥标准的引领作用，使标准服务于国际竞争，赢得主动权，服务于国际规则制定，赢得话语权，加大中国标准国际化的推广力度，推动认证认可结果互认和采信，逐步树立并强化中国世界经济强国的地位，推动中国标准走出去。站在国家战略高度，实行司法鉴定标准化，必须加快我国自主技术的标准制定，形成拥有创新成果的技术标准体系。将标准制定与科研相结合，引导产、学、研各方面推进司法鉴定领域标准的研究与制定，促进科技创新成果提升行业技术水平，形成行业竞争优势，并将我国优势技术领域的标准提交并转化为国际标准。

二、把握后发优势，以印章印文鉴定标准为参与司法鉴定标准化国际合作与竞争的切入点

（一）提高我国司法鉴定标准的国际化水平

参与国际司法鉴定标准化活动，需要在司法鉴定领域内依据国际通行的标准与技术规范体系，建立起相应的司法鉴定技术标准，进一步提升我国出具的司法鉴定意见在涉外案件中的诉讼地位和证据价值，从而提升我国司法鉴定标准化与国际接轨及各国之间互认的程度。

日本是亚洲地区在标准化领域内影响比较大的国家，同时也是主要市场经济国家中，唯一实施政府直接管理标准化的国家。但是，在其标准化进程中，政府直接管理并主导标准化，容易出现的标准脱离实际需求的倾向却得以避免，这一点是非常值得我国关注和借鉴的。为了能与欧美主要国家的国际标准化活动的能力达到并驾齐驱的水平，日本从政策上鼓励积极参加国际标准化活动。其中1997年发布的有关日本国际标准化政策的报告中，明确强调了三点，首先，产业部门应主动推进日本的标准化工作，向标准化投入更多的人力或资金，政府的作用是制定引领产业部门活动的指导框架；其次，必须优先选择进行国际标准化活动的领域，政府和产业部门应共同协作，促进这一目标的实现；最后，要求政府将标准化政策作为产业和技术政策不可分割的组成部分。[1] JISC在日本内阁授权下，积极参

---

〔1〕 李传明：《今后日本的国际标准化政策（续完）（日本工业标准调查会国际分会咨询答辩）》，载《船舶标准化与质量》1998年第6期。

与国际标准化活动，以 JIS 标准为基础制定国际标准提案。在制定新标准时，如果没有特殊理由，会与 ISO/IEC 标准实现整合；当预测到将有国际标准出台时，原则上也要求迅速制定与国际标准一致的 JIS 标准；而对于存在问题的 ISO/IEC 标准，会迅速要求修订，同样也是以 JIS 标准为基础制定国际标准提案。

在人员培训、行业惩戒、舆情管理、服务提供规范等方面可以形成我国司法鉴定行业标准化特色，以此提升我国标准化在国际上的引领性。全国司法鉴定标准化技术委员会应当凝心聚力，充分发挥技术委员会的职能，加快推进我国新时代司法鉴定行业的发展，加快促进司法鉴定统一管理的进程。可以长三角地区为依托，努力推动司法鉴定行业在长江经济带及长三角各地的业务联动，积极推广标准化成果，逐步实现技术标准的同行通用，发挥各地区标准化资源优势互补，实现标准化信息的共享和互联互通，助力我国司法鉴定服务能级的提升，从而提升我国司法鉴定标准的国际化水平。[1]

（二）加快培育高层次国际司法鉴定标准化专门人才

专业的标准化团队是深度参与国际司法鉴定标准化活动的关键，此类人才应同时具备司法鉴定专业知识和标准化基础知识。目前我国司法鉴定行业缺少统一、完备的标准化人才培养与培训机制，且标准化技术和管理人员多为兼职，不利于标准化工作的开展，也会影响我国参与国际司法鉴定标准化活动的进程。我们亟需建立一支年龄结构合理、专业技能和知识结构

---

〔1〕 花苓芝：《标准管理 科学鉴定》，载《质量与标准化》2018 年第 12 期。

完善的标准化专业团队，以适应司法鉴定标准化发展的新形势，与参与国际司法鉴定标准化的新要求。[1] 具有国际化视野的司法鉴定高层次人才的培养，直接影响到了我国参与国际司法鉴定标准化的程度。要培养一批熟悉司法鉴定国际标准制定规则并具有专业知识的人才和国际标准化专家，此类人才应是拥有扎实专业能力、创新思维与职业能力的实用复合型人才。

我国的司法鉴定人才培养事业，从新中国成立以来，经历了从无到有、从弱到强的发展历程，到如今已经具备了较为完善的司法鉴定人才教育体系。各大高校、科研院所成为培养司法鉴定人才、保持提升司法鉴定队伍专业水平的重要支撑。而在司法鉴定人才的培养过程中，受着多方面因素的影响，还存在着一些缺陷，导致了高层次国际化司法鉴定人才的匮乏。首先是当前司法鉴定专业的学生以及从业人员知识结构的单薄性。受着教育体制的影响，我国的教育方式往往是较为注重培养学生对基础知识的掌握，而相对忽视更为根本的方法论基础与科学原则。这就导致了我国的司法鉴定专业队伍对本专业的理论基础、科学原则以及发展方向的认识较为局限，从而影响了司法鉴定技术的创新和发展。其次是缺乏与外围专业、其他教育培训项目的交流。司法鉴定是一门交叉性学科，涉及人文科学与自然科学的多个领域，因此应当为司法鉴定专业人员提供其他相关专业的教育与培训，以此丰富其知识结构层次。同时也可吸引其他专业，如物理、化学、生物、医学等相关专业的优

---

[1] 何晓丹、沈敏：《司法鉴定标准化管理的路径探讨》，载《中国司法鉴定》2018年第1期。

秀人员加入司法鉴定队伍，扩充司法鉴定人才储备，促进学科间的融合。

高层次的司法鉴定人才，除了要具备深厚的理论知识和专业业务水平以外，还需要具备相应的职业伦理与思想道德素养，应当德才并重。

三、发挥独特优势，借助重大平台稳步推进司法鉴定标准化国际合作工作

（一）落实各技术标准的有效制定和转化

我国自2005年全国人大常委会发布了《关于司法鉴定管理问题的决定》（已被修改）以来，司法鉴定被纳入了法治意义上的统一管理，然而其标准化程度还相对比较滞后。除去法定四大类鉴定项目以后，还有许多的司法鉴定项目，例如建筑工程司法鉴定、野生动植物司法鉴定、会计司法鉴定、文物鉴定等，这些司法鉴定项目的鉴定标准基本上处于空白状态。因此，司法鉴定人和司法鉴定机构在实施具体司法鉴定过程时，往往需要参照相关行业的行业标准。况且，《关于司法鉴定管理问题的决定》将法医类、物证类、声像资料类纳入了统一管理，而环境损害类是在2015年之后，才被纳入到统一登记管理范畴的，由此造成了环境损害司法鉴定的相关鉴定标准暂时较少。加之，在司法实践中，一些现行的司法鉴定标准发布时间较早，随着科学技术的发展，案件也愈加复杂化，标准可能已经滞后，不再适用于司法鉴定实践，亟需加以修订。

在司法鉴定活动中所使用的标准，除去司法鉴定行业基础

标准、司法鉴定行业管理标准外，还包括了司法鉴定行业的专业技术标准，不同的标准间往往存在相互矛盾的情形，反而会限制、制约司法鉴定的发展。并且在司法实践中，存在着许多各部门单独发布相应的司法鉴定标准的情形，该现象在法医类、物证类、声像资料类、环境损害类之外的司法鉴定领域更为普遍。反映了我国司法鉴定标准缺乏统一的归口管理，需要通过全国司法鉴定标准化技术委员会进行牵头管理，改变目前司法鉴定标准政出多门的弊端。以此来加强对司法鉴定标准的管理，及时修订与更新相关标准、规范，使各项司法鉴定活动所适用的标准运行更加顺畅。

（二）正确对待国际司法鉴定标准化与中国国情的关系

目前我国司法鉴定标准化体系还存在着系统性与协调性的问题。首先，我国现行标准体系供给较为单一，均需依靠政府主导进行标准的制定，加之全国司法鉴定标准化技术委员会尚未成立，只能借用相关行业标准，难以充分利用社会和市场资源、发挥社会和市场的活力，导致了司法鉴定行业标准发布与更新迟缓。其次，各省市均设有自己的司法鉴定协会，并下设了各专业技术分委会。若各省市以此为主体，制定、发布并适用本行政区域的司法鉴定团体标准，则会导致标准间各行其是，同一鉴定事项在不同地区进行鉴定，采用不同标准，势必难以作出公正客观具有公信力的结论。鉴于此，我国的司法鉴定标准化工作还需在全国司法鉴定标准化技术委员会的系统布局之下，继续协调推进，以确保标准的及时更新与发布，以此能够持续满足并适应行业的发展要求。

从 2016 年起，我国司法鉴定学者已经涉足国际司法鉴定标准化活动，在一定程度上参与了国际司法鉴定标准制定与修订工作。但是总体上来说，我国在国际标准化活动中的参与程度还略显不足，且影响力有限。积极地参与国际标准化活动，一方面，能够通过参与国际标准化活动来展示我国的优势技术，提升我国标准在国际上的影响力和贡献力，促进我国司法鉴定标准化工作的国际化。另一方面，能够通过参与标准化国际活动，及时掌握国际与国外先进标准，获取国际同行在标准化领域的理念、经验和做法，寻求在标准化活动方面的信息资源共享，按需将先进的国外标准与国际标准转化为适合我国国情的国家标准，促进我国司法鉴定标准的研究工作。[1]

只有在准确把握现有体制，才能有所指向地借鉴、寻找理性、有效的改革途径和方法。我国的国际话语权一直在不断增强，我们仍是需要根据自身的历史渊源、政治体制、法律制度、科教资源来不断完善本国的司法鉴定标准化制度，推进我国司法鉴定事业的健康发展，也必将能够推动国际司法鉴定标准化的进程。

---

[1] 何晓丹等：《比较法视野下我国司法鉴定标准化制度的完善研究》，载《标准科学》2019 年第 4 期。

第四节 从"一带一路"建设出发,推动我国司法鉴定标准国际化

"一带一路"是促进共同发展、实现共同繁荣的合作共赢之路,也是增进理解信任、加强全方位交流的和平友谊之路。自中国政府2013年提出"一带一路"以来,已有100多个国家和国际组织秉持着和平合作、开放包容、互学互鉴、互利共赢的理念,打造政治互信、经济融合、文化包容的利益共同体、命运共同体和责任共同体,而今已从最初理念构想转化为实践方案的落实。

作为著名的"丝绸之路",实现了亚、欧、非三大陆地门户的连接。通过"一带一路"建设的带动,能够打开我国司法鉴定标准化战略格局,加强与"一带一路"沿线各国的友好合作关系与司法合作,在很大程度上可以推进司法鉴定领域的互认以及技术标准的融合与共通。中国可与"一带一路"共建国家根据实际发展需要,制定和实施司法鉴定领域通用的相关标准,以此来扩大"一带一路"建设在国际上的影响力。

一、司法鉴定标准化合作是共建"一带一路"的重要内容

(一)拓展合作领域,推动深入融合

"一带一路"建设使我国与共建国家在政治、安全、经济、人文、科技等领域的区域合作不断增强,随着国际化进程的持续推进,各个国家所面临的挑战越发突出,许多与发达国家在技术与标准上的差异,并非某一国家单独能够追赶上的。发展

中国家在诸多领域上落后于发达国家，不仅让发达国家得以在核心技术上，对其加以垄断和封锁，还能从中攫取和剥削进行获利，甚至通过价值链低端锁定效应，将其限制于价值链的低端环节，这种不对称的竞争环境，使得发展中国家难以摆脱劣势地位。我国作为发展中国家的大国，带头提出了"一带一路"建设，为共建国家打破困境提供了全新有效的思路，以协力合作增加发展中国家与新兴经济体在各领域中的国际话语权，其中也自然包括了司法鉴定标准化建设，对现有的司法鉴定标准化的国际体系与制度进行有益补充和完善。

德国、英国是国际标准化活动的传统优势强国，均是从本国标准化战略出发，全面开展双边与多边标准化的合作，以此作为扩大国际影响力的重要措施。如德国 DIN 积极参与对发展中国家的合作与培训，帮助突尼斯标准协会改革了基层组织，与韩国技术标准署签订了合作协议，与俄罗斯技术法规与计量署签署了备忘录，与印度标准化协会签署了合作协议，并与 ANSI 建立了稳定的对话机制，来强化标准化领域的合作。BSI 也是为了在国际舞台上发挥更加重要的领导作用，也对其他国家标准化技术领域加以支持与合作，其帮助了埃及建立了高效高质基层组织，为俄罗斯提供了国家标准化机构规范，为阿尔巴尼亚和罗马尼亚培训了国家标准化机构人员。俄罗斯作为"一带一路"建设中最大的经济市场之一，早已同中国、美国、日本、英国、法国、德国、韩国、蒙古国、波兰、捷克、匈牙利、以色列、保加利亚、奥地利、土耳其等 30 多个国家与地区就标准化领域签订了双边合作协议或谅解备忘录。

司法鉴定标准化可促进标准、计量、检验检测、认证认可等国家质量基础设施的完善，高质量地进行"一带一路"共建，自然也需要高质量地共建质量基础设施。只有"一带一路"共建国家与地区，在相关质量规则上达成最大限度的共识，才能更好地进行通力合作与相互扶持，拓展合作的领域，切实推动深入融合。司法鉴定标准化建设，提高了司法鉴定质量与服务能力，能够成为"一带一路"建设的质量基础。

（二）应把加强司法鉴定标准化人才合作交流，融入"一带一路"建设

2016年教育部印发了《推进共建"一带一路"教育行动》，其明确提出了，"沿线各国携起手来，增进理解、扩大开放、加强合作、互学互鉴，谋求共同利益、直面命运共同体、勇担共同责任，聚力构建"一带一路"教育共同体，形成平等、包容、互惠、活跃的教育合作态势，促进区域教育发展"。由此可见，增强"一带一路"共建国家与地区的教育的合作与交流，为共同发展提供人才支撑，是推进"一带一路"建设的有效途径。

"一带一路"建设，关键在于人才的培养。"一带一路"沿线的国家与地区众多，情况较为复杂，涉及了宗教、安全、市场、语言等多方面的问题。在与"一带一路"共建国家与地区开展司法鉴定标准化合作时，需要具有全局视野的复合型人才，以适应这种复杂的环境。当前在"一带一路"建设下，司法鉴定领域存在的主要问题是，通晓中文，熟知中国的外籍司法鉴定人，以及通晓当地语言，熟知共建国家地区政治、经济、法律、文化风俗的司法鉴定人才十分匮乏。语言障碍成为"一带一

路"背景下司法鉴定领域沟通与交流的最大障碍。在这种复杂的环境下，需培养具有全局视野的复合型人才。在具备一定的鉴定技术能力的基础上，同时需要熟练掌握当地国家和地区的语言及文化风俗，才能深入地了解当地司法鉴定相关的法律法规及技术规范标准，加强各国在司法鉴定标准化上的交流互鉴。

在"一带一路"背景下，各国进行司法鉴定标准化交流与合作，不仅要求司法鉴定专业人才具备扎实的专业知识，通晓相关语言，更要掌握标准的制定规则与程序。因此，需要各国发挥专业特色和人才专长，通过相关信息平台，为司法鉴定标准化专业人才建设提供语言培训、法律法规培训以及专业技能培训等项目，大力培养一批懂技术、懂标准、懂外语、懂规则的复合型国际司法鉴定标准化人才。以满足"一带一路"建设对司法鉴定标准化工作人才的具体需求，为"一带一路"共建国家与地区开展司法鉴定标准化合作提供人才保障，使司法鉴定为"一带一路"的长期建设保驾护航，为"一带一路"建设的百年大计做出司法鉴定人应有的贡献。

二、"一带一路"建设为司法鉴定标准化国际合作提供契机

（一）积极推进司法鉴定相关专业标准互认

法定标准与事实标准，都是特定领域的区域性或国际性的通用语言，同时也是产品和服务进入市场的通行证。标准互认，既是不同主体之间，在平等的基础上，就共同关注的领域，进行标准体系的对接与兼容，并通过协议的方式互相承认，使用

对方的标准规范。[1]

标准是由一国的基本国情决定的，不同的标准水平，反映着各个经济体之间的客观差别。如果忽略了各国国情之间的差异，而强制实行标准协调，可能会导致资源配置扭曲等不利影响。因此标准互认，并不是要求"一带一路"共建国家与地区之间采纳相同的标准与技术法规。而是各国之间采取合作的方式，相互承认对方的标准制度，由此保证了各国根据本国的经济条件和社会基础自行制定标准的权利，同时能够通过合作达成司法鉴定领域的信任机制，解决重复测试、检验和认证等问题，产生双赢结果。1998年，美国与欧盟达成了《互相认可协议》，避免了重复检验、认可等程序，提高了合格评定程序的透明度与效率，加快了产品投放市场的速度。据统计，该互相认可协议的履行，能够节省约2亿欧元的费用。[2]

"一带一路"共建国家与地区之间的司法鉴定标准互认合作，应不仅局限于形成共同的区域性标准，更应主动与高水平的国际标准接轨，以逐步提升"一带一路"共建国家与地区的司法鉴定标准质量与结构，使得其可以在司法鉴定国际标准体系和规则问题上共同有效发声，增强在国际司法鉴定标准化活动中的参与度和发言权。"一带一路"标准互认，共同研究并制定国际标准和区域共通的标准，推动司法鉴定领域标准的相

---

[1] 温军、张淼、蒋仁爱：《"一带一路"倡议下知识产权与标准化国际合作的战略思考》，载《国际贸易》2019年第7期。

[2] 齐欣、岳晋峰：《标准制度互认机制与发展中国家技术性贸易壁垒的突破》，载《国际贸易》2005年第6期。

互采用,推动互认标准成为"一带一路"建设下共同遵守的技术依据。2013年,中国与英国签订了《中华人民共和国国家质量监督检验检疫总局中国国家标准化管理委员会与大不列颠及北爱尔兰联合王国商业、创新和技能部授权的国家标准机构英国标准协会标准互认协议》,立足于发挥标准的技术支撑性作用,提升了我国标准化发展水平,增强了我国标准化国际影响力。2015年,我国发布了《标准联通"一带一路"行动计划(2015—2017)》,以共建国家和地区为方向,全面深化与"一带一路"共建国家和地区在标准化方面的双多边务实合作和互联互通,深化标准化互利合作,推进标准互认,服务于"一带一路"建设。[1]

司法鉴定标准化,作为国家标准化战略中的一部分,稳步推动司法鉴定行业互认标准的制定,通过标准互认,为"一带一路"建设提供技术保障,深化"一带一路"共建国家交流与合作,全方位地服务"一带一路"建设。

(二)共建标准互通互联建设性机制

推进"一带一路"建设的重要举措,是共建国家与地区国家基础设施的互联互通,以及便利化规则的建设。在我国推行"一带一路"建设的进程中,可利用我国司法鉴定领域的技术经验和优势,支持和帮助共建国家与地区开展司法鉴定标准化工作,通过标准互认交流的方式,推动中国先进标准走出去,积极开展"一带一路"共建国家司法鉴定标准及相关法律法规的

---

[1] 钱佳敏、吴卯恩:《通过标准互认服务"一带一路"建设》,载《第14届中国标准化论坛论文集》2017年9月20日。

收集与交换，对共建国家与地区就司法鉴定领域认为需要互认的标准，依托相关行业协会及标准化技术机构进行讨论、比对、达成一致后共同发布并使用。

"一带一路"共建国家标准信息平台[1]与标准化中英双语智能翻译云平台[2]于2019年4月23日开通，其是以"一带一路"共建国家共商共建共享为原则，以加强标准化交流与合作为宗旨，以满足快捷无障碍了解和使用标准需求为目的，从而进行合作搭建的。其中，"一带一路"共建国家标准信息平台，为首次对"一带一路"国家有关标准信息进行了分类和翻译，并全面展示了149个"一带一路"共建国家的标准化概况。该平台还对53个国家及ISO、IEC、ITU等6个国际组织的标准题录信息进行数据集成，并提供精准的检索服务，使标准信息有序可达。该信息平台还采用了可视化手段，分析了"一带一路"各国标准的特点和数量情况，其中包括了标准热词、标准领域分布、标准发布趋势等。同时还设有国内外标准化动态栏目，可以及时跟踪各国及国外标准化组织的标准化动态要闻，为"一带一路"建设提供了标准化信息支撑，更为"一带一路"国家之间架起了一座标准互联互通的桥梁。

而标准化中英双语智能翻译云平台是国家重点研发计划"国家质量基础的共性技术研究与应用"（NQI）专项的一项重要成果。该平台构建了4200万中文字符和2200万英文单词的权威标准化英汉语料库，采用最先进的神经网络翻译技术和计

---

[1] "一带一路"共建国家标准信息平台，载 http://www.ydylstandards.org.cn/。
[2] 标准化中英双语智能翻译云平台，载 http://www.znfy.org.cn/。

算机辅助译后编辑技术，可提供多种格式标准文本、标准化文件资料以及其他各领域资料的快速中英互译，支持在线拆分和组合词汇。用户可在线建立个人记忆库和术语库，翻译后的文本完整保留原文排版格式。平台融入了"共建共享"的理念，每位用户既是使用者，也是平台语料的贡献者；同时，配套的独立英文界面为国外用户查看和使用中国标准提供了快速翻译通道。此外，网络在线翻译方式不仅省去了更新环节，还提供了即时翻译标准文本和标准化文献的问题。作为标准国际化的基础设施，为标准联通共建"一带一路"提供了重要的语言支撑。[1]

以上述两个平台为基础，可着手构建司法鉴定信息平台，实现鉴定信息共享、鉴定标准交流、鉴定结果公开等多项功能，实现跨区域的司法鉴定信息互通、资源共享、合作共赢。"一带一路"横跨了欧亚非大陆，涉及约占全世界人口的63%，经济总量约占全球经济总量的28%，其中大多是发展中国家与新兴经济体，发展水平参差不齐，司法鉴定质量与能力也存在较大差异，在"一带一路"建设下开展司法鉴定标准化，共建标准互联互通的建设性机制，在很大程度上增强了与共建国家与地区合作发展的广泛性、包容性与共享性。

（三）共同加强司法鉴定标准化能力建设

"一带一路"建设的深入推进，势必会对司法鉴定与标准化国际合作的深度与广度提出更高的要求。标准的水平直接影响

---

[1] 徐风：《为支撑"一带一路"贡献"标准力量" 两个标准化平台开通不断提升标准互联互通水平》，载《中国质量报》2019年4月24日，第1版。

了标准化工作的实际成效,经济的发展、社会的进步都不断地要求标准的质量必须与时俱进、不断提升。以司法鉴定标准化促进司法鉴定行业的联通,充分调动"一带一路"共建国家与地区的基础设施规划、技术标准对接的积极性,从而共同加强司法鉴定标准化能力建设。

司法鉴定能力建设,通常包括鉴定人的能力、仪器设备水平以及技术创新能力等,加强能力建设,提高鉴定水平,才能保证鉴定质量。发展中国家在国际标准化活动中处于落后的一大原因为其相关技术基础设施落后,许多发展中国家与地区的技术水平相对落后,相关实验室或者检测机构等技术基础设施也较为匮乏,由此很难与其他国家和地区建立标准化合作。在这种情况下,通过"一带一路"共建合作,加强司法鉴定相关的基础设施和能力建设的合作,待相关基础设施健全并具备相应技术能力后,再积极推进"一带一路"共建国家与地区司法鉴定标准的互认,共建标准互联互通机制。

通过司法鉴定能力的提升,为"一带一路"共建国家与地区提供更加优质的司法鉴定服务,协助解决区域内各国与地区间的法律纠纷,促进区域安全稳定,推动司法鉴定在"一带一路"建设打击重大犯罪、毒品犯罪和反恐等领域中发挥作用,维护各方人民的合法权益,为改善基础设施建设、提高在解决国际贸易服务、人身伤害、环境保护、经济往来等过程中产生的纠纷的技术能力,全方位地为"一带一路"建设提供优质、高效的司法鉴定服务。

三、"一带一路"背景下我国司法鉴定标准化发展的策略

（一）构建司法鉴定标准体系要突出科技引领

"一带一路"建设为我国司法鉴定标准化发展提供了新的重要机遇。我国司法鉴定标准化的发展，不仅是向外输出中国标准、中国技术，更重要的是用司法鉴定服务来提升中国的品牌形象，提升我国司法鉴定的国际影响力。司法鉴定涉及了社会学、法学、物理学、化学、医学、工程学、生物学等多学科的专业知识，科学技术的发展也是日新月异，司法鉴定亦应在社会科技发展进步的过程中与时俱进，迎合时代的需求做出改变。鉴此，司法鉴定标准也需要适时进行修订与增加，在整体的发展过程中，充分保障司法鉴定在侦查、起诉、审判、判决、执行中发挥揭露犯罪、确认犯罪、准确打击犯罪、维护社会秩序、保障人民合法权益不受侵害、实现司法公正的目标。

在当前司法实践中，由于客体的多样性和社会科技发展水平以及主体认识水平不同，如检测比对的标准体系不统一，采用的设备和技术标准不统一，鉴定人的认识水平和方法不同，均有可能导致出具不同的鉴定意见，这与司法鉴定客观性的要求是背道而驰的。借助科技手段的鉴定结果是现代社会公认的发现真相的最有效手段，因此，需要借助科学技术的力量，对自然规律、科学原理和技术方法、技术标准进行统一，对鉴定程序和准入条件进行统一，才能够实现"一带一路"背景下司法鉴定标准体系的构建，并以此来保障鉴定的同一性和可检验性。

要充分利用现代科技提升司法鉴定创新发展和司法鉴定标准化建设，积极推进"一带一路"共建国家与地区司法鉴定标准化规则制定工作，促进司法鉴定标准化建设。按照"一带一路"建设部署，应发挥大数据在构建现代司法鉴定标准化体系中的作用。同时在为"一带一路"建设服务过程中，司法鉴定的国际标准规范的建立，要坚持以科学规律、科学定理、科学理论与科学知识为基础，结合先进的科学技术方法，对制定标准进行深入研究，着重突出司法鉴定标准体系的科学性与有效性。"一带一路"建设提升我国司法鉴定标准在世界范围的传播力与影响力，促进我国司法鉴定的科研创新与成果的转化和应用。

（二）制定"一带一路"国家司法鉴定标准体系框架

"一带一路"国家与地区开展司法鉴定标准化建设，需要以"一带一路"共建国家与地区交流合作为目标，以"一带一路"国家与地区司法鉴定标准的互认为载体，以标准化架设起"一带一路"共建国家与地区司法鉴定领域交流合作的桥梁，要加快"一带一路"共建国家标准信息平台建设，从而促进在司法鉴定技术与标准化方面展开更加深入、广泛的合作交流，全方位地服务"一带一路"建设。

在"一带一路"国家与地区司法鉴定标准体系框架的制定过程中，首先，需要立足各国国情，进行全面的设计。"一带一路"共建国家与地区众多，国家之间也存在着比较复杂的利益关系，需要综合大部分国家与地区对司法鉴定标准的需求以及现状进行评估，因地制宜，进行"一带一路"国际司法鉴定标准体系框架的设计。需要制定经"一带一路"共建国家与地区协商、公认的，供通用或重复使用的技术标准等标准文件，让"一带一路"共建国家与地区的司法鉴定质量与服务能够满足国际通用准入的需求。

其次，可根据市场需求进行"一带一路"国家司法鉴定标准体系框架的建构。当前国际标准化强国，如英美等，在开展标准化活动时，其标准必须先满足国内市场的需要，进而影响世界各国的标准研制。英国、德国、美国、俄罗斯的标准制定组织大部分是民间组织，这些机构最初是由于市场的需求而自发成立的。美国的标准化管理实行市场驱动原则，这也是美国标准化持续良性发展的基本动力。这些国家的一些标准制定组织经常接受政府机构的委托，制定其所需要的标准。因而更加需要政府做好司法鉴定标准服务"一带一路"建设的顶层设计，结合各个国家的标准化发展战略，探讨"一带一路"共建国家与地区的标准体系对接方案，对司法鉴定标准体系进行顶层规划与设计，并制定实施路线图。

在制定"一带一路"国家司法鉴定标准体系框架时，可以关注欧盟经验，优化与司法鉴定国际标准组织的合作，探索"一带一路"沿线司法鉴定国际标准化合作途径，立足各国国情，进行统筹规划，从而能够建立起结构科学、层次合理、协调一致的国际司法鉴定标准体系。

（三）探索司法鉴定标准化"一带一路"合作应用路径

"一带一路"建设为中国与共建国家与地区开展司法鉴定标准化合作提供了重要契机。我国当前的司法鉴定标准体系，是经过多年不断探索和实践的结果，可以作为共商共建标准的借鉴基础；对共建国家与地区的标准进行融合与对接，是加快"一带一路"司法鉴定标准体系建设的重要途径；再将国际上一些先进的技术标准，融入"一带一路"合作路径中，使之随着新技术、新产业、新模式的蓬勃发展，不断地提高"一带一路"共建国家与地区司法鉴定标准的质量水平。

"一带一路"共建国家与地区众多，司法鉴定标准化涉及的标准文件繁多，且各国之间司法鉴定能力与标准化程度参差不齐，因此需要探索设立专门的司法鉴定标准化合作议事协调机构，进行统筹指导合作决策、制定司法鉴定标准化合作计划、督促合作计划的落实并调节合作过程中的矛盾。该协调机构可动员共建国家与地区在平等协商的基础上，让渡部分协调管理权，以形成共同的管理规范，牵头沿线各国与地区制定与签署双边或多边的合作协议。以便"一带一路"共建国家与地区在司法鉴定国际标准化问题上共同发声，打造"一带一路"司法鉴定行业联盟，实现司法鉴定行业信息建设与服务的常态化，进而保障司法鉴定与标准化国际合作的顺利进行。[1]

建立司法鉴定国际标准"一带一路"合作机制，需要国家间的信任与合作，以市场机制为导向，加强双边与多边合作，推动与共建国家与地区司法鉴定标准合作，扩大标准信息的共享范围。可以司法鉴定标准为主题，通过交流峰会与国际论坛等多双边沟通机制，从标准实施的可行性、适应性、可拓展性等多方面，定期进行学术研讨交流，鼓励民间相关组织、机构

---

〔1〕 温军、张森、蒋仁爱：《"一带一路"倡议下知识产权与标准化国际合作的战略思考》，载《国际贸易》2019年第7期。

合力研究与共享国家司法鉴定政策及标准文件，丰富"一带一路"共建国家标准信息平台。

在经济一体化、区域一体化的今天，在承认并履行国际标准化活动的各项规则的前提下，保持既竞争又合作的思路，可以使"一带一路"建设永葆活力，高质量地推动"一带一路"成为和平之路、繁荣之路、开放之路、绿色之路、创新之路、文明之路、廉洁之路，推动经济全球化朝着更加开放、包容、普惠、平衡、共赢的方向发展。只要共建国家与地区携手共济，相向而行，就能够推进"一带一路"司法鉴定标准化合作，实现沿线各国与人民共享、共建"一带一路"合作成果。

结论与展望

我国历史文化延续至今,摒弃了许多习俗与道德上的糟粕,而使用印章作为权力或者个人身份的象征这一习惯,时至今日,还能广泛地存在于人们的社会生活之中,甚至被凝练成了璀璨的中华传统文化之一。一枚方寸之间的印章,时常代表着一个人、一个团体,甚至是一个时代的记号。印章重要的确认作用以及伪造变造印章或者印文的可能性,也逐渐促使印章印文鉴定活动的产生。经过上千年的发展,印章制作技术已从手工雕刻发展到机械雕刻、激光雕刻,以及更为先进的感光成型技术以及热压成型技术,而印章的材质也从传统的木质、牛角、金属、石料发展为塑胶、超微泡材料等。制章的技术方法不断丰富,制章的材料也愈来愈多,同时利用印章印文进行违法犯罪活动的方式手段也随之变得复杂多样。随着现代分析仪器的愈加精密化,现代印章印文检验技术也在不断进步。从鉴定内容上看,从同一性鉴定、伪造变造印章印文鉴定、朱墨时序鉴定逐步发展到同源性鉴定以及盖印时间的鉴定。从鉴定方法来看,从定性特征的比较检验到定量特征的统计分析,从传统经验判断走向客观数据支撑。印章印文鉴定这一研究领域，也需要依托科学技术的发展，融合实践的需求，不断完善理论基础，以迎合新形势对司法鉴定这一专业的要求，发挥其独特的专业性、技术性与科学性。

　　印章在外力作用下，通过盖印方式在承印载体上留下印章印面的印文形象痕迹，从印文的形成过程来看，能够发现印文的形成是以印章的章体形态及其印面结构为基础的人为盖印活动，并不是印面结构在承印纸张上的直接反映。既是人为的盖印活动，就无法避免会受到许多外力因素的影响，这就导致了印章印文特征变化的复杂性。因此需要对印文特征进行深入分析，以正确把握该印文特征变化的原因。但是复杂性和规律性必然是相伴随而存在的，因此复杂的印章印文特征的变化必然存在一定的规律。通过控制变量的方法，对影响印章印文特征变化的影响因素进行定量实验，可以估算出不同材质的印章在特定因素的影响下的变化范围，从而为印章印文检验活动提供一定的客观依据。但是印文特征的符合或差异，可能源自内差或者外差，且不同的因素可能会对印文特征造成相同的影响，还须具体分析特征差异性质与形成的原因，全面地考察阶段性特征的差异点和符合点，并且将二者有机地结合起来，才能更准确地将印章印文特征阶段性变化规运用在印章印文司法鉴定实务中。

　　利用印章印文特征的阶段性变化进行印章印文的检验工作主要从以下几个方面进行。首先，对检材印文与历时性样本印文进行全面检验，分析比较检材与历时性样本上的印文阶段性特征的符合点与差异点。其次，对阶段性特征的符合或者差异作出合理解释，研究印文之间在盖印的位置、方向、角度的选取以及印面墨迹特征的分布特点上是否存在内在的关联性，从而分析阶段性特征形成的根本原因。最后，选取鉴定价值较高的阶段性特征，对印章印文鉴定工作作出综合评断。但是印文特征容易受到客观条件以及文件保存环境的影响发生阶段性的变化，将印文特征阶段性变化的路径应用于检案实践中，还需要通过一系列系统的科学实验进行分析，建立起印章印文特征的阶段性变化规律，才能作为印章印文鉴定的客观依据。

本书围绕印章印文检验方法与现状，在明确印章印文鉴定现实困境的基础上，分别从纵向与横向层面，运用物理测量学、印文形态学、统计分析学等方法，对不同材质印章于不同条件下产生的变化，进行定性与定量分析，研究印章印文特征的阶段性形成、消失及转变的原因与路径，并对印文特征阶段性变化规律的系统应用进行合理设计。具体研究成果如下：

第一，印章印文阶段性特征的形成，源自印章印文特征变化的内差与外差。从辩证唯物主义统一观角度出发，立足物质的根本属性，用联系与发展的眼光看待印章印文特征的变化性，明确印章印文阶段性特征的形成，除了有偶然性因素外，还存在着必然性。首先，在绝对运动的状态下，客体自身会随时间的推移产生的变化，这是印章在使用过程中会形成的固有的特征变化。这种变化的形成与印章的材质息息相关，章面的材料品种基本决定了其在使用过程中可能发生的胀缩及老化、磨损程度。其次，是受着外部环境或人为因素的作用，如盖印压力不同，衬垫物的变换，章面受到磕碰、磨损，附着物的黏附等，导致印章印文特征形成一系列的变化。以上的种种变化都会造成印文特征的变化，且并非一枚印文上的所有特征都会一致出现变化，也并非发生变化的特征产生一致的变化，因此需要立足特征变化的本质，分析造成印文特征变化的相关阶段性影响因素，进行深入的探讨与研究。

第二，不同条件会促成不同印章印文阶段性特征的形成，也就是说，印章在制作、使用及保管存放的不同时期，受内在或外界条件的影响，会产生相应不同的变化。存在于一个相对动态的环境中，印章印文特征即会于可供变化范围度之内，甚至范围度之外，呈现出一系列变化。通过实证研究，发现印章处于极端环境之下，会短时间内发生急促的变化，而后将带着该环境造成的阶段性特征重新达到相对稳定状态。并且不同材质的印章，对不同极端环境的反映亦是不尽相同的。从实验结果来看，牛角印章材质紧密坚硬，对高温、低温、湿润、干燥等极端环境的反映并不明显；在高温环境下，牛角印章的纵直径增加了 0.1mm，横直径增加了 0.11mm；在低温环境下，牛角印章的纵直径与横直径均减少了 0.28mm。在高温条件下，橡塑印章、原子印章及光敏印章都因为温度的升高发生一定程度的胀大，其中橡塑印章的纵直径增加了 0.25mm，横直径增加了 0.18mm；原子印章的纵横直径增加了 0.2mm；光敏印章的纵直径增加了 0.57mm，横直径增加了 0.55mm；而木质印章却因章体水分的蒸发而变小，其纵直径减少了 0.55mm，横直径减少了 0.57mm；在低温条件下，原子印章、光敏印章与橡塑印章的变化比木质印章及牛角印章更为明显，其中原子印章的纵直径与横直径均减少了0.56mm；光敏印章的纵直径减少了0.65mm，横直径减少了0.36mm；橡塑印章的纵直径减少了0.59mm，横直径减少了0.36mm；而木质印章的纵直径减少了0.46mm，横直径减少了0.55mm；牛角印章的纵直径与横直径则均只减少了0.28mm。在湿润条件下，牛角印章、橡塑印章略微有所胀大，木质印章的尺寸则迅速增大。并且在某一特定环境下，印章章体所发生的变化是呈曲线形的，并不是平稳地均匀地进行改变。从印文尺寸变化的折线图中能够很直观地看出，印章均是在环境改变后的短时间内迅速发生相应的变化，而后变化的速度放缓，逐渐趋于相对稳定状态。总而言之，外部环境的影响，往往能够在印文形态上得到直观的反映。

  第三，印章印文特征的阶段性变化是印章印文各要素组成的特征反应体变化的有机统一，能够充分地反映出印文的形成时间段。但是由于其变化的多样性及复杂性，与印章印文鉴定活动存在着一定程度的矛盾与冲突，还需要对每一个特征反映体形成的时间和条件进行深入分析，以准确把握印章印文阶段性特征所反映出的信息。印章印文特征阶段性变化规律体系也无法单独存在，其在实际检案中的实施与应用，还需优化因阶段性特征的变化引发的矛盾与冲突，结合相关案情、充分分析引起阶段性特征变化的各种因素、在程序规范和技术标准的指导下，对印章印文阶段性特征的形成、转变及消失作出合理解释，为现代印章印文鉴定工作提供一定的思路，以确保鉴定意见的客观性与准确性。

结论与展望

除上述研究成果之外,本书还存在以下不足之处,以待以后深入研究进行改善:

第一,印章印文特征阶段性变化规律的研究需要建立在对大量历时性样本的分析的基础之上,本书样本收集的时间不够充分。对大量样本的分析与总结,才能得出客观全面的鉴定数据。并且不同材质的印章表现出来的历时性变化是不尽相同的,而我国印章种类繁多,须对每一种材质的印章进行专门的实验研究,才能收集较为全面的数据。本书仅对时间长度为1年的印文样本进行分析,且仅挑选了几种目前实践中较为常用的印章种类进行实验,因此得到的实验数据还不够全面。而在以后的学习研究道路上,也将继续印章印文特征阶段性变化规律的研究,期望能够在样本足够充分的情况下,得到更加全面客观的实验数据,为印章印文检验定量化发展提供有力支撑。

第二,对印章印文特征进行量化,是一项需要进行精准测量的工作,但本书所收集的数据无法排除人工干扰的因素。首先,在收集实验样本时,需要人工盖章,盖印力或大或小会对所测数据产生直接影响;其次,在量化测量阶段,也无法避免人工测量产生的一些误差。如今计算机检验技术日渐成熟,并且已经逐步应用于印章印文鉴定活动,未来的研究发展趋势应是在计算机系统中能够自动进行印文图像的处理、印文特征的标识、测量及比对等,如此才能更加精确地对印章印文特征进行量化,从而估算出印文特征的变化趋势及概率。

第三,本书根据实证研究对印章印文特征阶段性变化规律体系进行了初步的设想与构建,但如何将其充分运用于鉴定实践中，还需要作进一步的研究与探讨。首先，需要通过相应方法来验证该体系的科学性、稳定性与可重复性，在这基础上，还需配套建立起印章印文特征阶段性变化规律体系应用的操作规程。其次，仍需对影响印章印文阶段性特征体系应用技术质量的因素进行评析，从而对印章印文特征阶段性变化规律体系应用技术质量监控进行建构与完善。

参考文献

一、著作类及译著类

1. 霍宪丹主编:《司法鉴定学》,北京大学出版社 2014 年版。

2. 何家弘:《从相似到同一:犯罪侦查研究》,中国法制出版社 2008 年版。

3. 钱君匋、叶潞渊:《中国玺印源流》,上海书局有限公司 1974 年版。

4. (元)脱脱等撰:《宋史》,中华书局 1985 年版。

5. [德]恩格斯:《自然辩证法(摘录)》,载中共中央马克思恩格斯列宁斯大林著作编译局编:《马克思恩格斯选集》(第 3 卷),人民出版社 1972 年版。

6. [法]莫里斯·梅洛-庞蒂:《行为的结构》,杨大春、张尧均译,商务印书馆 2005 年版。

7. [英]乔治·爱德华·摩尔:《伦理学原理》,长河译,上海人民出版社 2003 年版。

8. 罗应婷、杨钰娟编著:《SPSS 统计分析从基础到实践》(第 2 版),电子工业出版社 2010 年版。

二、编著类

1. 杜志淳主编:《司法鉴定概论》(第 2 版),法律出版社 2012 年版。

2. 杨旭、施少培、徐彻主编：《现代印章印文司法鉴定》，科学出版社 2016 年版。

3. 许爱东主编：《印章印文鉴定理论与实务研究》，法律出版社 2015 年版。

4. 张盆、张文晖编：《纸张实用手册》，化学工业出版社 2014 年版。

5. 程军伟编著：《痕迹检验技术研究》，中国检察出版社 2008 年版。

6. 司法部司法鉴定科学技术研究所（上海法医学重点实验室）编著：《2011 司法鉴定能力验证鉴定文书评析》，科学出版社 2012 年版。

7. 司法部司法鉴定科学技术研究所（上海法医学重点实验室）编著：《2012 司法鉴定能力验证鉴定文书评析》，科学出版社 2013 年版。

8. 司法部司法鉴定科学技术研究所（上海法医学重点实验室）编著：《2013 司法鉴定能力验证鉴定文书评析》，科学出版社 2014 年版。

9. 司法部司法鉴定科学技术研究所（上海法医学重点实验室）编著：《2014 司法鉴定能力验证鉴定文书评析》，科学出版社 2015 年版。

10. 司法部司法鉴定科学技术研究所（上海法医学重点实验室）编著：《2015 司法鉴定能力验证鉴定文书评析》，科学出版社 2016 年版。

11. 司法部司法鉴定科学技术研究所（上海法医学重点实验室）编著：《2016 司法鉴定能力验证鉴定文书评析》，科学出版社 2017 年版。

12. 涂丽云主编：《文件检验学》，群众出版社 2007 年版。

13. 贾治辉主编：《文件检验》，中国检察出版社 2010 年版。

14. 韩伟：《法庭科学印章印文鉴定理论与新技术》，中国人民公安大学出版社 2017 年版。

15. 司法部司法鉴定管理局编：《〈司法鉴定程序通则〉导读》，法律出版社 2007 年版。

16. 刘春青等编著：《美国 英国 德国 日本和俄罗斯标准化概论》，中国质检出版社、中国标准出版社 2012 年版。

三、期刊论文类

1. 黄建同：《现代渗透印章检验研究》，载《中国人民公安大学学报（自然科学版）》2011 年第 2 期。

2. 崔岚：《丝网印刷伪造印文的鉴别》，载《中国人民公安大学学报（自然科学版）》2009 年第 3 期。

3. 李萌萌、郝红光：《盖印条件变化对钢印印文特征的影响》，载《铁道警察学院学报》2015 年第 1 期。

4. 董轶望、李勇刚：《印章印油概论》，载《中国防伪报道》2003 年第 3 期。

5. 韩伟、黄建同、王皓：《利用拉曼光谱技术对印泥和印油种类的鉴别》，载《中国人民公安大学学报（自然科学版）》2016 年第 2 期。

6. 谢朋等：《气相色谱法测定自含墨印章印文的盖印时间》，载《中国人民公安大学学报（自然科学版）》2013 年第 2 期。

7. 李彪、谢朋、孙添铖：《薄层扫描法判定印泥印文形成时间实验条件的确定》，载《中国人民公安大学学报（自然科学版）》2008 年第 2 期。

8. 李彪等：《双溶剂提取法判定印泥印文形成时间的初探》，载《中国司法鉴定》2010 年第 2 期。

9. 李单晶等：《从物理学最新发展看唯物主义的"物质"》，载《社会科学研究》2012 年第 4 期。

10. 《第四章 物质世界的普遍联系和永恒发展》，载《实事求是》1985 年第 3 期。

11. 林红等：《根据印章印文的可变性特征判定印章盖印时间的研究》，载《中国人民公安大学学报（自然科学版）》2005 年第 2 期。

12. 王泽华、陈雷：《印章印文变化性特征在同一认定中的应用》，载《云南警官学院学报》2016年第6期。

13. 李彪、王相臣、谢朋：《根据转移率判定印泥印文的形成时间》，载《中国刑警学院学报》2008年第3期。

14. 孔祥立：《历时性研究：外宣翻译研究中的一个重要视角》，载《现代语文（语言研究版）》2017年第9期。

15. 叶永在：《序变和质量互变规律》，载《哲学研究》1982年第10期。

16. 何家弘：《犯罪侦查中的同一认定问题》，载《法律学习与研究》1987年第5期。

17. 李敏琦、于帆、李彤：《传统竹刻手工艺与现代机械雕刻工艺的比较》，载《大众文艺》2011年第19期。

18. 杨进友、吕梦婷：《光敏印章印文盖印变化研究》，载《中国司法鉴定》2017年第6期。

19. 袁世炬：《纸张结构、性能与影响因素》，载《湖北造纸》2004年第1期。

20. 李彪、冯明帅：《判断纸张折痕与写印字迹先后次序的实验研究》，载《广东公安科技》2008年第4期。

21. 庞元正：《必然性与偶然性辩证关系新探》，载《党政干部学刊》2011年第5期。

22. 贾治辉、薛楠：《鉴定人了解案情的合理性分析——以庭审中的物证鉴定意见为视角》，载《证据科学》2017年第6期。

23. 关颖雄：《试析物证鉴定人了解案情的必要性与限定》，载《理论界》2015年第10期。

24. 邹明理：《司法鉴定程序公正与实体公正的重要保障——以新〈司法鉴

定程序通则〉的特点与实施要求为基点》，载《中国司法鉴定》2016年第3期。

25. 白利鹏：《理解人类的命运：从规律性假设到复杂性假设——兼与王南湜教授商榷》，载《学术月刊》2008年第11期。

26. 陈一壮：《试论复杂性理论的精髓》，载《哲学研究》2005年第6期。

27. 温克勤：《黑格尔对伦理学的个体性原则与整体性原则的批判》，载《天津师范大学学报（社会科学版）》2006年第3期。

28. 汪涛、刘丹：《解读整体与部分——兼论G.E.摩尔的有机统一原理》，载《理论月刊》2006年第5期。

29. 连豫晋：《浅谈综合评断中对笔迹特征定量与定性的分析》，载《广东公安科技》1998年第3期。

30. 王锦生：《笔迹特征价值论》，载《中国人民公安大学学报（自然科学版）》1999年第2期。

31. 贾治辉：《论笔迹鉴定差异点的评断》，载《中国司法鉴定》2009年第4期。

32. 孙维龙、施少培、卞新伟：《印文大小特征变化在印文盖印时间鉴定中的应用》，载《中国司法鉴定》2009年第6期。

33. 杨进友：《略论光敏印章微孔特征与检验》，载《中国司法鉴定》2011年第5期。

34. 石沫、于化民：《印文与文字交叠时序的无损鉴定》，载《贵州警官职业学院学报》2004年第1期。

35. 崔岚、陈强、秦书泉：《利用三维立体显微镜确定印文与打印字迹形成次序》，载《中国人民公安大学学报（自然科学版）》2004年第4期。

36. 林祥：《应用荧光显微镜检验印泥印文与常见书写和打印字迹形成先后

顺序的研究》，载《中国人民公安大学学报（自然科学版）》1998年第4期。

37. 王连昭：《超景深三维显微系统在印章印文检验中的应用》，载《江西警察学院学报》2012年第2期。

38. 何义成：《古代的印章与印章印文检验》，载《公安论坛》1987年第2期。

39. 施少培等：《印文鉴定相关问题探讨——高仿真印文鉴定》，载《中国司法鉴定》2008年第3期。

40. 韩伟：《基于微观点迹特征鉴别印章印文形成方式研究》，载《中国司法鉴定》2018年第6期。

41. 王宁、郝红光、王晓光：《不同盖印压力下光敏印章印文直径变化规律研究》，载《刑事技术》2018年第3期。

42. 姚朋华：《同源光敏印章印文的变化规律实验研究》，载《山东化工》2018年第16期。

43. 屈音璇、李彪：《印油种类鉴别及印文盖印时间检验方法综述》，载《贵州警官职业学院学报》2018年第2期。

44. 张延霞：《从印文特征判断渗透型印章类别》，载《新疆警察学院学报》2017年第1期。

45. 王晓光等：《印文边框特征的检验应用》，载《刑事技术》2016年第5期。

46. 曹峰、武跃辉、杨飞：《原子印章光敏印章盖印时间的鉴别》，载《湖北警官学院学报》2014年第12期。

47. 叶靖：《浅议利用印章印文阶段性特征进行的印文鉴定》，载《江苏警官学院学报》2017年第5期。

48. 王闯：《根据印文特征分析印章的材质与制作方法》，载《净月学刊》2014年第4期。

49. 邓建一、龙勉：《利用印章印文的边框缺损特征检验回墨印章》，载《湖北警官学院学报》2012 年第 12 期。

50. 张岳、郝疆：《关于光敏印章印文的可变性特征》，载《刑事技术》2010 年第 3 期。

51. 赵立阳、杨伟逸：《印文的时间特征及其检验方法》，载《硅谷》2010 年第 5 期。

52. 沙万中：《利用印章印文可变性印迹特征鉴别印文盖印时间》，载《刑事技术》2005 年第 4 期。

53. 王锦生等：《试论光敏印章盖印印文的检验》，载《刑事技术》2004 年第 1 期。

54. 高树辉：《谈伪造印章印文的检验》，载《中国防伪报道》2003 年第 4 期。

55. 李彪、谢朋：《当前印章鉴定的复杂性探源》，载《辽宁警专学报》2002 年第 3 期。

56. 胡祖平、王英伟：《原子印章印文盖印相对时间的检验》，载《刑事技术》2002 年第 1 期。

57. 郑智辉、向安平：《全面提升司法鉴定质量和社会公信力》，载《中国司法》2018 年第 6 期。

58. 何晓丹等：《比较法视野下我国司法鉴定标准化制度的完善研究》，载《标准科学》2019 年第 4 期。

59. 徐为霞、孙延庆、徐卫红：《司法鉴定标准化问题研究》，载《海南广播电视大学学报》2006 年第 4 期。

60. 邢学毅：《〈加强美国法庭科学之路〉的反响和启示》，载《证据科学》2011 年第 4 期。

61. 谢晓专：《美国执法情报共享融合：发展轨迹、特点与关键成功因素》，载《情报杂志》2019 年第 2 期。

62. 王旭、陈军：《2018'中国的法庭科学/司法鉴定标准建设与步伐》，载《中国司法鉴定》2019 年第 2 期。

63. 沈敏、吴何坚：《试论司法鉴定技术标准体系建设》，载《中国司法鉴定》2007 年第 4 期。

64. 刘智洋、高燕、邵姗姗：《实施国家标准化战略 推动中国标准走出去》，载《机械工业标准化与质量》2017 年第 10 期。

65. 李传明：《今后日本的国际标准化政策（续完）（日本工业标准调查会国际分会咨询答辩）》，载《船舶标准化与质量》1998 年第 6 期。

66. 花苓芝：《标准管理 科学鉴定》，载《质量与标准化》2018 年第 12 期。

67. 何晓丹、沈敏：《司法鉴定标准化管理的路径探讨》，载《中国司法鉴定》2018 年第 1 期。

68. 温军、张森、蒋仁爱：《"一带一路"倡议下知识产权与标准化国际合作的战略思考》，载《国际贸易》2019 年第 7 期。

69. 齐欣、岳晋峰：《标准制度互认机制与发展中国家技术性贸易壁垒的突破》，载《国际贸易》2005 年第 6 期。

70. 钱佳敏、吴卯恩：《通过标准互认服务"一带一路"建设》，载《第 14 届中国标准化论坛论文集》2017 年 9 月 20 日。

71. 徐风：《为支撑"一带一路"贡献"标准力量"两个标准化平台开通 不断提升标准互联互通水平》，载《中国质量报》2019 年 4 月 24 日，第 1 版。

四、学位论文类

1. 沈臻懿：《笔迹鉴定视域下的同一认定研究》，华东政法大学 2015 年博士学位论文。

2. 方莉:《陶瓷印章艺术研究》,景德镇陶瓷学院 2008 年硕士学位论文。

3. 马俊杰:《影响印章印文特征变化的相关因素研究》,华东政法大学 2014 年硕士学位论文。

4. 崔净齐:《静态环境下衬垫物变化对笔迹特征影响的实验研究》,华东政法大学 2014 年硕士学位论文。

5. [韩] 金钟淳:《中国印章的特征和艺术性》,中国美术学院 2009 年博士学位论文。

6. 高圣亚:《利用 3D 打印技术仿造印章印文鉴定之初探》,华东政法大学 2018 年硕士学位论文。

7. 张心源:《光敏印章印文鉴定研究》,华东政法大学 2011 年硕士学位论文。

8. 陈彦百:《激光雕刻印章印文鉴定研究》,西南政法大学 2008 年硕士学位论文。

五、中文网站类

1. 《以规律性为核心认识和把握复杂性》,载 http://blog.sina.com.cn/s/blog_3cd21d450102wrgm.html,最后访问日期:2018 年 6 月 2 日。

2. 百度百科"时段",载 https://baike.baidu.com/item/%E6%97%B6%E6%AE%B5/1343094?fr=aladdin,最后访问日期:2018 年 5 月 8 日。

3. 百度百科"历时",载 https://baike.baidu.com/item/%E5%8E%86%E6%97%B6/3096977?fr=aladdin,最后访问日期:2018 年 5 月 22 日。

4. 百度百科"弹性形变",载 https://baike.baidu.com/item/%E5%BC%B9%E6%80%A7%E5%BD%A2%E5%8F%98/718514?fr=aladdin,最后访问日期:2018 年 6 月 7 日。

六、外文论文类

1. Barbora Micenková, Joost van Beusekom, Faisal Shafait, "Stamp Verification for Automated Document Authentication", *International Workshop on Computational Forensics*, Vol.8915, 2015.

2. K. Ueda, T. Mutoh, K. Matsuo, "Automatic Verification System for Seal Imprints on Japanese Bank Checks", Proceedings, *Fourteenth International Conference on Pattern Recognition*, Vol.1, 1998.

3. Ali Raza, Basudeb Saha, "Application of Raman Spectroscopy in Forensic Investigation of Questioned Documents Involving Stamp Inks", *Science & Justice*, Vol. 53, Issue 3, 2013.

4. Graham Reed, Niamh Nic Daéid, Katy Savage, Karen Faulds, Charlotte Keeley, "The Analysis of Blue, Black and Red Gel Ink Pens by Raman Spectroscopy – Preliminary Findings", *5th European Academy of Forensic Science*, Glasgow, United Kingdom, September 2009.

5. Williams David Mazzella, Patrick Buzzini, "Raman Spectroscopy of Blue Gel Pen Inks", *Forensic Science International*, Vol. 152, Issues 2–3, 10 September 2005.

6. Jones Allison E., W.Rosalind, *Non-Destructive Spectroscopic Analysis of Ballpoint and Gel Pen Inks*, PEAFS, 2003.

7. Xiang-feng Wang, et al., "Nondestructive Identification for Red Ink Entries of Seals by Raman and Fourier Transform Infrared Spectrometry", *Spectrochimica Acta Part A-Molecular and Biomolecular Spectroscopy*, 2012.

8. Gary H. N., Elizabeth P., Logan B., *Studies in Ink Analysis and Line Crossing*, AAFS ATLANTA, 2012.

附录 I
文件鉴定通用规范
（GB/T 37234—2018）

1 范围

本标准规定了文件鉴定的通用术语和定义、鉴定受理程序、送检材料的标识、检验鉴定程序、送检材料的流转程序、结果报告程序及证实方法。

本标准适用于司法鉴定/法庭科学领域中文件鉴定涉及的全部鉴定项目。

2 规范性引用文件

下列文件对于本文件的应用是必不可少的。凡是注日期的引用文件，仅注日期的版本适用于本文件。凡是不注日期的引用文件，其最新版本（包括所有的修改单）适用于本文件。

GB/T 12200.1　汉语信息处理词汇　01 部分：基本术语

GB/T 12200.2　汉语信息处理词汇　02 部分：汉语和汉字

GB/T 37231—2018　印章印文鉴定技术规范

GB/T 37232—2018　印刷文件鉴定技术规范

GB/T 37233—2018　文件制作时间鉴定技术规范

GB/T 37235—2018　文件材料鉴定技术规范

GB/T 37236—2018　特种文件鉴定技术规范

GB/T 37238—2018　篡改（污损）文件鉴定技术规范

GB/T 37239—2018　笔迹鉴定技术规范

3　术语和定义

GB/T 12200.1、GB/T 12200.2 界定的以及下列术语和定义适用于本文件。

3.1

鉴定　forensic examination;forensic identification

在诉讼活动中具备专门知识的人对所涉及的专门性问题进行鉴别和判断并提供专业意见的活动。

3.2

鉴定人　forensic expert

取得相关执业证明，从事司法鉴定／法庭科学领域鉴定业务的人员。

3.3

鉴定机构　forensic unit

取得相关鉴定资质，从事司法鉴定／法庭科学领域鉴定业务的机构。

3.4

物证　physical evidence

依法收集的，以物的外形特征、物质属性或物的反映形象及所载信息等证明案事件真实情况的一切物质、物品和痕迹。

3.5

书证　documentary evidence

依法收集的，以文字、符号、图形、图案等来表达人的思想和行为或传递某种信息，其内容对案事件具有证明作用的书面材料。

3.6

客体　object

能够证明有关案事件事实的，需要运用专门的科学技术方法进行检验鉴定的人、物、事或现象。

3.7

客体反映形象　image reflecting the object

客体或客体的某一部分在一定条件下形成的痕迹，或通过一定技术形成的客体形象的记录载体。

3.8

客体特征　characteristics of object

客体或客体反映形象表现出的可供识别的，区别于其他客体的征象。

3.9

检材　questioned item

需要进行鉴定的可疑客体或客体反映形象。

3.10

样本　known item

供比较和对照的客体或客体反映形象。

3.11

同一 identical

客体自身与自身的等同。

3.12

同一认定 forensic identification

同一性鉴定

具有专门知识的鉴定人，通过对客体在不同时空出现的客体反映形象或客体的不同部分进行比较检验，对客体自身等同的问题进行检验和鉴别的专门技术。

注：同一认定的类型通常包括：人身同一认定、物体同一认定、分离体的同一认定等。

3.13

种属认定 forensic classification

种属鉴定

具有专门知识的鉴定人，通过对客体或客体反映形象的检验，对客体种类和属性进行检验和鉴别的专门技术。

3.14

文件 document

文书

人们在社会交往中形成和使用的，与案事件有关的各种公文、合同、信函、契约、字据、证照等材料的总称。

3.15

文件形成方式 document formation method

文件上可疑字迹、印文、手印等要素形成的具体方法。

3.16

书写文件　handwritten document

书写人运用各类书写工具在书写载体上形成的各类手写文件的总称。

3.17

印刷文件　printed document

采用凸版印刷、凹版印刷、平版印刷、孔版印刷等传统制版印刷技术及特种制版印刷技术，或利用打字机、打印机、复印机、传真机等办公设备，制作形成的各类机制文件的总称。

3.18

电子文件　digital document

通过计算机屏幕和键盘、扫描仪、电子笔等输入设备，经计算机文字、图表、图形、图像等软件编辑处理形成的，并以电子数据的形式储存的文件。

3.19

特种文件　special kind of document

采用特殊的制作方式、制作工具、制作材料或采用特殊的印刷工艺和防伪技术制作的货币、证照、票据、信用卡、商标及其他安全标记等有特定用途的文件。

3.20

篡改（污损）文件　altered and damaged document

各类在原真实文件的基础上采取各种手段形成的变造文件和各类受污染、损坏的污损文件的总称。

3.21

原件 original document

最初形成的文件实物。

3.22

复制件 copy

采用各种复制技术制作的原件的复制品。

3.23

母件 parent document

用于制作复制件的以上各层次文件的总称。

3.24

复印件 electrostatic photocopied document

用复印机（通常为静电复印机）制作形成的原件的复制件。

3.25

文件鉴定 forensic document examination

文书鉴定

具有专门知识的鉴定人，运用文件检验学的理论、方法和专门知识，对可疑文件的书写人、制作工具、制作材料、制作方法、性质、状态、形成过程、制作时间等进行检验和鉴别的专门技术。

3.26

文件系统鉴定 systematic examination of questioned document

具有专门知识的鉴定人，从具体案事件的情况出发，把可疑文件作为与案事件情况相互联系的有机整体，综合文件系统内部要素和与鉴定有关的外部要素，分析判断文件内部要素之间以及与鉴定相关的外部要素之间在时间和空间上的分布情况、相互关系和变化规律,对可疑文件进行综合检验和鉴别的专门技术。

3.27

笔迹鉴定 forensic identification of handwriting

具有专门知识的鉴定人,通过将检材与样本字迹的笔迹特征进行比较检验,对检材字迹的书写人或与样本字迹的同一性进行检验和鉴别的专门技术。

3.28

印章印文鉴定 forensic identification of stamp impression

具有专门知识的鉴定人,通过将检材与样本印文的印文特征进行比较检验,对检材印文与样本印文的同一性进检验和鉴别的专门技术。

3.29

印刷文件鉴定 forensic examination of printed document

具有专门知识的鉴定人,根据检材或检材与样本承印物上反映出的印刷特征,对检材的印刷工具、印刷方法的种类和印刷机具、印版的同一性等进行检验和鉴别的专门技术。

3.30

篡改(污损)文件鉴定 forensic examination of altered and damaged document

具有专门知识的鉴定人,对检材是否存在变造事实及变造内容进行检验和鉴别,或对受污损的检材进行清洁整理、恢复固定、显示和辨认模糊或不可见内容的专门技术。

3.31

文件材料鉴定 forensic examination of document material

具有专门知识的鉴定人，采用理化检验方法对可疑文件的物质材料特性进行检验检测，或通过检材与样本文件材料的比较检验对其种类进行检验和鉴别的专门技术。

3.32

特种文件鉴定 forensic examination of special kind of document

具有专门知识的鉴定人，过对可疑特种文件与标准样本或有关特种文件制作技术标准的规定进行比较检验，根据特种文件的构成要素和内容信息，以及制作工艺和采用的防伪技术等，对可疑特种文件的制作方法及真伪进行检验和鉴别的专门技术。

3.33

文件形成方式鉴定 forensic examination of document formation method

具有专门知识的鉴定人，对可疑文件上需检字迹、印文、手印等要素具体的形成方法进行检验和鉴别的专门技术。

3.34

文件制作时间鉴定 forensic examination of document formation time

具有专门知识的鉴定人，根据构成检材的系统要素的特性及其在时间和空间上的变化规律，对其形成过程、顺序和形成时间进行检验和鉴别的专门技术。

4 鉴定受理程序

4.1 总则

4.1.1 鉴定机构应取得从事司法鉴定/法庭科学领域中文件鉴定的资质。

4.1.2 鉴定机构应指派具备文件鉴定专业技术知识的人员受理鉴定委托（下称"受理人"）。

4.1.3 受理人应在委托人提供了介绍信、委托书等委托手续，并出示能够证明其身份的有效证件的前提下，启动鉴定受理程序。

4.1.4 受理人宜按4.2中可能的途径了解与鉴定有关的情况，应按4.3的要求审查送检材料，并按4.5的要求明确鉴定事项。

4.1.5 如需要，受理人应按4.4的要求制作实验样本。

4.1.6 鉴定机构应按4.6的要求决定是否受理鉴定委托，接受委托的应按4.7的要求进行登记。

4.2 了解与鉴定有关的情况

4.2.1 了解与鉴定有关情况的途径，包括但不限于：

a）委托方对与鉴定相关情况的介绍；

b）有关人员的当面陈述；

c）查阅有关的案事件卷宗；

d）实地勘验和调查。

4.2.2 宜了解与鉴定有关的如下情况，包括但不限于：

a）案事件发生的经过、性质、争议的焦点及其他相关情况；

b）有关当事人对送检材料的形成过程及发现、提取等情况的陈述；

c）提出鉴定的当事人的有关情况，及检材中争议的内容和提出鉴定的理由；

d）非首次鉴定的，了解历次鉴定的情况；

e）与检材文件内容相关的其他情况。

4.3 审查送检材料

4.3.1 应审查检材的有关情况，包括但不限于：

a）检材的来源：检材的提供、发现及保存等情况；

b）检材的数量：检材有多少册、份、张、页等具体数量；

c）检材的状态：检材上需鉴定对象的状态是否明确，有无破损、污染等迹象。

注：文件鉴定中表示文件状态的常用术语包括原件、复制件、复印件、母件和原稿等。原件是指最初形成的原始文件；复制件既包括复印件、复写件，还包括原件的照片、图片和扫描电子文件及其形成的打印件等；母件特指用于制作复制件的以上各层次文件的总称，其中直接用于制作复制件的母件称为原稿，母件和原稿其本身可能是复制件，也可能是原件。

4.3.2 应审查样本的有关情况，包括但不限于：

a）样本的来源：样本的书写人是否明确等情况；

b）样本的性质：样本是否为自然样本或实验样本，案前样本或案后样本及样本标称时间等情况；

c）样本的数量：样本有多少册、份、张、页等具体数量；

d）样本的状态：样本状态是否明确，有无存在破损、污染等迹象。

4.3.3 初步审查检材的鉴定条件和样本的比对条件，若检材和样本的状态不明确或存疑的，应与委托方联系确认，并记录有关情况。

4.3.4 需补充样本的，应将有关要求告知委托人，并协商补充样本的时限。补充样本所需的时间不计算在鉴定时限内。

4.3.5 需当场提取样本的，应按4.4的要求制作实验样本。

4.4 实验样本的制作

4.4.1 应根据检材的具体情况，策划实验样本的制作方案。

4.4.2 根据制作方案制作相应的实验样本，制作的实验样本应具有可比性。

4.4.3 制作的实验样本应由提取人、有关当事人或其他在场见证人签名确认。

4.4.4 对于常见类型的实验样本或有特定用途的实验样本，宜根据需求制作相应的样本提取表。

4.5 明确鉴定要求

4.5.1 应了解委托方具体的鉴定要求，以及通过鉴定需要证明的具体事项。

4.5.2 对于鉴定要求不明确或不准确的，应向委托方提供技术咨询。

4.5.3 应确认委托方提出的鉴定事项，审查其是否属于文件鉴定的范围。

文件鉴定常见的鉴定项目包括：笔迹鉴定、印章印文鉴定、印刷文件鉴定、篡改（污损）文件鉴定、特种文件鉴定、文件材料鉴定、文件制作时间鉴定等。各鉴定项目涉及的具体检验内容包括但不限于：

a）笔迹鉴定包括：笔迹特征的比对分析及笔迹同一性鉴定等；

b）印章印文鉴定包括：印章印文特征的比对分析及印文同一性鉴定等；

c）印刷文件鉴定包括：传统制版印刷文件和打印、复印、传真等办公机制文件等各类印刷文件的种类鉴定和同机（同版）鉴定及印刷特征的比对分析等；

d）篡改（污损）文件鉴定包括：添改、擦刮、拼凑、掩盖、换页、消退及伪老化等变造文件鉴定，污染、破损、烧损、浸损等污损文件鉴定，模糊记载鉴定，压痕记载鉴定，以及字迹、印文、手印等文件要素的形成方式鉴定；

e）特种文件鉴定包括：货币、证照、票据、商标、信用卡及其他安全标记等特种文件的制作方法和真伪鉴定；

f）文件材料鉴定包括：纸张鉴定、墨水墨迹鉴定、油墨墨迹鉴定、墨粉墨迹鉴定、粘合剂鉴定等；

g）文件制作时间鉴定包括：打印文件、静电复印文件等机制文件的印制时间鉴定，印章印文的盖印时间鉴定，手写文件的书写时间鉴定，朱墨时序鉴定等。

4.6 决定是否受理

4.6.1 鉴定机构应评价实验室现有资源是否满足鉴定要求，决定是否受理。若出现以下情况的可不予受理：

a）检材明显不具备鉴定条件；

b）样本明显不具备比对条件；

c）鉴定要求不明确；

d）委托方故意隐瞒与鉴定相关的重要情况；

e）在委托方要求的时限内不能完成鉴定；

f）实验室现有资源不能满足鉴定要求；

g）经审查鉴定要求不属于文件鉴定范围；

h）法律法规规定的其他不得受理的情况。

4.6.2 鉴定机构决定受理的，应与委托人签订鉴定委托协议。鉴定委托协议的格式和包含的要素应符合有关法律法规的要求。

4.6.3 鉴定机构决定不受理的，应向委托人说明原因。

4.6.4 不能当场决定是否受理的，可先行接收送检材料，并与委托人办理送检材料交接手续。

4.7 登记

4.7.1 鉴定机构应制定统一的案件登记规则。

4.7.2 案件接受后，应按鉴定机构制定的登记规则进行统一登记。

4.7.3 决定正式受理的案件，应进行唯一性编号，并按第5章的要求对送检材料进行标识。

5 送检材料的标识

5.1 标识原则

对送检材料应按以下要点进行标识：

a）鉴定机构应建立有效的对检材和样本进行标识的方法；

b）建立的标识方法，应确保检材在任何情况下不被混淆，样本能被有效识别；

c）送检材料的标识不应影响检材和样本的状态和性质；

d）检材宜采用专用标签纸进行标识，不应在检材的正面直接进行标识。

5.2 检材的标识方法

鉴定人应对检材进行标识，标识的内容包括但不限于：

a）检材编号：可采用"案号＋检材＋阿拉伯数字"的方式进行唯一性编号，可用大写字母"JC"代表"检材"；

b）检材数量：可用"册""份""页""张"为单位来表述，系册和份的，应标明具体的张数或页数，用"×份×页"表示；单页的（不分形状、大小）均用"1张"（或"1页"）表示；

c）检材状态：应说明检材上需鉴定对象的状态，若状态不确定的，可标明"待定"，若有破损、污染等现象，应记录有关情况；

d）标识人和日期。

5.3 样本的类型及标识方法

5.3.1 根据样本的种类和性质，可按以下要点进行分类：

a）根据样本的性质可分为自然样本和实验样本；

b）自然样本可分为案前样本和案后样本；

c）历时样本可按标称的时间阶段依次分类。

5.3.2 鉴定人应对样本进行标识，标识的内容包括但不限于：

a）样本编号：可采用"案号＋样本＋阿拉伯数字"的方式进行唯一性编号，可用大写字母"YB"代表"样本"；

b）样本数量：可用"册""份""页""张"为单位来表述，

系册和份的,应标明具体的张数或页数,用"×份×页"表示;单页的(不分形状、大小)均用"1张"(或"1页")表示;

c)样本状态:应说明样本上供比对对象的状态,若样本状态有疑问的,应记录有关情况;

d)标识人和日期。

6 检验鉴定程序

6.1 鉴定的启动

6.1.1 鉴定受理后,鉴定机构应指定本机构具有文件鉴定执业资质的鉴定人进行鉴定,并按有关法律法规的规定执行鉴定人回避制度。

6.1.2 鉴定机构可根据本机构资源配置的具体情况,设置不同等级的鉴定程序。

6.1.3 鉴定程序可分为普通程序、复杂程序等不同等级,不同鉴定程序中鉴定人的组成应满足6.2的要求。

6.1.4 鉴定机构应根据受理案件的具体情况选择相应的鉴定程序,组成鉴定组,确定鉴定组的负责人(下称"第一鉴定人")。

6.1.5 初次鉴定可采用普通程序;重新鉴定及复杂、疑难或者特殊鉴定事项的鉴定可采用复杂程序。

6.2 不同鉴定程序中鉴定人组成的要求

6.2.1 普通程序

普通程序中鉴定人应同时满足以下两个条件:

a)取得文件鉴定执业资格的鉴定人2人;

b)鉴定人中应至少有1名具备文件鉴定相关专业中级技术

职称（职级）或取得文件鉴定执业资格后具有3年以上（含3年）本专业鉴定经历的鉴定人。

6.2.2 复杂程序

复杂程序中鉴定人应同时满足以下两个条件：

a）取得文件鉴定执业资格的鉴定人3人以上（含3人）；

b）第一鉴定人应具有文件鉴定专业高级技术职称（职级）。

6.3 独立鉴定和共同鉴定

6.3.1 鉴定实行鉴定人负责制，由鉴定人负责控制鉴定时限、协调鉴定流转，确保在委托协议规定的时限内完成鉴定。

6.3.2 鉴定人间送检材料的流转，应按第7章的要求进行。

6.3.3 鉴定人应分别进行独立鉴定，作出初步的鉴定意见。

6.3.4 鉴定人独立鉴定完成后，再进行共同讨论，并根据共同鉴定的结果作出最终的鉴定意见。

6.3.5 共同鉴定中出现意见分歧的，鉴定人有权保留自己的意见，最终鉴定意见的形成应按第8章的要求进行。

6.3.6 在委托协议规定的时限内不能按时完成鉴定的，鉴定人应及时与委托方联系，商定延长鉴定时限及解决办法，并记录有关情况。

6.4 检验原则和鉴定方法

6.4.1 检验原则

文件鉴定应按以下检验原则进行：

a）先宏观检验后微观检验；

b）先无损检验后有损（破坏性）检验；

c）进行有损检验前应当告知委托方，并征得委托人书面

同意;

d）进行有损检验前应先固定原貌（可采用拍照、扫描等方法），必要时应进行预试验;

e）进行有损检验时，应选用对检材破坏范围小、破坏程度低、用量少的方法。

6.4.2 鉴定方法

6.4.2.1 鉴定人应针对检材的具体情况，初步分析构成检材的系统要素及其相互关系，并根据鉴定要求确定具体的检验方案，并选择相应的鉴定方法。

注：文件鉴定中，构成文件的系统要素包括文件的形式、内容、言语、笔迹、材料、工具、印迹、污损、防伪标记及其他痕迹等内部要素，以及与鉴定有关的人、物、事、时间、地点、方法、物质条件等外部要素。

6.4.2.2 鉴定人应首先选择相应的国家标准、行业标准和行业主管部门颁布的技术规范等鉴定方法进行检验。与本标准有关的其他文件鉴定的国家标准包括：GB/T 37231—2018、GB/T 37232—2018、GB/T 37233—2018、GB/T 37235—2018、GB/T 37236—2018、GB/T 37238—2018、GB/T 37239—2018。

6.4.2.3 若无6.4.2.2要求的鉴定方法，可选择使用非标准方法。使用非标准方法前应将其文件化，并选择有效的方法进行确认。非标准方法的使用应符合有关法律法规、实验室认可／资质认定的要求，使用前应告知委托方并得到委托方的书面同意。

7 送检材料的流转程序

7.1 送检材料的备份

7.1.1 鉴定人应采取适当的方法对送检材料（包括检材和样本）进行备份。

7.1.2 备份的送检材料的复制件应当清晰，能真实反映检材和样本的原貌，宜采用高分辨扫描复制的方法进行备份。

7.1.3 备份的检材和样本复制件的标识，应当与送检的检材和样本的标识一致。

7.2 送检材料的交接

7.2.1 鉴定人之间移交送检材料的，应当办理交接记录。

7.2.2 鉴定和移交过程中不应对送检材料造成任何污染、损坏或改动。

7.2.3 鉴定人应当妥善保存送检材料，防止送检材料被污染、损坏或遗失。

7.3 送检材料的补充

7.3.1 鉴定中需补充送检材料的，鉴定人应说明需补充的具体材料及要求。

7.3.2 决定需补充材料的，鉴定人应与委托方联系协商补充材料的要求及时限，并记录有关情况。

7.3.3 补充材料的程序应符合有关法律法规的要求，补充材料所需的时间不计算在鉴定时限内。

8 结果报告程序

8.1 总则

结果报告的程序，应按以下要求进行：

a）第一鉴定人应负责汇总独立鉴定中各鉴定人的鉴定意见，并组织鉴定人共同鉴定。

b）经共同鉴定，鉴定意见不一致的，应按8.2的要求进行处理。

c）经共同鉴定，鉴定意见一致的，应按8.3的要求对鉴定意见进行复核，并按8.4的要求制作鉴定文书。

8.2 鉴定意见分歧的处理

8.2.1 普通鉴定程序中出现意见分歧，应进入复杂鉴定程序。

8.2.2 复杂鉴定程序中出现意见分歧的，可增加鉴定人或聘请外部专家提供技术咨询，再由全体鉴定人共同讨论形成最终鉴定意见。

8.3 鉴定意见的复核

8.3.1 鉴定机构应指定具有相应资质的人员对鉴定程序和鉴定意见进行复核。

8.3.2 复核人应针对鉴定程序、鉴定人的资质，以及鉴定方法、检验过程、鉴定意见的依据及支持鉴定意见的技术性资料等进行全面审核，并签名确认。

8.4 制作鉴定文书

8.4.1 鉴定人应根据有关鉴定文书规范制作鉴定文书。根据文件鉴定的专业特点，鉴定文书的内容包括但不限于：

a）委托人：委托机构（或人）；

b）委托日期：委托鉴定的具体日期；

c）基本案情：包括案由或与鉴定相关的情况等；

d）送检材料：包括需要鉴定的材料（简称"检材"）和供比对的材料（简称"样本"）；

e）鉴定事项：具体的鉴定要求；

f）检验过程：包括鉴定方法、使用的仪器、检验中发现的现象及检验结果等；

g）分析说明：对检验过程中发现的现象和检验结果进行综合分析和评断，并阐述作出相应鉴定意见的主要依据；

h）鉴定意见：鉴定意见的种类及表述应符合有关鉴定标准、技术规范的要求；

i）附件：检材和样本复制件、支持鉴定意见的技术性资料及鉴定人资质证书等；

j）落款：鉴定人签名并加盖鉴定专用章。

8.4.2 鉴定人应对鉴定文书进行审核和校对，并签名确认。鉴定机构宜设置专门的人员对鉴定文书进行文字校对。

8.4.3 应将鉴定文书、委托方提供的送检材料等及时返回委托方，并作好交接记录。

9 证实方法

9.1 记录

9.1.1 受理人、鉴定人、复核人应实时记录第4章～第8章规定的与鉴定活动有关的要求和情况。

9.1.2 记录需要进行修改的，应由原记录人采用适当的方法实时进行修改，确保被修改的原有内容能被辨识。

9.1.3 记录的内容应全面、客观，包括但不限于：

a）第4章鉴定受理程序中要求的，证明委托人身份的证件及鉴定委托书、委托协议或送检材料接收单及合同评审中的其他情况等；

b）第5章送检材料的标识中要求的，已标识的检材和样本复制件等；

c）第6章检验鉴定程序中要求的，鉴定人独立检验的过程、鉴定组共同鉴定的过程，选择的鉴定方法及相应鉴定方法规定的全部要求的符合情况，以及鉴定时限的协商确认情况等；

d）第7章送检材料的流转程序中要求的，鉴定人之间送检材料的交接记录、鉴定过程中鉴定材料的补充确认情况等；

e）第8章结果报告程序中要求的，鉴定人分歧意见的处理过程、最终鉴定意见形成过程、鉴定文书草稿及鉴定意见的复核情况等。

9.1.4 记录可采用纸质文件或电子文件的形式。对于纸质文件，鉴定机构应按9.2的要求及时归档；对于电子文件，鉴定机构应制定措施对其进行有效控制，确保其安全完整。

9.2 归档

9.2.1 鉴定机构应指派专门人员负责接收、整理并及时归档管理9.1中的记录资料和其他与鉴定相关的资料。

9.2.2 归档资料应装订成册，归档资料的内容包括但不限于：

a）封面；

b）目录；

c）与出具的正式鉴定文书内容相同的鉴定文书副本（包括附件）；

d) 9.1 中的记录资料；

e) 鉴定完成后，有关出庭、投诉等情况的记录资料；

f) 其他与鉴定相关的资料。

9.2.3 鉴定机构应长期妥善保存鉴定档案，保存期限应符合有关法律法规的要求。

参考文献

[1]SF/Z JD0201001—2010 文书鉴定通用规范（2010年4月7日中华人民共和国司法部司法鉴定管理局颁布）

[2] 司法鉴定程序通则（司法部第132号令2016年3月2日中华人民共和国司法部颁布）

[3] 杨旭，施少培，徐彻.文书司法鉴定技术规范及操作规程.北京：科学出版社，2014.

附录 II
印章印文鉴定技术规范
（GB/T 37231—2018）

1 范围

本标准规定了印章印文鉴定的术语和定义、印文特征的分类、印章印文鉴定的检验步骤和方法、印文特征比对表的制作、鉴定意见的种类及判断依据和鉴定意见的表述。

本标准适用于司法鉴定/法庭科学领域文件鉴定中印章印文的同一性鉴定。

2 规范性引用文件

下列文件对于本文件的应用是必不可少的。凡是注日期的引用文件，仅注日期的版本适用于本文件。凡是不注日期的引用文件，其最新版本（包括所有的修改单）适用于本文件。

GB/T 37234—2018　文件鉴定通用规范
GB/T 37235—2018　文件材料鉴定技术规范

3 术语和定义

GB/T 37234—2018、GB/T 37235—2018 界定的以及下列术语和定义适用于本文件。

3.1

印章 stamp

镌刻有单位名称和个人姓名等内容，用作盖印于文件上表示签署或鉴证的信物。

注：印章通常由印面和用于执掌的印柄构成，印章制作在我国是特种行业。我国国家行政机关和企事业单位、社会团体印章的制发、收缴和管理的规定，参见《国务院关于国家行政机关和企事业单位社会团体印章管理的规定》。

3.2

印面 stamp surface

印章上镌刻文字、线条或图案等印文内容的表面，根据镌刻内容的凹凸情况的不同分为阳文和阴文，镌刻内容凸起、空白部位凹陷的为阳文，镌刻内容凹陷、空白部位凸起的为阴文。

3.3

印章印文 stamp impression

印章印面在纸张等文件载体上盖印形成的印面内容及其结构特点的反映形象。

3.4

公章 official stamp

印面上镌刻有机关、企事业单位、社会团体及其所属机构、部门等名称的印章。

3.5

名章 personal stamp

印面上镌刻有个人姓名的印章。

3.6

专用章 special stamp

单位、机构、部门用于合同、财务、税务、发票等专门事务或专项业务的印章。

3.7

防伪印章 anti-counterfeiting stamp

在制章过程中采用了防伪加密技术的印章。

3.8

章面材料 stamp surface material

用于制作印章印面的各种材料的总称。

3.9

盖印材料 stamp material

用于盖印印文的各类物质的总称。

3.10

印泥 ink paste

直接用于盖印的油溶性凝聚态印文色料。

3.11

印油 stamp ink

专供盖印印台使用的或供储墨印章使用的各种溶液性印文色料。

注：印油常见的有印台印油、原子印油、光敏印油和防伪印油等。

3.12

原子印油　atomic stamp ink

专供原子印章用的一种专用印油，也可用作印台印油。

3.13

光敏印油　photosensitive stamp ink

专供光敏印章用的一种专用渗透性快干印油，具有不洇散、即印即干的特点。

3.14

防伪印油　anti-counterfeiting stamp ink

具有防伪功能的印油或印泥。

注：防伪印油通常是在印油或印泥中加入一种荧光物质，当用紫外线照射时，会呈现出彩色荧光，一般无色的印油呈有色荧光，有色印油则呈现出与目测可见颜色有差别的荧光。

3.15

印台　ink pad

专门用于储存盖印材料，便于盖印时反复蘸取使用的容器。

3.16

印盒　stamp box

专门用于保存印章的存储物。

3.17

检材印文　questioned stamp impression

需要进行鉴定的可疑印文。

3.18

样本印文　known stamp impression

供比较、对照的印文。

3.19

检材印章　questioned stamp

需要进行鉴定的可疑印章。

3.20

样本印章　known stamp

供比较、对照的印章。

3.21

印章印文特征　stamp impression characteristics

印章在制作、使用、保存过程形成的印面结构特性在印文中的具体反映形象。

3.22

印章印文鉴定　forensic identification of stamp impression

具有专门知识的鉴定人，通过将检材与样本印文的印文特征进行比较检验，对检材与样本印文的同一性作出检验和鉴别的专门技术。

3.23

印文特征价值　value of stamp impression characteristics

印章印文鉴定中度量特定印文特征、部分或总体印文特征在印文同一认定中所起作用的大小程度。

4 印文特征的分类

4.1 印文特征的种类

印文特征可分为印文内容、印文结构、印文规格、印文文字、印文线条、印文图案、印文留白、印面墨迹分布、印面缺损、印面附着物、印文暗记、盖印材料、防伪特征等十三类。根据印文特征价值又可分为一般特征和细节特征、其中印文一般特征包括：印文内容、印文结构、印文规格、盖印材料等；印文细节特征包括：印文文字、线条、图案、留白的形态、布局和搭配比例关系，以及印章在制作过程中形成的特殊暗记、疵点、划痕、残缺及反映雕刻工具特点的细微痕迹，印章在使用过程中形成的印面墨迹分布状态、印面附着物、磨损及修补、清洗形成的缺损、特殊暗记和印文防伪特征等。

4.2 印文内容

印文上表明印文所代表的单位、机构、部门的名称或个人的姓名或其他特殊用途的文字内容，也包括除印面文字外的图案、图形等其他内容。

4.3 印文结构

印章印面上构成印文的文字、图案、边框、留白等基本要素，及各要素之间的排列组合、搭配比例等空间分布关系。由于印文的种类和用途不同，印面结构也有不同的规定和要求，如国务院直属机关的印章，要求印文中央刊国徽，没有行政职能的中央刊五角星等；国家行政机关内设立的机构或直属单位的印章，规定名称自左而右环形或名称前段自左而右环形、后段自左而右直行等。

4.4 印文规格

印文的外框形态和大小尺寸。常见的公章形状有圆形、方形、椭圆形等；专用章的形状有圆形、椭圆、正方形、三角形等；名章的形状式样各异，甚至有无边框或不规则形状的名章印文。不同形状的印文，其大小尺寸的测量和表达方法不同，如圆形一般用直径表示；方形可用长、宽或对角线表示；椭圆形态或不规则印文可用横向和纵向最大值表示。

4.5 印文文字

印文文字的字形、字体和文字大小、笔画长短、粗细等，以及单字与单字之间、单字笔画之间的布局、搭配笔记等空间分布关系。

4.6 印文线条

印文的边框和内部线条的形态、结构、大小、长短、粗细等，以及线条之间的布局、搭配比例等空间分布关系。

4.7 印文图案

构成印文图案的点、线、面等各要素的形状、结构、大小、长短、粗细等，以及各要素之间的布局、搭配比例等空间分布关系。

4.8 印文留白

印文空白部分及空白部位出现的非印文内容的印迹的分布状态及与印文各部分内容之间的空间分布关系等。

4.9 印面墨迹分布

印章印面墨迹的深浅、浓淡、堆积、空白等分布特点在印文中的具体表现，以及印面墨迹盖印后在纸张等文件载体上的吸附、渗透、洇散等特性。印章的结构、章面材质、印文材料特性的不同，以及盖印条件的变化和印面材料的老化等因素都会形成印面墨迹不同的分布特点。

4.10 印面缺损

印章在制作、使用和保存过程中因清洗、摩擦、磕碰或印章印面材料的老化等原因形成的印面笔画、线条的磨损、残缺或变形等特征。

4.11 印面附着物

印章印面或印文材料表面吸附的非印面固有的细小物质，及其位置、结构、规格、形态和分布形态，以及与印文上其他要素之间、相互之间的布局、搭配比例等空间分布关系在印文中的具体表现。印章印面和印文材料在保存、使用过程中，其表面容易吸附来自周围环境的尘埃、毛发、纤维、纸屑、烟灰等细小物质，在盖印过程中印面和印文材料表面的接触又会使这些附着物相互混杂或转移。印面附着物特征出现的随机性较高，一般持续的时间较短，容易发生变化，特征价值较高。

4.12 印面暗记

印章在制造或使用过程中，为了防伪等目的在印面上制作的特殊记号。印面暗记特征通常表现在印面上文字笔画或线条的残缺变形、特殊标记等。

4.13 盖印材料

形成印文的各类色料的理化特性，如色料的颜色、光泽、显微结构和形态及其光谱特性和成分等。

4.14 防伪特征

防伪印章在制作过程中形成的具有一定防伪功能的特征。常见的印章防伪特征包括：采用先进工艺代替手工刻制印章反映出制作工艺特点、制作材料特性；防伪印油和印泥特殊的理化特性和光学/光谱特性；在印面图文的点、线条或边框上制作的防伪标记；印章印面上以防伪目的经物理或化学方法才能显现或识别的不可见图文信息等

5 印章印文鉴定的检验步骤和方法

5.1 检验步骤

印章印文同一性鉴定的受理程序、送检材料的标识、检验鉴定程序、送检材料的流转程序及结果报告程序应按 GB/T 37234—2018 第 4 章～第 8 章中相应的要求，并按如下检验步骤进行：

a）按 5.2 的要求，对检材印文进行检验；

b）按 5.3 的要求，对样本印文进行检验；

c）按第 6 章的要求制作印文特征比对表；

d）按 5.4 的要求，对检材印文和样本印文进行比较检验；

e）按 5.5 的要求，对检验结果进行综合分析和评断，并作出相应的鉴定意见。

5.2 检材印文的检验

5.2.1 检材印文状态的审查

5.2.1.1 检材印文是直接盖印形成的，应按 5.2.2 进一步检验分析。

5.2.1.2 检材印文不是直接盖印形成或状态可疑的，应根据

检材印文可能的形成方式及其特点，综合分析检材印文的盖印质量及印文特征的客观反映情况，对检材印文的鉴定条件作出初步判断：

a）检材印文具备一定鉴定条件的，继续；

b）检材印文不具备鉴定条件的，可作无法判断的鉴定意见或作退案处理。

5.2.2 检材印文特征的分析

5.2.2.1 根据检材印文的墨迹分布特点、图文质量及清晰程度等，宜分析检材印章可能的类型，及章面材料和盖印材料可能的种类、常见的印章类型、章面材料及盖印材料，包括但不限于：

a）常见印章类型包括：手工雕刻印章、机械雕刻印章、激光雕刻印章、普通渗透类印章、原子印章、光敏印章，以及钢印、翻转印等特殊类型的印章；

b）常见章面材料包括：雕刻印章用的橡皮、塑料、木材、金属、牛角等材料，普通树脂印章用的树脂板材料、柔性版材料，光敏印章用的液体光敏树脂材料，普通渗透印章用的微孔橡胶材料，原子印章用的章面和印油一体的复合材料等；

c）常见盖印材料包括：普通印油、原子印油、光敏印油、防伪印油及各种印泥材料等，盖印材料理化特性的检验，按 GB/T 37235—2018 第 5 章中相应的要求进行。

5.2.2.2 根据检材印文的具体情况，应分析盖印方式、盖印条件、盖印材料对引文特征可能造成的影响。

5.2.2.3 若有多份检材印文的，应分析检材印文之间印文特征的符合、差异或变化的情况，并对检材印文特征的反映情况及性质作出初步判断。

5.3 样本印文的检验

5.3.1 样本印文状态的审查

5.3.1.1 样本印文是直接盖印形成的，应按 5.3.2 进一步检验分析。

5.3.1.2 样本印文不是直接盖印形成或状态存疑的，应根据样本印文可能的形成方式及其特点，综合分析样本印文的清晰程度及印文特征的客观反映情况，对样本印文的比对条件作出初步判断：

a) 样本印文具备一定比对条件的，继续；

b) 样本印文不具备比对条件的，可作无法判断的鉴定意见或作退案处理。

5.3.1.3 需制作实验样本的，应按 GB/T 37234—2018 中 4.4 的要求进行。

5.3.2 样本印文特征的分析

5.3.2.1 根据样本印文的墨迹分布特点、图文质量及清晰程度，可参照 5.2.2.1 的分析方法，分析样本印章可能的类型，以及章面材料和盖印材料可能的种类。

5.3.2.2 宜了解样本印章的制作方法、制作材料及其特性，分析用其盖印印文的基本特点。

5.3.2.3 应根据样本印文的具体情况，分析盖印方式、盖印条件、盖印材料等对样本印文特征可能造成的影响，以及不同盖印条件的样本在印文特征上的变化规律。

5.3.2.4 若存在多份样本印文的,应分析样本印文之间印文特征的符合、差异或变化的情况,并对样本印文特征的反映情况及性质作出初步判断。

5.4 比较检验

5.4.1 印文特征的比对方法

印文特征的比对方法,包括但不限于:

a) 直观比对:目测或借助放大镜,对检材和样本印文的特征进行比对分析;

b) 显微比对:借助显微镜,对检材和样本印文特征进行显微观察和比对分析;

c) 重叠比对:直接将检材印文和样本印文或其复制件,在透光下进行重合比较,观察和分析相互间的吻合程度;

d) 画线比对:用画有呈比例的各种规格、形状的线条图案的透明网格,直接覆盖在检材和样本上进行比较,或在检材印文和样本印文的复制件上直接进行画线比较;

e) 测量比对:借助适当的测量工具或测量软件,对检材和样本印文的长度、角度、弧度及距离等进行比对分析;

f) 仪器/软件比对:借助比对仪器及图像比对软件,对检材和样本印文进行重合、拼接、画线、测量等多方面的比对分析。

5.4.2 印文特征的比对分析

5.4.2.1 若检材印文中存在非同一印章的印文,应分别与样本印文进行比较检验。

5.4.2.2 比对分析检材印文特征在样本印文中的反映情况,应根据样本引文的具体情况,分析不同盖印条件的样本印文在印文特征上的变化规律，如可能，应选取盖印条件与检材印文相同或相近的样本印文进行比对分析。

5.4.2.3 应比对分析检材印文与样本印文之间符合或相似的印文特征及其分布情况。

5.4.2.4 应比对分析检材印文与样本印文之间差异或变化的印文特征及其分布情况。

5.4.2.5 应对检材印文与样本印文符合或相似印文特征、差异或变化印文特征的总体分布情况及其性质进行初步分析。

5.5 综合分析和评断

5.5.1 应对在比较检验中发现的检材印文与样本印文之间符合或相似印文特征的数量和质量进行综合分析。

5.5.2 应对在比较检验中发现的检材印文与样本印文之间差异或变化印文特征的数量和质量进行综合分析。

5.5.3 应对检材印文与样本印文之间印文特征差异点和符合点的总体价值进行综合评断。综合评断的技术要点，包括但不限于：

a）印文的内容、结构、布局、规格等一般特征。其符合点的价值较低，差异点的价值较高；

b）印文图文、线条的特殊形态，及印章印面的残缺、磨损、附着物、印面墨迹分布特点等细节特征的价值较高；

c）印章在使用过程中形成的阶段性特征的价值较高，应分析印文规格、图文形态、缺损、附着物等随时间的变化规律；

d）印章在制作过程形成的防伪特征的价值较高；

e）应分析盖印方式、盖印条件对印文特征可能带来的影响，准确把握印文特征的性质；

f）对于某些难以评断的可疑印文特征，可通过模拟试验进行进一步的分析验证。

5.5.4 应根据综合评断的结果，按第 7 章规定的鉴定意见的种类及判断依据作出相应的鉴定意见，并按第 8 章中相应的要求对鉴定意见进行表述。

5.5.5 应按 GB/T 37234—2018 中第 9 章规定的证实方法，记录并归档鉴定人在印章印文鉴定过程中对第 5 章要求的符合情况。

6 印文特征比对表的制作

6.1 制作原则

6.1.1 印章印文鉴定应当制作印文特征比对表，并对印文特征进行标识或进行文字说明。

6.1.2 根据比对的内容，印文特征比对表可分为概貌比对、整体印文比对和局部印文或单字比对等。

6.1.3 应制作完整印文的特征比对表，若需对印文局部内容或单字进行重点的比对分析，也可制作局部印文或单字的特征比对表。

6.1.4 制作比对印文复制件时，应采取有效的措施保证检材和样本印文等比例大小。

6.1.5 应选取盖印条件与检材印文相同或相近的样本印文进行比对，并制作特征比对表。

6.2 比对印文的选取

6.2.1 比对印文的选取，宜采用高分辨率扫描的方法进行复制。

6.2.2 复制的检材和样本印文应当清晰，能真实反映检材和样本印文的原貌。

6.2.3 复制的检材和样本印文宜保持原来大小，不应作单向调整或非等比例调整，防止印文变形。

6.3 比对印文的编排

6.3.1 特征比对表宜采用左右或上下格式进行编排：左（或上）为检材印文，右（或下）为样本印文。

6.3.2 特征比对表中比对印文之间应编排整齐，并保持适当的间距。

6.3.3 对于局部内容或单字比对表，宜按对应的内容依次进行编排。

6.4 特征比对表的标识

6.4.1 应在特征表显著位置进行唯一性标识，宜在右上角用"鉴定文书编号"进行标识。

6.4.2 特征比对表中选取的检材印文应标明出处，按以下方法进行标识：

a）检材印文的标识应与检材的标识相一致或相关联；

b）检材印文仅有一处，可直接用"检材标识"标明检材印文的出处；

c）同一份检材中有多枚检材印文的，可采用"检材标识+阿拉伯数字"进行标识，阿拉伯数字表示选取检材印文的序数。

6.4.3 特征比对表中选取的样本印文应标明出处，按以下方法进行标识：

a）样本印文的标识应与样本的标识相一致或相关联；

b）样本印文仅有一处，可直接用"样本标识"标明样本印文的出处；

c）同一份检材中有多枚样本印文的，可采用"样本标识＋阿拉伯数字"进行标识，阿拉伯数字表示选取样本印文的序数。

6.4.4 根据印文特征的价值，对支持鉴定意见的主要印文特征可按以下的原则和方法进行标识：

a）印文特征的标识应客观全面、简单扼要，标识符号不应对辨识印文特征造成干扰；

b）检材与样本印文之间应用相同颜色标识符合特征，用不同颜色标识差异特征；

c）当检材或样本中出现多枚印文时，应使用不同颜色的标识加以区别；

d）宜用红色色系标识符合特征，用蓝色或深色色系标识差异或变化特征；

e）对有疑问或难以确定的印文特征，可标识为"？"或作文字说明；

f）宜使用附录 A 中的标识符号，对各种印文特征进行标识；

g）宜保存未对印文特征进行标识的特征比对表，以便对标识的印文特征进行对照核查。

7 鉴定意见的种类及判断依据

7.1 鉴定意见的种类

印章印文鉴定意见分为确定性意见、非确定性意见和无法判断三类九种：

a）肯定同一；

b）否定同一；

c）极可能同一；

d）极可能非同一；

e）很可能同一（倾向肯定同一）；

f）很可能非同一（倾向否定同一）；

g）可能同一；

h）可能非同一；

i）无法判断。

7.2 确定性意见

7.2.1 肯定同一

作出肯定同一的鉴定意见，应同时满足以下条件：

a）检材印文与样本印文的印文特征符合点的质量高，且总体价值充分反映了同一印章印文的特点；

b）检材印文与样本印文的印文特征没有本质性的差异；

c）检材印文与样本印文的差异或变化的印文特征能够得到合理的解释。

7.2.2 否定同一

作出否定同一的鉴定意见，应同时满足以下条件：

a）检材印文与样本印文的印文特征差异点的质量高，且总体价值充分反映了非同一印章印文的特点；

b）检材印文与样本印文的印文特征没有本质性的符合；

c）检材印文与样本印文的符合或相似印文特征能够得到合理的解释。

7.3 非确定性意见

7.3.1 极可能同一

作出极可能同一的鉴定意见，应同时满足以下条件：

a）检材印文与样本印文的印文特征符合点的质量高，其总体价值在很大程度上反映了同一印章印文的特点；

b）检材印文与样本印文的印文特征没有本质性的差异；

c）检材印文与样本印文的差异或变化的印文特征能够得到合理的解释。

7.3.2 极可能非同一

作出极可能非同一的鉴定意见，应同时满足以下条件：

a）检材印文与样本印文的印文特征差异点的质量高，其总体价值在极大程度上反映了非同一印章印文的特点；

b）检材印文与样本印文的印文特征没有本质性的符合；

c）检材印文与样本印文符合或相似特征能够得到合理的解释。

7.3.3 很可能同一（倾向肯定同一）

作出倾向肯定同一的鉴定意见，应同时满足以下条件：

a）检材印文与样本印文的印文特征符合点的质量较高，其总体价值基本反映了同一印章印文的特点；

b）检材印文与样本印文的印文特征总体上没有本质性的差异；

c）检材印文与样本印文的差异或变化的印文特征能够得到比较合理的解释。

7.3.4 很可能非同一（倾向否定同一）

作出倾向否定同一的鉴定意见，应同时满足以下条件：

a）检材印文与样本印文的印文特征差异点的质量较高，其总体价值基本反映了非同一印章印文的特点；

b）检材印文与样本印文的印文特征总体上没有本质性的符合；

c）检材印文与样本印文的符合或相似印文特征能够得到比较合理的解释。

7.3.5 可能同一

作出可能同一的鉴定意见，应同时满足以下条件：

a）检材印文与样本印文的印文特征符合点与差异点在数量上各占一定比例，但印文特征符合点的质量相对较高，其总体价值在一定程度上反映出了同一印章印文的特点；

b）检材印文与样本印文的印文特征总体上没有显著的差异；

c）检材印文与样本印文的差异或变化的印文特征能够得到相对合理的即使。

7.3.6 可能非同一

作出可能非同一的鉴定意见，应同时满足以下条件：

a）检材印文与样本印文的印文特征差异点与符合点在数量上各占一定比例，但印文特征差异点的质量相对较高，其总体价值在一定程度上反映出了非同一印章印文的特点；

b）检材印文与样本印文的印文特征总体上没有显著的符合；

c）检材印文与样本印文的符合或相似印文特征能够得到相对合理的解释。

7.4 无法判断

出现以下三种情况之一的，可作出无法判断的鉴定意见：

a）检材印文不具备鉴定条件的；

b）样本印文不具备比对条件的；

c）根据检材印文与样本印文的印文特征的反映情况，不能得出上述确定性或非确定性意见的。

8 鉴定意见的表述

8.1 总则

鉴定意见应针对委托事项，根据检材状态、鉴定意见的种类及其他情况分别进行表述，鉴定意见的表述应客观全面准确且简单扼要。

8.2 根据检材状态的表述

8.2.1 检材印文是盖印形成的，鉴定意见可表述为"检材印文……与样本印文……是或不是（或非确定性）同一枚印章盖印"。

8.2.2 检材印文不是盖印形成或状态存疑的，鉴定意见应表述为"检材印文……与样本印文……是或不是（或非确定性）出自同一枚印章"或"检材印文……与样本印文……是或不是（或非确定性）同一枚印章的印文"。

8.3 非确定性鉴定意见的表述

8.3.1 7.3.1"极可能同一"的鉴定意见，是非确定性意见中肯定程度最高的。鉴定意见可表述为"检材印文……与样本印文……极有可能是同一枚印章盖印"或"检材印文……与样本印文……极可能是同一枚印章的印文"。

8.3.2 7.3.2"极可能非同一"的鉴定意见,是非确定性意见中否定程度最高的。鉴定意见可表述为"检材印文……与样本印文……极有可能不是同一枚印章盖印"或"检材印文……与样本印文……极可能不是同一枚印章的印文"。

8.3.3 7.3.3"很可能同一"的鉴定意见,是非确定性意见中肯定程度较高的,仅次于7.3.1。鉴定意见可表述为:"倾向认为检材印文……与样本印文……是同一枚印章盖印"或"倾向认为检材印文……与样本印文……是同一枚印章的印文"。

8.3.4 7.3.4"很可能非同一"的鉴定意见,是非确定性意见中否定程度较高的,仅次于7.3.2。鉴定意见可表述为"倾向认为检材印文……与样本印文……不是同一枚印章盖印"或"倾向认为检材印文……与样本印文……不是同一枚印章的印文"。

8.3.5 7.3.5"可能同一"的鉴定意见,是非确定性意见中肯定程度最低的,其肯定程度明显小于7.3.3,仅表示一种技术上的合理推定。鉴定意见可表述为"检材印文……与样本印文……是同一枚印章盖印的可能性较大"或"检材印文……与样本印文……是同一枚印章印文的可能性较大"。但不应表述为"不能排除检材印文……与样本印文……是同一枚印章盖印(或同一枚印章的印文)",避免在鉴定意见的理解上产生歧义,把该种意见误解为"倾向肯定"鉴定意见,甚至混同于"肯定同一"鉴定意见。

8.3.6 7.3.6"可能非同一"的鉴定意见,是非确定性意见中否定程度最低的,其否定程度明显小于7.3.4,仅表示一种技术上的合理推定。鉴定意见可表述为"检材印文……与样本印文……不是同一枚印章盖印的可能性较大"或"检材印文……与样本印文……不是同一印章印文的可能性较大"。但不应表述为"不能认定检材印文……与样本印文……是同一枚印章盖印（或是同一枚印章的印文）"，避免在鉴定意见的理解上产生歧义，把该种意见误解为"倾向否定"鉴定意见，甚至混同于"否定同一"鉴定意见。

8.4 其他情况的表述

8.4.1 7.4"无法判断"的鉴定意见，可表述为"无法判断检材印文……与样本印文……是否同一枚印章盖印"或"无法判断检材印文……与样本印文……是否同一印章的印文"。但不应表述为"无法判断检材印文……与样本印文……是（或不是）同一枚印章盖印"或"无法判断检材印文……与样本印文……是（或不是）同一印章的印文"，避免在鉴定意见的理解上产生歧义。

8.4.2 无论检材印文是原件或复制件，鉴定意见均不应表述为"检材印文与样本印文……是或不（或非确定性）一致（或相同、同一）"，避免在鉴定意见的理解上产生歧义。

8.4.3 无论检材印文是原件或复制件，即使经鉴定检材印文与样本印文不是同一枚印章的印文，鉴定意见均不应表述为"检材印文……是或不是（或非确定性）伪造形成"，避免在鉴定意见的理解上产生歧义。

附录Ⅱ 印章印文鉴定技术规范（GB/T 37231—2018）

附录 A （资料性附录）印文特征的标识符号

制作印文特征比对表时印文特征的标识符号见表 A.1。

表 A.1 印文特征的标识符号

标识符号		标识说明
名称	图示	
实线	————————	印文特征划线比较中，用于标示印面结构、规格、布局及组合关系等印文特征
虚线	··············	用于标示文字、线条、图案及相互间的搭配比例特征
圈	○	用于标示文字、线条、图案等印文局部特征，如单字局部的特殊搭配、结构、形态等印文特征
单箭头	↘	用于标示文字、线条、图案等印文局部的细节特征，如附着物特征、暗记及单字局部的缺损、变形等印文特征
双箭头	↔	用于标示印文边框文字、线条、图案等要素相互之间的距离
标号	①、②……	用于对印文特征进行编号

参考文献

[1] SF/Z JD0201003—2010 印章印文鉴定规范（2010 年 4 月 7 日中华人民共和国司法部司法鉴定管理局颁布）

[2] 国务院关于国家行政机关和企事业单位社会团体印章管理的规定（国发〔1999〕25号 2010年11月15日中华人民共和国国务院发布）

[3] 杨旭，施少培，徐彻. 文书司法鉴定技术规范及操作规程. 北京：科学出版社，2014.

[4] 杨旭，施少培，徐彻. 现代印章印文司法鉴定. 北京：科学出版社，2016.

附录 III
文件制作时间鉴定技术规范
（GB/T 37233—2018）

1 范围

本标准规定了文件制作时间鉴定的通用术语和定义、打印文件印制时间鉴定、静电复印文件印制时间鉴定、印章印文盖印时间鉴定、朱墨时序鉴定、鉴定意见的种类及判断依据。

本标准适用于司法鉴定/法庭科学领域文件鉴定中文件制作时间鉴定涉及的打印文件印制时间鉴定、静电复印文件印制时间鉴定、印章印文盖印时间鉴定、朱墨时序鉴定。

2 规范性引用文件

下列文件对于本文件的应用是必不可少的。凡是注日期的引用文件，仅注日期的版本适用于本文件。凡是不注日期的引用文件，其最新版本（包括所有的修改单）适用于本文件。

GB/T 37231—2018 印章印文鉴定技术规范

GB/T 37232—2018 印刷文件鉴定技术规范

GB/T 37234—2018 文件鉴定通用规范

GB/T 37235—2018 文件材料鉴定技术规范

GB/T 37238—2018 篡改（污损）文件鉴定技术规范

3 术语和定义

GB/T 37234—2018、GB/T 37231—2018、GB/T 37232—2018、GB/T 37238—2018、GB/T 37235—2018 界定的以及下列术语和定义适用于本文件。

3.1

时间 time;date

按国际标准计时所确定的日期或事物存在及继续的期间。

3.2

文件制作时间 document formation time;document dating

整份文件或文件的部分内容形成的时间或时间范围，以及不同文件或同一份文件的不同部分之间形成的顺序和过程。

3.3

文件标称时间 the nominal time of document

文件上标注的落款日期、签名日期、签订日期等。

3.4

文件声称时间 the alleged time of document

文件的提供者（或相关当事人）陈述的文件的制作日期。

3.5

文件相对时间 the relative time of document

文件形成的大致时间范围或不同的文件或同一份文件的不同部分之间形成的顺序和过程。

注：文件相对时间包括：某特定时间（如文件的标称时间）之前或之后；某特定时间范围；不同的文件之间或同一份文件的

不同部分之间形成的顺序，以及是否一次、同时、相近、近期制作形成等。

3.6

文件形成顺序 document formation sequence

文件上印文、文字之间交叉部位形成的先后顺序。

3.7

朱墨时序 sequencing of crossed stamp impression and text

文件上印文、文字之间交叉部位形成的先后顺序。

3.8

一次 one time

不同的文件之间，或同一份文件的不同部分之间是采用相同的方法、同一工具、在相同条件下连续制作形成。

注："一次"不是一种确切的时间概念，是针对文件的制作过程而言，是指文件书写、盖印或印制过程的连贯性和连续性。

3.9

同时 same time

不同的文件之间，或同一份文件的不同部分之间形成的时间非常接近。

注："同时"表示时间非常接近，在鉴定实践中，针对连续书写、盖印或印制的文件或内容，"同时"等同于"一次"的概念。

3.10

相近 similar time

不同的文件之间，或同一份文件的不同部分之间的形成时间相对接近。

注：在文件鉴定实践中，"相近"是相对时间的概念，其时间长短是相对于需检文件或内容之间标称或声称的时间间隔而言。

3.11

近期　recent time

文件的形成时间距离当前时间比较接近。

注：鉴定实践中，当前时间通常是提交鉴定时的时间。

3.12

阶段性特征　periodical characteristics

构成文件的各要素在文件的使用过程中形成的或产生变化的，能够客观反映文件各要素随时间的推移在不同时间阶段反映出的在时间和空间上变化规律的各类特征的总称。

3.13

共时性特征　synchronic characteristics

构成文件的各要素在文件的使用过程中形成的阶段性特征中，在某时间阶段内保持相对稳定的各类特征的总称。

3.14

文件制作时间鉴定　forensic examination of document formation time

文件形成时间鉴定

具有专门知识的鉴定人，根据构成检材的系统要素的特性及其在时间和空间上的变化规律，对其形成时间及形成顺序和过程进行检验和鉴别的专门技术。

3.15

印制时间鉴定　forensic examination of printed document formation time

具有专门知识的鉴定人，对检材上可疑印刷内容的印制时间进行检验和鉴别的专门技术。

3.16

盖印时间鉴定　forensic examination of stamp impression formation time

具有专门知识的鉴定人，对检材上可疑印文的盖印时间进行检验和鉴别的专门技术。

3.17

书写时间鉴定　forensic examination of handwritten document formation time

具有专门知识的鉴定人，对检材上可疑手写字迹的书写时间进行检验和鉴别的专门技术。

3.18

朱墨时序鉴定　forensic examination of sequencing of crossed stamp impression and text

具有专门知识的鉴定人，对检材上印文、文字之间交叉部位形成的先后顺序进行检验和鉴别的专门技术。

4 打印文件印制时间鉴定

4.1 鉴定原理

打印阶段性特征及共时性特征是判断打印文件印制时间的主要依据。打印阶段性特征是打印机在使用、维护等过程中形成的或产生变化的，通过打印文件反映出的随时间的推移在不同时间阶段呈现规律性变化的各类特征，是判断检材印制时间范围的主要依据；打印共时性特征是打印阶段性特征中在某时间段内保持相对稳定的各类特征，是判断多份同机形成的打印文件是否一次或相近时间印制形成的主要依据。对于采用数字水印技术的彩色激光打印机，在彩色打印模式下（个别在黑白打印模式下）可在文件纸张上打印形成呈规律排列组合而成的暗记特征，某些品牌打印机的暗记特征包含有打印时间的信息，可作为确定印制具体时间的依据。

4.2 检验步骤和方法

4.2.1 检验步骤

打印文件印制时间鉴定的受理程序、送检材料的标识、检验鉴定程序、送检材料的流转程序及结果报告程序应按 GB/T 37234—2018 第 4 章~第 8 章中相应的要求，并按如下检验步骤进行：

a）按 4.2.2 的要求，对检材进行检验；

b）按 4.2.3 的要求，对样本进行检验；

c）按 4.2.4 的要求，对检材与样本进行比较检验；

d）按 4.2.5 的要求，对检验结果进行综合分析和评断，并作出相应的鉴定意见。

4.2.2 检材的检验

4.2.2.1 应按 GB/T 37232—2018 中 6.3.2 规定的打印形式文件种类鉴定的方法，分析鉴别检材是否符合字符式打印文件或点阵式打印文件的种类特点。

4.2.2.2 若检材系彩色激光打印机打印的文件，应分析检材上有无采用数字水印技术打印形成的暗记特征。若检材存在暗记特征的，应对其包含的信息进行检验，分析其是否包含打印时间的信息。

4.2.2.3 若有多份检材的，应按 GB/T 37232—2018 中 7.2 或 7.3 规定的字符式打印文件或点阵式打印文件同机鉴定的方法，分析鉴别检材是否为同台打印机打印。

4.2.2.4 应对同台打印机打印形成的多份检材的打印特征进行比较检验，分析鉴别可能出现的打印阶段性特征及共时性特征。

4.2.2.5 若多份检材系同机形成的，应根据鉴定要求，分析鉴别多份检材之间是否反映出一次或相近时间形成的共时性特征。检验的技术要点包括但不限于：

a）分析多份检材是否反映出相对稳定的打印共时性特征；

b）分析打印共时性特征是否反映出连续变化的特点，或存在紧密的关联性；

c）分析有无其他影响打印共时性特征性质的因素。

4.2.2.6 应根据检验结果，综合分析检材打印阶段性特征及共时性特征的反映情况及性质，初步判断检材是否具备打印时间鉴定的鉴定条件：

a）检材具备一定鉴定条件的，继续；

b）检材不具备鉴定条件的，可作出无法判断的鉴定意见。

4.2.3 样本的检验

4.2.3.1 应审核样本材料，确定样本的标称时间，宜按标称时间顺序对样本进行标识。

4.2.3.2 应按 GB/T 37232—2018 中 7.2 或 7.3 规定的字符式打印文件或点阵式打印文件同机鉴定的方法，分析鉴别样本是否为同台打印机打印。

4.2.3.3 对同台打印机打印形成的不同时间段或同一时间段样本的打印特征进行比较检验，应分析鉴别可能出现的打印阶段性特征及共时性特征。检验的技术要点包括但不限于：

a）分析不同时间段样本的打印特征是否反映出阶段性的变化规律；

b）分析同一时间段样本是否反映出相对稳定的打印共时性特征；

c）分析样本反映出的打印阶段性特征及共时性特征是否客观全面；

d）分析样本反映出的打印阶段性特征及共时性特征与其标称时间是否吻合；

e）分析有无影响打印阶段性特征及共时性特征的其他因素。

4.2.3.4 应根据检验结果，综合分析样本打印阶段性特征及共时性特征的反映情况及性质，初步判断样本是否具备打印时间鉴定的比对条件：

a）样本具备一定比对条件的，继续；

b）样本不具备比对条件的，可要求委托方补充样本，若不能补充样本的，可作出无法判断的鉴定意见。

4.2.4 检材与样本的比较检验

4.2.4.1 应按 GB/T 37232—2018 中 7.2 或 7.3 规定的字符式

打印文件或点阵式打印文件同机鉴定的方法，分析鉴别检材与样本是否为同台打印机打印。

4.2.4.2 若检材与样本不是同台打印机打印的，则样本不具备打印时间鉴定的比对条件，可作出无法判断的鉴定意见。

4.2.4.3 若检材与样本是同台打印机打印的，应对检材与不同时间段或同一时间段的样本进行比较检验，分析鉴别两者在打印阶段性特征及共时性特征上的反映情况。检验的技术要点包括但不限于：

a）比较分析检材和不同时间段样本的打印阶段性特征的符合、差异或变化的情况；

b）比较分析检材和某特定时间段样本的打印共时性特征的符合、差异或变化的情况；

c）分析检材和样本反映出的打印阶段性特征及共时性特征是否客观全面；

d）分析有无影响打印阶段性特征及共时性特征的其他因素。

4.2.5 综合分析和评断

4.2.5.1 应根据比较检验的结果，对检材和样本反映出的打印阶段性特征及共时性特征的符合、差异或变化情况进行综合分析，对其特征的总体价值作出综合评断，或根据检材暗记特征所包含的与打印时间有关的信息，并按8.1规定的打印文件印制时间鉴定的鉴定意见种类及判断依据，作出相应的鉴定意见。

4.2.5.2 应按 GB/T 37234—2018 中第 9 章规定的证实方法，记录并归档鉴定人在打印文件印制时间鉴定过程中对第 4 章要求的符合情况。

5 静电复印文件印制时间鉴定

5.1 鉴定原理

静电复印阶段性特征及共时性特征是判断静电复印文件印制时间的主要依据。静电复印阶段性特征是静电复印机在使用、维护等过程中形成的或产生变化的，通过静电复印文件反映出的随时间的推移在不同时间阶段呈现规律性变化的各类特征，是判断检材印制时间范围的主要依据；静电复印共时性特征是静电复印阶段性特征中在某时间阶段内保持相对稳定的各类特征，是判断多份同机形成的静电复印文件是否一次或相近时间印制形成的主要依据。

5.2 检验步骤和方法

5.2.1 检验步骤

静电复印文件印制时间鉴定的受理程序、送检材料的标识、检验鉴定程序、送检材料的流转程序及结果报告程序应按 GB/T 37234—2018 第 4 章～第 8 章中相应的要求，并按如下检验步骤进行：

a）按 5.2.2 的要求，对检材进行检验；

b）按 5.2.3 的要求，对样本进行检验；

c）按 5.2.4 的要求，对检材与样本进行比较检验；

d）按 5.2.5 的要求，对检验结果进行综合分析和评断，并作出相应的鉴定意见。

5.2.2 检材的检验

5.2.2.1 应按 GB/T 37232—2018 中 6.3.2 规定的打印形式文件种类鉴定的方法，分析鉴别检材是否符合静电复印文件的种类特点。

5.2.2.2 若有多份检材的，应按 GB/T 37232—2018 中 7.4 规定的静电复印文件同机鉴定的方法，分析鉴别检材是否为同台复印机复印。

5.2.2.3 应对同台复印机复印形成的多份检材的静电复印特征进行比较检验，分析鉴别可能出现的静电复印阶段性特征及共时性特征。

5.2.2.4 若多份检材系同机形成的，应根据鉴定要求，分析鉴别多份检材之间是否反映出一次或相近时间形成的共时性特征。检验的技术要点包括但不限于：

a）分析多份检材是否反映出相对稳定的静电复印共时性特点；

b）分析静电复印共时性特征是否反映出连续变化的特点，或存在紧密的关联性；

c）分析有无其他影响静电复印共时性特征性质的因素。

5.2.2.5 应根据检验结果，综合分析检材静电复印阶段性特征及共时性特征的反映情况及性质，初步判断检材是否具备静电复印时间鉴定的鉴定条件：

a）检材具备一定鉴定条件的，继续；

b）检材不具备鉴定条件的，可作出无法判断的鉴定意见。

5.2.3 样本的检验

5.2.3.1 应审核样本材料，确定样本的标称时间，宜按标称时间顺序对样本进行标识。

5.2.3.2 应按 GB/T 37232—2018 中 7.4 规定的静电复印文件

同机鉴定的方法，分析鉴别样本复印文件是否为同台静电复印机复印。

5.2.3.3 应对同台静电复印机复印形成的不同时间段样本的静电复印特征进行比较，分析鉴别可能出现的静电复印阶段性特征及共时性特征。检验的技术要点包括但不限于：

a）分析不同时间段样本的静电复印特征是否反映出阶段性的变化规律；

b）分析同一时间段样本是否反映出相对稳定的静电复印共时性特征；

c）分析样本反映出的阶段性特征及共时性特征是否客观全面；

d）分析样本反映出的阶段性特征及共时性特征与其标称时间是否吻合；

e）分析有无影响静电复印阶段性特征及共时性特征的其他因素。

5.2.3.4 应根据检验结果，综合分析样本静电复印阶段性特征及共时性特征的反映情况及性质，初步判断样本是否具备静电复印文件时间鉴定的比对条件：

a）样本具备一定比对条件的，继续；

b）样本不具备比对条件的，可要求委托方补充样本，若不能补充样本的，可作出无法判断的鉴定意见。

5.2.4 检材与样本的比较检验

5.2.4.1 应按 GB/T 37232—2018 中 7.4 规定的静电复印文件同机鉴定的方法，分析鉴别检材与样本是否为同台静电复印机复印。

5.2.4.2 若检材与样本不是同台静电复印机复印的,则样本不具备静电复印时间鉴定的比对条件,可作出无法判断的鉴定意见。

5.2.4.3 若检材与样本是同台静电复印机复印的,应对检材与不同时间段或同一时间段的样本进行比较检验,分别鉴别两者在静电复印阶段性特征及共时性特征上的反映情况。检验的技术要点包括但不限于:

a)比较分析检材和不同时间段样本的静电复印阶段性特征的符合、差异或变化的情况;

b)比较分析检材和某特定时间段样本的静电复印共时性特征的符合、差异或变化的情况;

c)分析检材和样本反映出的阶段性特征及共时性特征是否客观全面;

d)分析有无影响复印阶段性特征及共时性特征的其他因素。

5.2.5 综合分析和评断

5.2.5.1 应根据比较检验的结果,对检材和样本反映出的静电复印阶段性特征及共时性特征的符合、差异或变化情况进行综合分析,对其特征的总体价值作出综合评断,并按 8.2 规定的静电复印印制鉴定意见种类及判断依据,作出相应的鉴定意见。

5.2.5.2 应按 GB/T 37234—2018 中第 9 章规定的证实方法,记录并归档鉴定人在静电复印文件印制时间鉴定过程中对第 5 章要求的符合情况。

6 印章印文盖印时间鉴定

6.1 鉴定原理

印文阶段性特征及共时性特征是判断印文盖印时间的主要依据。印文阶段性特征是印章印面在使用、保存、传递、盖印、清洗、修补、注墨等过程中形成的，并随时间的推移在不同时间阶段呈现规律性变化的各类特征，是判断检材印文盖印时间范围的主要依据；印文共时性特征是印文阶段性特征中在某时间阶段内保持相对稳定的各类特征，是判断多枚同一印章的印文是否一次或相近时间盖印形成的主要依据。鉴定实践中，印章印文阶段性特征及共时性特征主要表现在 6.2 中的五个方面。

6.2 印章印文阶段性及共时性特征

6.2.1 印文规格

印章印面材料老化是导致印文形状和大小尺寸产生变化的主要原因。印章印面材料老化特征主要表现在印文的形状和大小尺寸变化上，但不同类型、不同材料、不同使用情况的印章发生老化的程度有所不同。如木质印章易发生膨胀或收缩变形，变形的程度与木质材料的干燥程度、木纹的分布以及外部条件等因素有关；渗透性印章和原子印章，根据储墨型的性能、质量的不同以及使用条件的不同，也易产生不同程度收缩变形。

6.2.2 印面缺损

印章印面由于长期浸染印油、印泥，加上盖印过程中在外力的作用下与纸张等载体接触、摩擦，以及在保存过程中与其他物体的磕碰、摩擦等，会逐步产生印面缺损等特征，或为了防伪或其他目的故意在印面上制作的各种缺损记号。这些特征主要表现为印面文字笔画、线条、图案、边框的磨损、残缺、变形等，而且一旦出现是不可逆的，并随着印章的继续使用还会持续发生变化。

6.2.3 印面附着物分布

对于印墨分离的印章，印面附着物主要来自两个方面，一是来自印章印面，二是来自盖印材料。印章印面和盖印材料在保存过程中容易吸附来自周围环境的细小物质，如尘埃、毛发、纤维、纸屑、烟灰等，在盖印过程中印章印面与盖印材料表面的接触又会使这些附着物相互混杂或转移，其出现的部位、具体形态、分布等随机性很强，容易发生变化。对于注墨类印章，附着物主要来源是印章印面，其出现附着物的频率相对较低。

6.2.4 印面墨迹分布

对于渗透性印章、原子印章、光敏印章等注墨类印章，注墨后通常会使用一段时间。由于印油的持续使用和挥发、氧化等，加上储墨垫或章面材料渗透孔收缩、阻塞、老化等会导致墨迹渗透不均匀现象，其印面油墨分布容易发生阶段性的变化。对于印墨分离的印章，其盖印材料的使用不固定，墨迹分布发生变化的随机性较强。

6.2.5 其他因素形成的特征

印章在人为的清洗、修补或更换印文材料的过程中形成的各种痕迹，这些痕迹的出现及形成后的变化通常呈一定的规律。此外，印文墨迹的油性物质，一旦盖印在文件纸张上也会发生不同程度的渗散现象，其变化的程度主要与墨迹的特性、纸张的特性、周围的环境因素及盖印时间有关。

6.3 检验步骤和方法

6.3.1 检验步骤

印章印文盖印时间鉴定的受理程序、送检材料的标识、检验鉴定程序、送检材料的流转程序及结果报告程序应按 GB/T 37234—2018 第 4 章～第 8 章中相应的要求,并按如下检验步骤进行:

a)按 6.3.2 的要求,对检材印文进行检验;

b)按 6.3.3 的要求,对样本印文进行检验;

c)按 6.3.4 的要求,对检材印文与样本印文进行比较检验;

d)按 6.3.5 的要求,对检验结果进行综合分析和评断,并作出相应的鉴定意见。

6.3.2 检材印文的检验

6.3.2.1 分析检材印文的特点,初步判断检材印章可能的种类,必要时了解检材印章制作有关的情况。

6.3.2.2 应根据检材印章的种类及其特点,分析其盖印印文可能出现的印文阶段性特征或共时性特征。

6.3.2.3 若有多份检材印文的,应按 GB/T 37231—2018 第 5 章的要求,分析鉴别多枚检材印文是否为同一枚印章盖印。

6.3.2.4 若多枚检材印文系同一枚印章盖印的,应根据鉴定要求,分析鉴别多枚检材印文之间是否反映出一次或相近时间盖印的共时性特征。检验的技术要求包括但不限于:

a)分析各印文的盖印位置、方位、倾斜角度、压力偏重及墨迹分布等是否存在关联性;

b)分析各印文是否反映出相对稳定的印文共时性特征;

c）分析印文共时性特征是否反映出连续变化的特点，或存在紧密的关联性；

d）分析有无其他能够影响印文共时性特征性质的因素。

6.3.2.5 应根据检验结果，综合分析检材印文阶段性特征及共时性特征的反映情况及性质，初步判断检材印文是否具备盖印时间鉴定的鉴定条件：

a）检材具备一定鉴定条件的，继续；

b）检材不具备鉴定条件的，可作出无法判断的鉴定意见。

6.3.3 样本印文的检验

6.3.3.1 应审核样本材料，确定样本的标称时间，宜按标称时间顺序对样本进行标识。

6.3.3.2 分析样本印文的特点，初步判断样本印章可能的种类，必要时可要求委托人提供样本印章。

6.3.3.4 应按 GB/T 37231—2018 第 5 章的要求，分析鉴别样本印文是否为同一枚印章盖印。

6.3.3.5 应对同一枚印章盖印的不同时间段或同一时间段的样本印文进行比较检验，分析鉴别可能出现的印文阶段性特征及共时性特征。检验的技术要点包括但不限于：

a）分析不同时间段样本的印文特征是否反映出阶段性的变化规律；

b）分析同一时间段样本是否反映出相对稳定的印文共时性特征；

c）分析样本反映出的印文阶段性特征及共时性特征是否客观全面；

d）分析样本反映出的印文阶段性特征及共时性特征与其标称时间是否吻合；

e）分析有无影响印文阶段性特征及共时性特征的其他因素。

6.3.3.6 应根据检验结果，综合分析样本印文阶段性特征及共时性特征的反映情况及性质，初步判断样本印文是否具备盖印时间鉴定的比对条件：

a）样本具备一定比对条件的，继续；

b）样本不具备比对条件的，可要求委托方补充样本，若不能补充样本的，可作出无法判断的鉴定意见。

6.3.4 检材印文与样本印文的比较检验

6.3.4.1 应按 GB/T 37231—2018 第 5 章的要求，分析鉴别检材印文与样本印文是否同一印章盖印。

6.3.4.2 若检材印文与样本印文不是同一枚印章盖印的，则样本印文不具备印文盖印时间鉴定的比对条件，可作出无法判断的鉴定意见。

6.3.4.3 若检材印文与样本印文是同一枚印章盖印的，应对检材印文与不同时间段或同一时间段的样本印文进行比较检验，分析鉴别两者在印文阶段性特征及共时性特征上的反映情况。检验的技术要点包括但不限于：

a）比较分析检材和不同时间段样本的印文阶段性特征的符合、差异或变化的情况；

b）比较分析检材和某特定时间段样本的印文共时性特征的符合、差异或变化的情况；

c）分析检材与样本反映出的印文阶段性特征及共时性特征

是否客观全面；

d）分析有无影响印文阶段性特征及共时性特征的其他因素。

6.3.5 综合分析和评断

6.3.5.1 应根据比较检验的结果，对检材印文和样本印文反映出的阶段性特征及共时性特征的符合、差异或变化的情况进行综合分析，对其特征的总体特征作出综合评断，并按8.3中规定的印章印文盖印时间鉴定的鉴定意见种类及判断依据，作出相应的鉴定意见。

6.3.5.2 应按 GB/T 37234—2018 中第9章规定的证实方法，记录并归档鉴定人在印制印文盖印时间鉴定过程中对第6章要求的符合情况。

7 朱墨时序鉴定

7.1 检验步骤

朱墨时序鉴定的受理程序、送检材料的标识、检验鉴定程序、送检材料的流转程序及结果报告程序应按 GB/T 37234—2018第4章～第8章中相应的要求，并根据检材的具体情况，制定具体的检验方案，按如下检验步骤进行：

a）按7.2的要求，首先进行显微检验；

b）根据需要，可选择7.3、7.4、7.5中适当的检验方法，对显微检验的结果进行补充或验证；

c）根据检验结果，按8.4的要求作出相应的鉴定意见。

7.2 显微检验法

7.2.1 仪器设备的选择

应根据印文材料和文字材料的种类确定检验方案，选择适当的显微镜进行检验,宜使用立体显微镜和高倍率的材料显微镜交叉进行检验,相互印证。

7.2.2 检验条件的选择

进行显微检验时,应根据检材的具体情况选择适当的检验参数,包括但不限于:

a) 放大倍率的选择:使用高倍率显微镜检验时,应选择合适的放大倍率获得最佳识别效果;

b) 照明方式的选择:选择适当的光源类型及照射角度、光照强度等,获得最佳的识别效果;

c) 共聚焦技术的运用:观察和分析高倍率图像随景深变化的情况,可利用显微镜的共聚焦功能或图像处理技术,将高放大倍率的各层图像进行重组,获得清晰的高倍显微图像。

7.2.3 检验记录

应对显微检验的结果采用适当的方式进行固定,记录的方式包括但不限于:

a) 可通过显微镜专用图像软件获取不同条件下的显微图像,并制作成显微图像;

b) 可采用显微照相技术拍摄不同条件下的显微图像,利用图像软件编排制作成显微图像;

c) 对反映出的有价值的显微特征,宜在显微图片上进行标识或作文字说明。

7.2.4 交叉部位的显微表观特征

7.2.4.1 先字后印交叉部位的显微表观特征主要包括但不限于:

a）印字交叉部位文字笔画连贯、完整；

b）印字交叉部位表面应呈现文字色料被印文油墨覆盖的现象；

c）印字交叉部位印文笔画可能出现收缩、中断或缺损等现象；

d）印字交叉部位印文色料不应出现被擦划、抑压、拖带等痕迹；

e）印字交叉部位印文色料可能出现如油墨变浅、表面颜色变亮、光泽增强等现象。

7.2.4.2 先印后字交叉部位的显微表观特征主要包括但不限于：

a）印字交叉部位印文笔画连贯、完整；

b）印字交叉部位表面应呈现印文油墨被文字色料覆盖的现象；

c）印字交叉部位文字笔画可能出现收缩、渗散、中断等现象；

d）印字交叉部位印文色料可能出现被擦划、抑压、拖带等痕迹；

e）印字交叉部位文字色料可能出现如色料变浅、表面色泽变暗、无光泽等现象。

7.2.5 *综合分析和评断*

7.2.5.1 应根据先字后印和先印后字的显微表观特征，对印字交叉部位显微特性进行综合分析。综合分析的技术要点包括但不限于：

a）交叉部位印文色料和文字色料的连贯性、完整性的分析；

b）交叉部位印文色料和文字色料显微分布状态的分析；

c）交叉部位印文色料和文字色料的表面颜色变化情况的分析；

d）交叉部位印文色料和文字色料的表面光泽变化情况的分析；

e）交叉部位手写字迹形成的压痕部位印文墨迹的分布状态的分析；

f）交叉部位印文色料和文字色料的收缩、渗散、中断、堆积等现象的分析；

g）交叉部位印文或文字笔画边缘墨迹分布、颜色、光泽等情况的分析；

h）交叉部位印文墨迹表面有无擦划、拖带、抑压等现象的分析；

i）分析交叉部位与未交叉部位印文色料和文字色料在颜色、光泽、墨迹分布等特性上的变化规律。

7.2.5.2 应对检材印字交叉部位显微特征的性质进行综合评断，并根据综合评断的结果，按8.4规定的朱墨时序鉴定的鉴定意见种类及其判断依据，作出相应的鉴定意见。

7.2.5.3 应按 GB/T 37234—2018 中第9章规定的证实方法，记录并归档鉴定人在朱墨时序鉴定的显微检验过程中对7.2要求的符合情况。

7.3 荧光检验法

7.3.1 仪器设备的选择

朱墨时序鉴定中荧光检验法使用的仪器常见的有：视频光谱仪、荧光显微镜及具有荧光检验功能的其他设备。应针对检材的具体情况，选择适当的仪器设备，宜选择荧光显微镜进行检验。

7.3.2 激发光源的选择

理想的激发光源应该是高强度、高纯度而低热效的光线。

应选择适当的激发光源，如高压汞灯、激光等。检验时应控制对检材的照射时间，避免对检材需检部位造成破坏。

7.3.3 滤光系统的选择

荧光检验的滤光系统包括激发及压制滤光片。应根据印文材料、文字材料和纸张的荧光特性，选择合适波长的激发和压制滤光片，达到最佳的荧光响应效果。

7.3.4 放大倍率的选择

应在不同放大倍率下对印字交叉部位文字或印文色料荧光强弱的变化个微观分布状态进行观察和分析，选择适当的放大倍率达到最佳的观察效果，放大倍率范围宜在200倍～500倍左右。

7.3.5 检验记录

应利用荧光显微镜或视频光谱仪自带的专用工具等其他方法，制作荧光检验图片。

7.3.6 综合分析和评断

7.3.6.1 应结合显微检验的结果，对印字交叉部位荧光特征进行综合分析。综合分析的技术要点包括但不限于：

a）在不同放大倍率下，对比分析交叉部位印文和文字材料的荧光分布状态；

b）对比分析交叉部位与未交叉部位印文和文字材料墨迹荧光分布状态的变化情况；

c）对比分析不同交叉部位印文和文字材料的荧光特征；

d）对比分析显微检验与荧光检验结果，根据交叉部位印文色料和文字色料显微分布特点，对其荧光分布特征的性质进行综合分析。

7.3.6.2 应对交叉部位荧光特性的性质作出综合评断，并根据综合评断的结果，按 8.4 规定的朱墨时序鉴定的鉴定意见种类及其判断依据，作出相应的鉴定意见。

7.3.6.3 应按 GB/T 37234—2018 中第 9 章规定的证实方法，记录并归档鉴定人在朱墨时序的荧光检验过程中对 7.3 的符合情况。

7.4 光谱检验法

7.4.1 检验设备的选择

朱墨时序鉴定中光谱检验法使用的常见仪器有：显微分光光度仪、激光显微拉曼光谱仪及显微红外光谱仪等。鉴定时应针对检材的具体情况，选择适当的仪器设备。

7.4.2 检验参数的选择

应针对选择的检验设备，根据检材印文、文字和纸张的材料特性，选择合适的参数，获得最佳的光谱响应效果。

7.4.3 检验记录

应记录检验过程中使用的仪器设备及检验条件、技术参数，并保存原始检验图谱及数据。

7.4.4 综合分析和评断

7.4.4.1 应结合显微检验的结果，对印字交叉部位光谱特征进行综合分析。综合分析的技术要点包括但不限于：

a) 在选择的不同技术参数下，对比分析交叉部位印文和文字材料的光谱特征；

b) 对比分析较差部位与未交叉部位印文和文字材料墨迹的光谱特征的变化规律；

c）对比分析不同交叉部位印文和文字材料的光谱特征；

d）对比分析显微检验与光谱检验结果，综合交叉部位印文色料和文字色料在可见光下的分布特点，对其光谱特征的性质进行综合分析。

7.4.4.2 应按 GB/T 37234—2018 中第 9 章规定的证实方法，记录并归档鉴定人在朱墨时序的光谱检验过程中对 7.4 要求的符合情况。

7.5 实验验证法

7.5.1 朱墨时序鉴定中，必要时，可根据检材印文和文字的具体情况采用实验验证法进行补充或验证。

7.5.2 可用检材印文和文字的制作工具或相类似的工具制作先字后印和先印后字的实验样本，采用显微检验法、荧光检验法、光谱检验法等，综合分析交叉部位显微特征、荧光特征、光谱特征的变化规律。

7.5.3 实验室宜根据常见的印文和文字材料类型，建立不同形成顺序的交叉部位的显微特征、荧光特征、光谱特征的图片和数据库，可为分析鉴别检材印字交叉部位相应特征的性质提供重要的参考依据。

8 鉴定意见的种类及判断依据

8.1 打印文件印制时间鉴定

8.1.1 鉴定意见的种类

8.1.1.1 根据打印阶段性特征判断检材是否在某时间段打印形成的，其鉴定意见分为确定性意见、非确定性意见和无法判断三类五种：

a）检材是某时间段打印形成；

b）检材不是某时间段打印形成；

c）倾向检材是某时间段打印形成；

d）倾向检材不是某时间段打印形成；

e）无法判断。

8.1.1.2 根据打印共时性特征判断同机形成的多份打印文件是否一次或相近时间印制形成的，其鉴定意见分为两种：

a）多份文件是一次或相近时间打印形成；

b）无法判断。

8.1.1.3 根据彩色激光打印文件的打印暗记特征所记包含的有关打印时间信息判断检材形成时间的，鉴定文书中应说明检材暗记的构成特点及所使用的解析方法。

8.1.2 检材是某时间段打印形成

作出检材是某时间段打印形成的鉴定意见，应同时满足以下条件：

a）检材与样本为同台打印机打印；

b）样本打印特征随时间的推移反映出明显的阶段性特征；

c）检材与某时间段样本在打印阶段性特征上存在很好的符合，而与其他时间段样本在打印阶段性特征上存在差异；

d）未发现影响打印阶段性特征性质的因素。

8.1.3 检材不是某时间段打印形成

作出检材不是某时间段打印形成的鉴定意见，应同时满足以下条件：

a）检材与样本为同台打印机打印；

b）样本打印特征随时间的推移反映出明显的阶段性特征；

c）检材与某时间段样本在打印阶段性特征上存在明显的差异，或与其他时间段样本在打印阶段性特征上存在符合；

d）未发现影响打印阶段性特征性质的因素。

8.1.4 倾向检材是某时间段打印形成

作出倾向检材是某时间段打印形成的鉴定意见，应同时满足以下条件：

a）检材与样本为同台打印机打印；

b）样本打印特征随时间的推移反映出有一定价值的阶段性特征；

c）检材与某时间段样本在打印阶段性特征上存在较好的符合，而与其他时间段样本在打印阶段性特征上存在一定的差异；

d）未发现影响打印阶段性特征性质的因素。

8.1.5 倾向检材不是某时间段打印形成

作出倾向检材不是某时间段打印形成的鉴定意见，应同时满足以下条件：

a）检材与样本为同台打印机打印；

b）样本打印特征随时间的推移反映出有一定价值的阶段性特征；

c）检材与某时间段样本在打印阶段性特征上存在较明显的差异，或与其他时间段样本在打印阶段性特征上存在一定的符合；

d）未发现影响打印阶段性特征性质的因素。

8.1.6 多份文件是一次或相近时间打印形成

作出多份文件是一次或相近时间打印形成的鉴定意见，应同时满足以下条件：

a）多份文件为同台打印机打印；

b）多份文件反映出相对稳定的打印共时性特征；

c）多份文件的打印共时性特征，综合反映出连续性打印的特点或存在紧密的关联性；

d）未发现影响打印共时性特征性质的因素。

8.1.7 无法判断

出现以下三种情况之一的，可作出无法判断的鉴定意见：

a）检材不具备鉴定条件；

b）样本不具备比对条件；

c）根据检材和样本反映出的打印阶段性或共时性特征，不能作出 8.1.2~8.1.6 鉴定意见的。

8.2 静电复印文件印制时间鉴定

8.2.1 鉴定意见的种类

8.2.1.1 根据静电复印阶段性特征判断检材是否在某时间段复印形成的，其鉴定意见分为确定性意见、非确定性意见和无法判断三类五种：

a）检材是某时间段复印形成；

b）检材不是某时间段复印形成；

c）倾向检材是某时间段复印形成；

d）倾向检材不是某时间段复印形成；

e）无法判断。

8.2.1.2 根据静电复印共时性特征判断同机形成的多份静电复印文件是否一次或相近时间复印形成的，其鉴定意见分为两种：

a）多份文件是一次或相近时间复印形成；

b）无法判断。

8.2.2 检材是某时间段复印形成

作出检材是某时间段复印形成的鉴定意见，应同时满足以下条件：

a）检材与样本为同台静电复印机复印；

b）样本静电复印特征随时间的推移反映出明显的阶段性特征；

c）检材与某时间段样本在静电复印阶段性特征上存在很好的符合，而与其他时间段样本在静电复印阶段性特征上存在差异；

d）未发现影响静电复印阶段性特征性质的因素。

8.2.3 检材不是某时间段复印形成

作出检材不是某时间段复印形成的鉴定意见，应同时满足以下条件：

a）检材与样本为同台静电复印机复印；

b）样本静电复印特征随时间的推移反映出明显的阶段性特征；

c）检材与某时间段样本在静电复印阶段性特征上存在明显的差异，或与其他时间段样本在静电复印阶段性特征上存在符合；

d）未发现影响静电复印阶段性特征性质的因素。

8.2.4 倾向检材是某时间段复印形成

作出倾向检材是某时间段复印形成的鉴定意见，应同时满足以下条件：

a）检材与样本为同台静电复印机复印；

b）样本静电复印特征随时间的推移反映出有一定价值的阶段性特征；

c）检材与某时间段样本在静电复印阶段性特征上存在较好的符合，而与其他时间段样本在静电复印阶段性特征上存在一定的差异；

d）未发现影响静电复印阶段性特征性质的因素。

8.2.5 倾向检材不是某时间段复印形成

作出倾向检材不是某时间段复印形成的鉴定意见，应同时满足以下条件：

a）检材与样本为同台静电复印机复印；

b）样本静电复印特征随时间的推移反映出有一定价值的阶段性特征；

c）检材与某时间段样本在静电复印阶段性特征上存在较明显的差异，或与其他时间段样本在静电复印阶段性特征上存在一定的符合；

d）未发现影响静电复印阶段性特征性质的因素。

8.2.6 多份文件是一次或相近时间复印形成

作出多份文件是一次或相近时间复印形成的鉴定意见，应同时满足以下条件：

a）多份文件为同台静电复印机复印；

b）多份文件反映出相对稳定的静电复印共时性特征；

c）多份文件的静电复印共时性特征，综合反映出连续性复印的特点或存在紧密的关联性；

d）未发现影响静电复印共时性特征性质的因素。

8.2.7 无法判断

出现以下三种情况之一的，可作出无法判断的鉴定意见：

a）检材不具鉴定条件；

b）样本不具比对条件；

c）根据检材和样本反映出的静电复印阶段性或共时性特征，不能作出 8.2.2~8.2.6 鉴定意见的。

8.3 印章印文盖印时间鉴定

8.3.1 鉴定意见的种类

8.3.1.1 根据印文阶段性特征判断检材是否在某时间段盖印形成的，其鉴定意见分为确定性意见、非确定性意见和无法判断三类五种：

a）检材是某时间段盖印形成；

b）检材不是某时间段盖印形成；

c）倾向检材是某时间段盖印形成；

d）倾向检材不是某时间段盖印形成；

e）无法判断。

8.3.1.2 根据印文共时性特征判断同一印章盖印的多枚印文是否一次或相近时间盖印形成的，其鉴定意见分为两种：

a）多枚印文是一次或相近时间盖印形成；

b）无法判断。

8.3.2 检材是某时间段盖印形成

作出检材是某时间段盖印形成的鉴定意见,应同时满足以下条件:

a)检材印文与样本印文是同一枚印章盖印;

b)样本印文随时间的推移反映出明显的阶段性特征;

c)检材印文与某时间段样本印文在阶段性特征上存在很好的符合,而与其他时间段样本印文在阶段性特征上存在差异;

d)未发现影响印文阶段性特征性质的因素。

8.3.3 检材不是某时间段盖印形成

作出检材不是某时间段盖印形成的鉴定意见,应同时满足以下条件:

a)检材印文与样本印文是同一枚印章盖印;

b)样本印文随时间的推移反映出明显的阶段性特征;

c)检材印文与某时间段样本印文在阶段性特征上存在明显的差异,或与其他时间段样本印文在阶段性特征上存在符合;

d)未发现影响印文阶段性特征性质的因素。

8.3.4 倾向检材是某时间段盖印形成

作出倾向检材是某时间段盖印形成的鉴定意见,应同时满足以下条件:

a)检材印文与样本印文是同一枚印章盖印;

b)样本印文随时间的推移反映出有一定价值的阶段性特征;

c)检材印文与某时间段样本印文在阶段性特征上存在较好的符合,而与其他时间段样本印文在阶段性特征上存在一定的差异;

d）未发现影响印文阶段性特征性质的因素。

8.3.5 倾向检材不是某时间段盖印形成

作出倾向检材不是某时间段盖印形成的鉴定意见，应同时满足以下条件：

a）检材印文与样本印文是同一枚印章盖印；

b）样本印文随时间的推移反映出一定价值的阶段性特征；

c）检材印文与某时间段样本印文在阶段性特征上存在较明显的差异，或与其他时间段样本印文在阶段性特征上存在一定的符合；

d）未发现影响印文阶段性征性质的因素。

8.3.6 多枚印文是一次或相近时间盖印形成

作出多枚印文是一次或相近时间盖印形成的鉴定意见，应同时满足以下条件：

a）多枚印文为同一枚印章盖印；

b）多枚印文在印文盖印方位，墨迹分布上相近或存在关联性；

c）多枚印文反映出相对稳定的共时性特征；

d）多枚印文的印文共时性特征，综合反映出连续性盖印的特点或存在紧密的关联性；

e）未发现影响印文共时性特征性质的因素。

8.3.7 无法判断

出现以下三种情况之一的，可作出无法判断的鉴定意见：

a）检材印文不具备盖印时间鉴定条件；

b）样本印文不具备盖印时间比对条件；

c）根据检材和样本反映出的印文阶段性或共时性特征，不能作出 8.3.2~8.3.6 鉴定意见的。

8.4 朱墨时序鉴定

8.4.1 鉴定意见的种类

朱墨时序鉴定的鉴定意见分为确定性意见、非确定性意见和无法判断三类五种：

a）先字后印；

b）先印后字；

c）倾向先字后印；

d）倾向先印后字；

e）无法判断。

8.4.2 先字后印

作出先字后印的鉴定意见，应同时满足以下条件：

a）印字交叉部位完整、无影响检验效果的污染、破坏痕迹；

b）根据显微检验的结果，或显微检验与荧光检验、光谱检验的综合检验结果，印字交叉部位的特征充分反映了先字后印的特点；

c）若选择了实验验证法的，其检验结果与上述检验结果之间不矛盾。

8.4.3 先印后字

作出先印后字的鉴定意见，应同时满足以下条件：

a）印字交叉部位完整、无影响检验效果的污染、破坏痕迹；

b）根据显微检验的结果，或显微检验与荧光检验、光谱检验的综合检验结果，印字交叉部位的特征充分反映了先印后字的特点；

c）若选择了实验验证法的，其检验结果与上述检验结果之间不矛盾。

8.4.4 倾向先字后印

作出倾向先字后印的鉴定意见，应同时满足以下条件：

a）印字交叉部位完整、无影响检验效果的污染、破坏痕迹；

b）根据显微检验的结果，或显微检验与荧光检验、光谱检验的综合检验结果，印字交叉部位的特征基本反映了先字后印的特点；

c）若选择了实验验证法的，其检验结果与上述检验结果之间不矛盾。

8.4.5 倾向先印后字

作出倾向先印后字的鉴定意见，应同时满足以下条件：

a）印字印字交叉部位完整、无影响检验效果的污染、破坏痕迹；

b）根据显微检验的结果，或显微检验与荧光检验、光谱检验的综合检验结果，印字交叉部位的特征基本反映了先印后字的特点；

c）若选择了实验验证法的，其检验结果与上述检验结果之间不矛盾。

8.4.6 无法判断

出现以下两种情况之一的，可作出无法判断的鉴定意见：

a）检材不具备鉴定条件的；

b）根据检验结果，不能作出 8.4.2～8.4.5 鉴定意见的。

参考文献

[1] SF/Z JD0201007—2010　朱墨时序鉴定规范（2010 年 4 月 7 日中华人民共和国司法部司法鉴定管理局颁布）

[2] SF/Z JD0201010—2015　文件制作时间鉴定通用术语（2015 年 11 月 20 日中华人民共和国司法部司法鉴定管理局颁布）

[3] SF/Z JD0201011—2015　打印文件形成时间物理检验规范（2015 年 11 月 20 日中华人民共和国司法部司法鉴定管理局颁布）

[4] SF/Z JD0201012—2015　静电复印文件形成时间物理检验规范（2015 年 11 月 20 日中华人民共和国司法部司法鉴定管理局颁布）

[5] SF/Z JD0201013—2015　印章印文形成时间物理检验规范（2015 年 11 月 20 日中华人民共和国司法部司法鉴定管理局颁布）

[6] 杨旭, 施少培, 徐彻. 文书司法鉴定技术规范及操作规程. 北京：科学出版社，2014.

后 记

读博三载,首先最想感谢我的导师杜志淳教授。"一日为师,终身为父",杜志淳教授无论在学术科研方面,还是在日常生活方面,都给予了我们无微不至的关怀。杜老师平时公务繁忙,他甚至放弃自己休息的时间对我们进行指导,为了能使我们在科研与鉴定技术上取得更大的突破,更为我们的学习提供了一切便利,为我们创造了极其良好的学术与科研环境。在艰难甚至略显苦闷的博士求学生涯中,杜老师时时刻刻都能让我们从内心深处体会到伟大的师德与人品,他那循循善诱的启发、不厌其烦的指导、细致严谨的学风,引领着我们走进司法鉴定领域的学习与科研之路,可以说我们取得每一丝进步与成绩的背后,都倾注着杜老师的大量心血。杜志淳教授的言传身教以及他在鉴定专业领域的敬业精神,值得我们终身学习与受用。

感谢杨旭高级工程师(正高级)、施少培高级工程师(正高级)、许爱东高级工程师(正高级),在我求学的道路上对我的大力关心与指导。杨旭老师与施少培老师为我提供了极为宝贵的实习机会，在毕业论文的选题与撰写阶段，给了我诸多建议与指导，并为我论文中实验的设计提供了最为理想的实验环境。

感谢倪铁副教授、孙大明副教授、沈臻懿高级工程师、栾时春博士，感谢各位老师在我的求学道路上给予我的关心与帮助。倪铁老师是我的本科论文指导老师，从那时起，倪铁老师就十分关心我的学习和生活，是倪铁老师的鼓励与建议伴随着我度过了一次又一次的瓶颈期。

感谢同门邢文博博士、陈维娜博士、张敏博士、涂舜博士、陈春荣博士、王连昭博士、王晓宾博士、樊金英博士、马陈骏博士，与各位师兄弟姐妹的研讨与交流，让我受益匪浅。感谢硕士学妹郭媛媛，在实验样本与案例的收集上，媛媛牺牲了自己的时间帮了我许多忙，让我感动不已。

感谢博士期间的舍友牛东芳博士，你的风趣幽默与机智，让我刷新了对博士的定义，跟你一起度过的最后一段学生时光，会成为我宝贵的记忆。

感谢我的家人。在外求学多年，一晃眼，爷爷奶奶的牙齿都掉了，爸妈也不再年轻，小时候拍的全家福上已有人不在了。我也算没有辜负你们的期望，在痛并快乐中前行。博士毕业，这不是结束，而是开始，我会更加努力，保护着所有我爱的人。

叶　靖

于华政园

2023 年 12 月 23 日

声　　明　　1. 版权所有，侵权必究。

　　　　　　2. 如有缺页、倒装问题，由出版社负责退换。

图书在版编目（CIP）数据

我国印章印文阶段性特征变化规律研究 / 叶靖著.
北京：中国政法大学出版社，2024.6. -- ISBN 978-7
-5764-1525-4

Ⅰ．D918.92

中国国家版本馆CIP数据核字第2024U0V313号

出　版　者	中国政法大学出版社
地　　　址	北京市海淀区西土城路 25 号
邮寄地址	北京 100088 信箱 8034 分箱　邮编 100088
网　　　址	http://www.cuplpress.com（网络实名：中国政法大学出版社）
电　　　话	010-58908289(编辑部) 58908334(邮购部)
承　　　印	固安华明印业有限公司
开　　　本	880mm×1230mm　1/32
印　　　张	11.75
字　　　数	245 千字
版　　　次	2024 年 6 月第 1 版
印　　　次	2024 年 6 月第 1 次印刷
定　　　价	59.00 元